U0539334

自然篇

臺灣的紋理

Stories of the Nature, Landscape and Biology of Taiwan

Natural Texture of Taiwan

地質地景、生物演化、環境變遷極簡史冊

丁宗蘇／沈淑敏／林宗儀／林俊全／
柯金源／陳文山／曾晴賢／楊守義／
劉瑩三／鄧文斌／簡龍祥　著

1

目次／Contents

PART 2

自然——演進。從高山到海岸。

目次／Contents

PART 3

生物——躍動。

魚群、鳥類、植物。

07 水族流動的紋理：臺灣河川生態特性與保育

／曾晴賢

08 臺灣鳥類的紋理：飛羽間的時空之軸

／丁宗蘇

PART 4

紀錄——變遷。

復返中央山脈與島嶼的路徑。

序

閱讀臺灣脈動，共織與土地重新連結的紋理

／林俊全

我們對臺灣究竟有多少認識呢？臺灣有許多特色，都是由地表的岩性、構造與地表作用、氣候特性，經過長時間所形塑的。生長其間，我們似乎已經認定這些地表的特色，是環境中理所當然的現象，卻沒有細心想過究竟對它們有多少認識？有沒有歷史、地理課本沒有教導，卻是我們應該知道的呢？

「我們可以將這些地景的組成，稱作臺灣的紋理嗎？」「如何有系統的認識這些紋理？」「人們如何生活其間？」以上層層叩問，產生出「臺灣的紋理」系列最初始的演講構想，本書之所以誕生，即是源於此系列演講。

此系列希望探討的，是從不同角度觀看臺灣的特性，並且可以比較完整地了解這些特性是如何呈現出臺灣的紋理。

為了完整這個企劃，邀請了二十四位跨領域的專家學者進行演講，一起帶領大家重新認識臺灣。有地質、地形的角度；也有從生態切入，例如鳥類、魚類以及特殊動植物；另外較特殊的是從生態攝影者的角度著手，期待觀者、讀者可以開展出更宏觀的視野，了解巨觀地景中蘊含的微觀特色。

演講之後，我們以類似TED TALK的形式，將每篇演講後製成四段影片，例如陳文山教授〈探索臺灣地質演化史〉製作成：一、前世臺灣島；二、今生臺灣島：蓬萊造山運動；三、臺北盆地是否會發生大地震；四、北部火山是否會噴發。楊守義導演〈從電影赤心巔峰談閱讀大地的指紋

與我們的心靈地圖〉說明了四部分，包括：一、臺灣的高山環境；二、臺灣的山脈；三、臺灣高山對冒險教育的塑造；四、臺灣的登山挑戰。這些段落，都是本書組成最重要的核心內容。

二十四位專家述說的紋理面向，包括自然環境的地質、地形、林業、礦產、海洋資源、漁業、野生動植物等領域，另外更有人類學、歷史、文化、經濟等脈絡與故事，說明交織其間的人文史蹟與大地脈動。

這些精采的主題，我們將分成兩冊出版，分別是自然篇與人文篇。其中洪廣冀教授所說明的森林保護區的界線，是從歷史延伸到今天的國有林保護區與林班地等界線的分界，非常值得有興趣了解臺灣史與地景紋理之間關連的讀者，一探究竟。此外，楊守義、鄧文斌與柯金源三位國內資深生態導演，匯聚一堂，更是難能可貴，他們長期投入臺灣生態紀錄的辛酸與甘苦，令人感動，值得深入了解。

兩本書籍的出版，是一個歷史紀錄的里程碑。影音製作則希望提供讀者以視覺方式有系統的了解其中精髓。這些各領域的代表性人物，經過多年耕耘，娓娓道來他們心目中何謂「臺灣的紋理」，可說是為當代社會整理出相關知識研究的成果。讀者若能在閱讀《臺灣的紋理》同時觀賞影音，相信會有另一層感受。

本書特別希望提供讀者，尤其是高中生，在進入大學前，就有機會全觀性地認識臺灣、培養出環境素養。透過本書，若能進一步參與讀景或田野考察相關活動，將更能豐富自己的視野，深刻認識環境與其內涵。書籍出版讓以上所有得以實踐，提供讀者更完整的知識、概念與情懷。

本書得以順利出版，要再次謝謝各位教授、專家的共襄盛舉，也特別謝謝讀書共和國與野人文化的精心製作。

PART 1

構造——層疊。

多重作用的島嶼。

臺灣位於歐亞板塊與菲律賓海板塊的活躍邊界，

擁有全世界最年輕的造山帶，

演育出獨特的地質紋理、

變化無窮的地形景觀以及生物多樣性。

01

隱沒與碰撞之間：造山帶形成的島嶼紋理

／陳文山

太陽系中，地球是唯一擁有生命的星球，並且仍保有熾熱的地函，這使得上方的地殼板塊彷彿漂浮的船隻，隨著地函的對流而移動。板塊運動引發了碰撞、隱沒與張裂作用，進而產生地震與火山活動。臺灣位於歐亞板塊與菲律賓海板塊的活躍邊界，造就了島嶼獨特的地質紋理，包括高聳且年輕的變質岩山脈、頻繁的地震與火山活動，以及多樣且變化無窮的地形景觀。

一、前世臺灣島

1 板塊運動（大陸漂移）

自地球形成以來，歷經了四十五億七千萬年的演化，這期間逐步形成了海洋地殼與大陸地殼。在地函對流的驅動下，大陸地殼發生「漂移」現象。數十億年來，板塊不斷形成與消滅（隱沒），大陸地殼時而分裂成多個板塊，時而因碰撞而重新聚合成為單一板塊。約二億五千萬年前，所有大陸重新聚合，形成了一個巨大的大陸板塊，稱為「盤古大陸」。

當時，臺灣所處的華南板塊位在赤道附近。然而，約二億五千萬年前開始，隨著盤古大陸開始分裂，北方的勞亞大陸與南方的岡瓦納大陸逐漸形成。約一億多年前開始，分裂後的岡瓦納大陸板塊，開始向北漂移，如非洲板塊、阿拉伯板塊、印度板塊等。臺灣所處的華南板塊也隨之越過赤道，抵達現今的位置，並與華北板塊發生碰撞。

約五千萬年前，來自岡瓦納大陸的小板塊陸續與北方的勞亞大陸發生碰撞，造成位在勞亞大陸與岡瓦納大陸之間的古地中海逐漸閉合消失，最終，這些板塊合併形成了歐亞板塊，成為當今最大的大陸板塊。

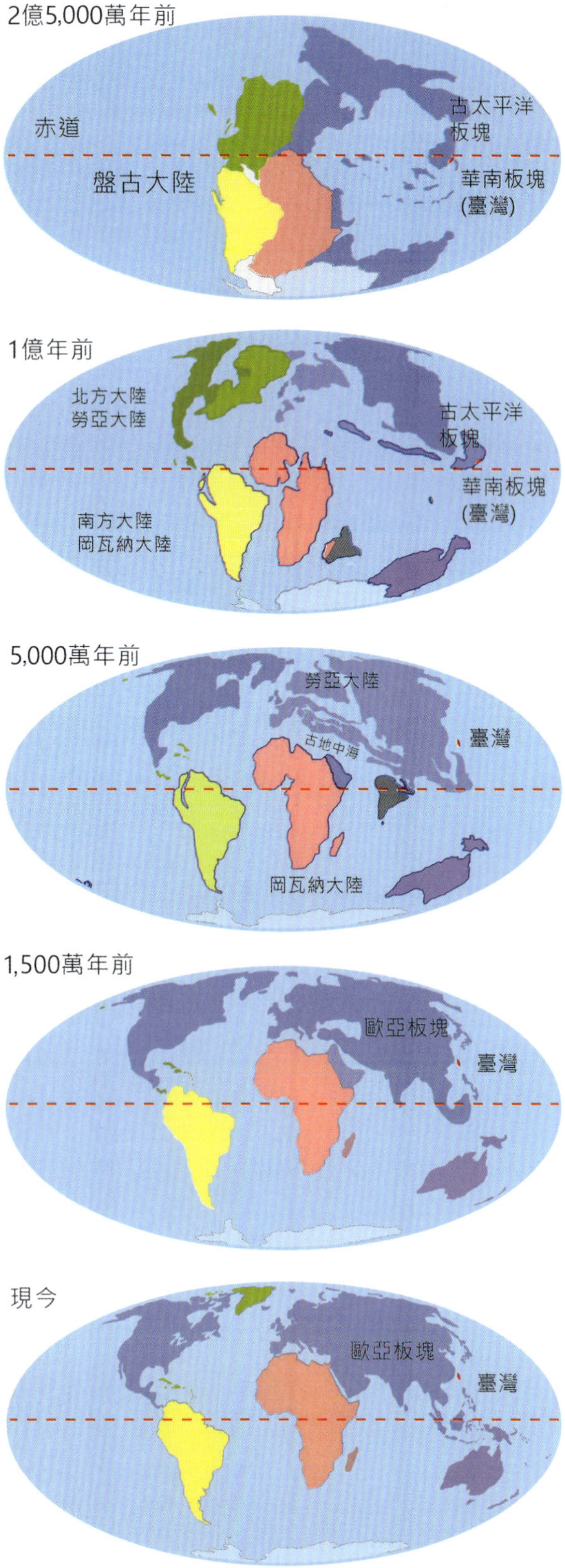

自 2 億 5,000 萬年前至今，臺灣（紅點）隨著華南板塊往北漂移，越過赤道，約 5,000 萬年前抵達現今的位置。

2 板塊隱沒形成火山帶

自中生代以來，古太平洋板塊向四周發生隱沒作用，並形成了環太平洋火山帶，臺灣一直處在這一活躍的火山帶之中。

在東亞地區，古太平洋板塊向西隱沒至華南板塊下，形成了一條長達數千公里的火山帶。約一億八千萬年前，火山活動逐漸往東遷移，並在九千萬年前遷移至現今的脊梁山脈。直到約七千五百萬年前，板塊隱沒作用與火山活動才停止。

中生代時期，古太平洋板塊向西隱沒到華南板塊下，形成了火山帶，火山帶持續向東遷移到大陸邊緣。

2億年~1億2,000萬年前

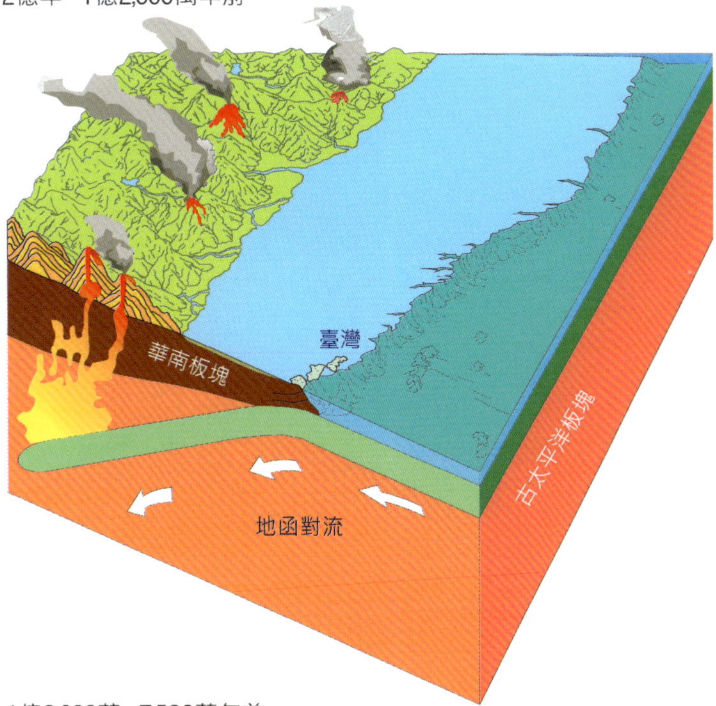

1億2,000萬~7,500萬年前

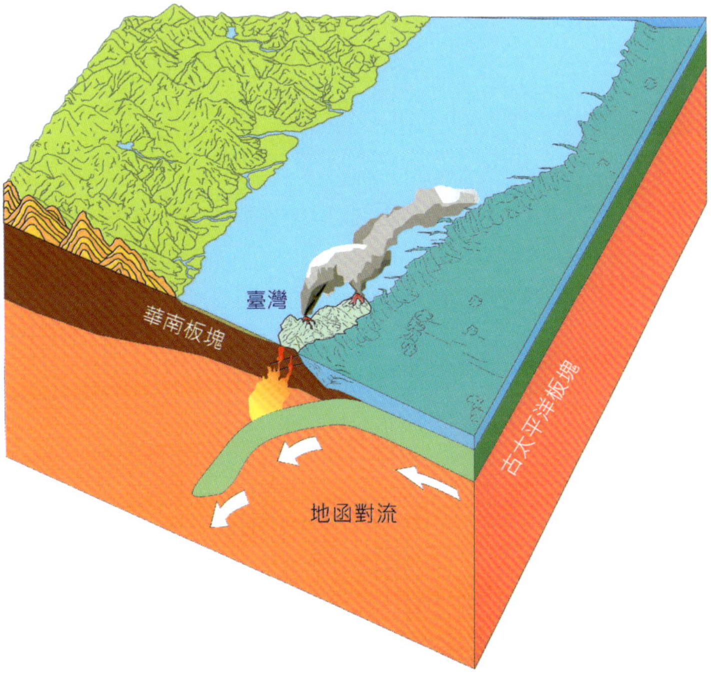

中生代時期，古太平洋板塊的隱沒在大陸邊緣形成了山脈，構成最早的臺灣島。在這期間，臺灣歷經了兩次重要的造山運動，分別被稱為太魯閣運動（侏羅紀）與南澳運動（晚白堊紀）。

3 地殼張裂形成地塹盆地

當南澳運動的隱沒作用停止後，地殼的構造作用由擠壓轉變為伸張，地殼發生張裂，形成了一系列地塹盆地，並造成地殼減薄，促使地函中的岩漿上湧，引發一系列火山活動，這事件大約發生在五千五百萬至八百萬年前之間。

新生代早期，地殼的張裂形成了盆地與南中國海，同時引發火山活動。約 1,500 萬年前之後，南中國海地殼的隱沒，開啟了蓬萊造山運動的序幕。

7,500萬年~1,500萬年前

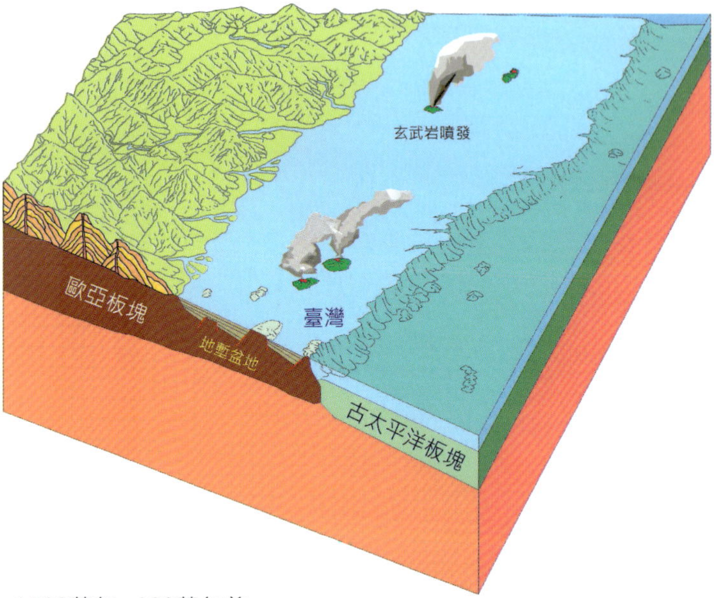

1,500萬年~800萬年前

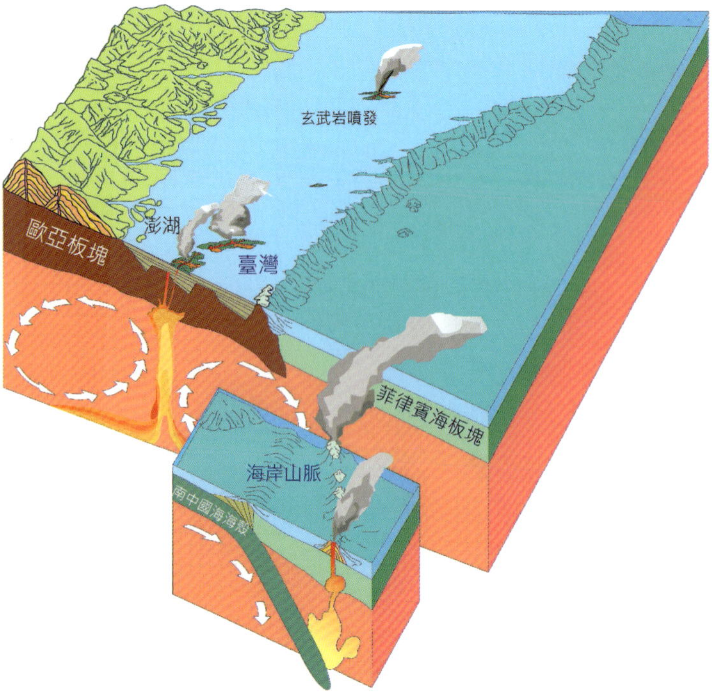

橘色區域為地壘高地，藍色區域為地塹盆地。

三千萬年前左右，地殼的伸張促成了南中國海擴張，形成海洋地殼。約一千五百萬年前，南中國海地殼開始向東隱沒至菲律賓海板塊下，結束了南中國海的張裂活動；同時，這一過程也開啟了蓬萊造山運動時代。

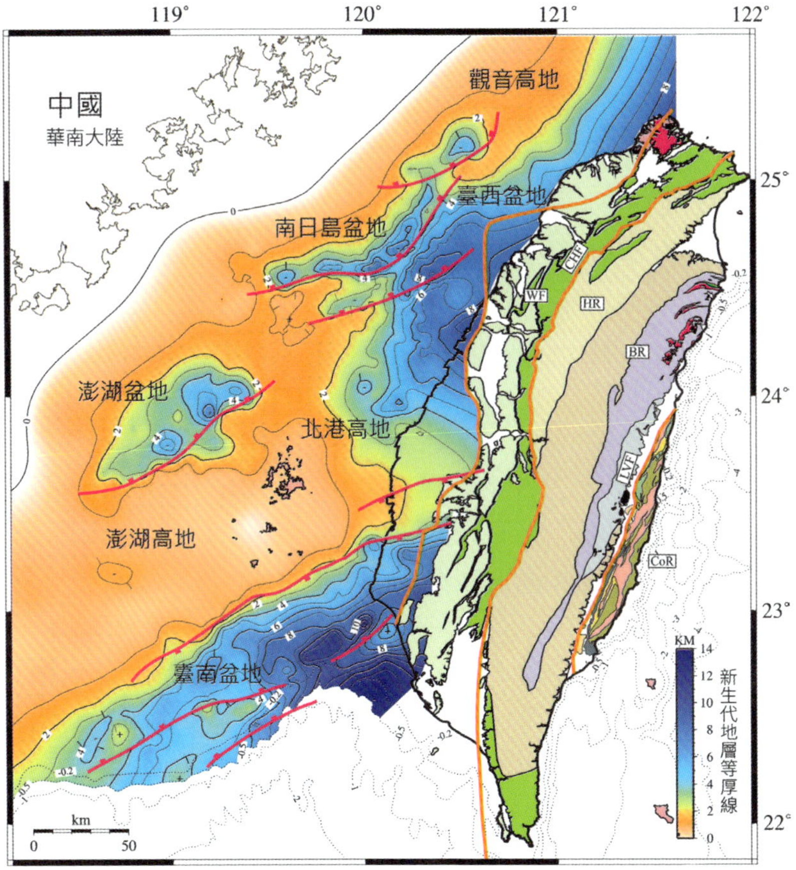

新生代早期，地殼的伸張作用形成張裂盆地。在鄰近臺灣的陸棚上，有地塹盆地與地壘高地，地塹包括澎湖、南日島、臺南與臺西盆地，而地壘則包括觀音、澎湖與北港高地。來自華南的沉積物大量堆積在這些地塹盆地中，現今臺灣主要的油氣就儲存在臺南與臺西盆地中。

隨著地殼的沉陷作用，東亞大陸邊緣逐漸被海水淹沒，當時的臺灣仍處於淺海陸棚上。因此，現今臺灣的山脈岩層（西部麓山帶與雪山山脈）中，包含了千萬年前各式各樣的淺海化石，如貝類、螃蟹、有孔蟲等。

當海水面較低時（即全球氣候寒冷時期），環境較淺，形成了河流、沼澤溼地至濱面帶環境；而當海水面較高時（即全球氣候溫暖時期），則形成了較深的遠濱帶環境。

二、今生臺灣島——蓬萊造山運動

1 板塊聚合（隱沒與碰撞）

約一千五百萬年前，南中國海地殼開始向東隱沒，並在東方的菲律賓海板塊上形成北呂宋火山島弧。在隱沒過程中，岩層被擠壓、並形成增積岩體，這些隆起的岩層成為造山運動以來最早形成的臺灣島。這一時期的山脈是由隱沒作用形成，屬於安地斯型造山運動。

隨著菲律賓海板塊向西北方移動，北呂宋火山島弧逐漸接近歐亞板塊邊緣。約五百萬年前，北側的火山島弧與大陸邊緣發生碰撞，開啟了「弧陸碰撞造山運動」的序幕。此時形成的山脈是由碰撞作用所產生，稱為阿爾卑斯型造山運動。因此，臺灣山脈的形成經歷了隱沒與碰撞兩階段的造山運動。

蓬萊造山運動，由隱沒到碰撞作用，形成兩階段的造山。

800萬年~100萬年前

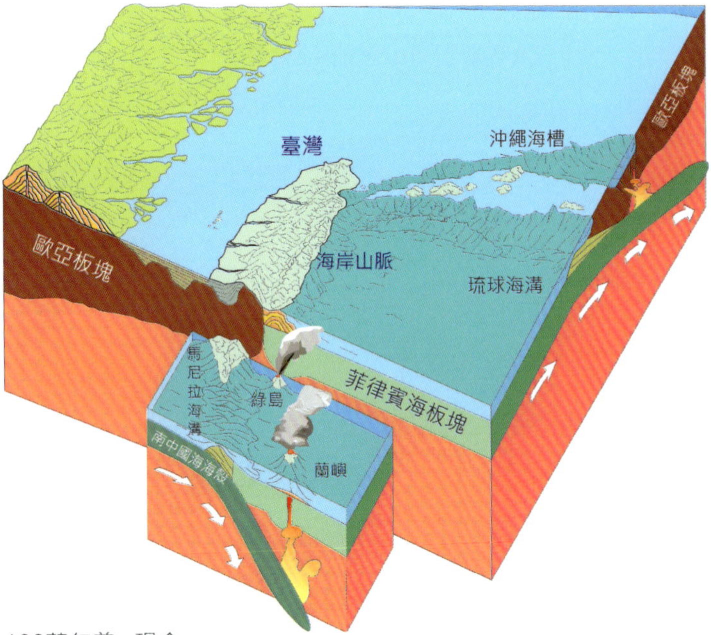

100萬年前~現今

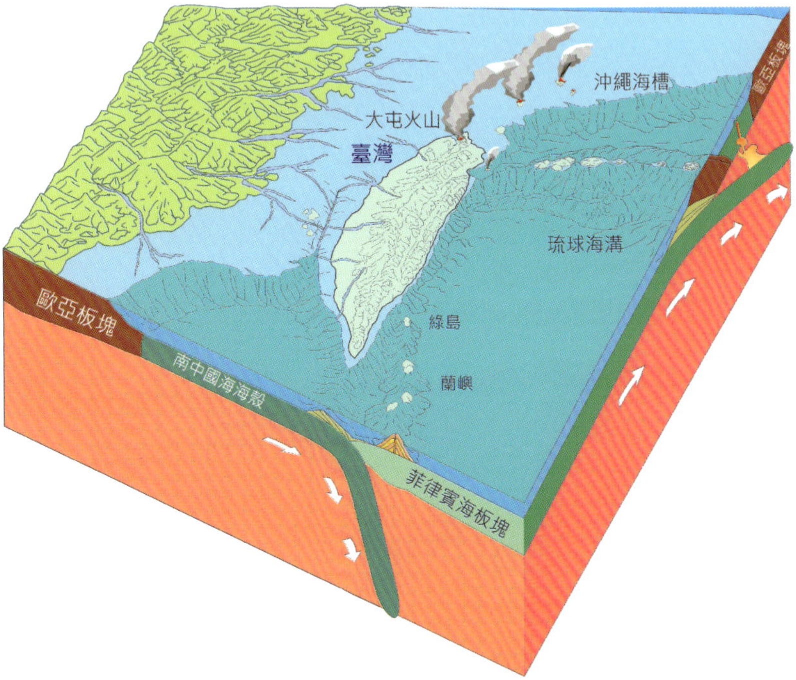

從 1,500 萬年前，南中國海地殼隱沒開始，至 500 萬年前的弧陸碰撞，形成兩階段的造山。

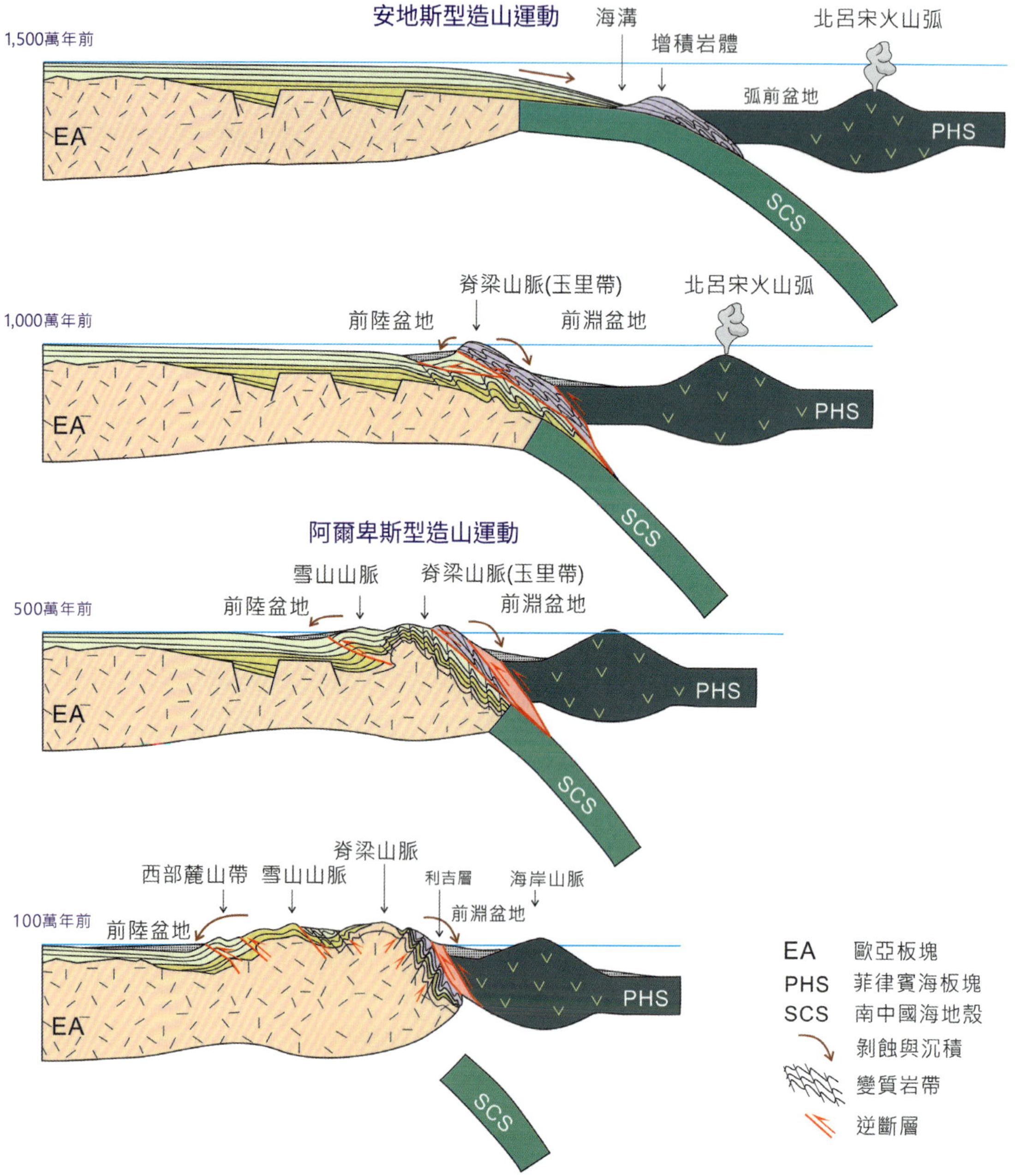

2 蓬萊造山運動

約五百萬年前，菲律賓海板塊上的火山弧與歐亞板塊發生碰撞，這一過程可比擬為推土機推動沙堆。海岸山脈火山弧就像一臺巨大的推土機，逐步將歐亞板塊邊緣的岩層向西推移，形成一座座山脈，彷彿堆積的土堆。（請詳本書第二篇）

海岸山脈的形成是由於菲律賓海板塊與歐亞板塊的碰撞，這一過程可以用推土機理論清楚解釋造山運動的過程。

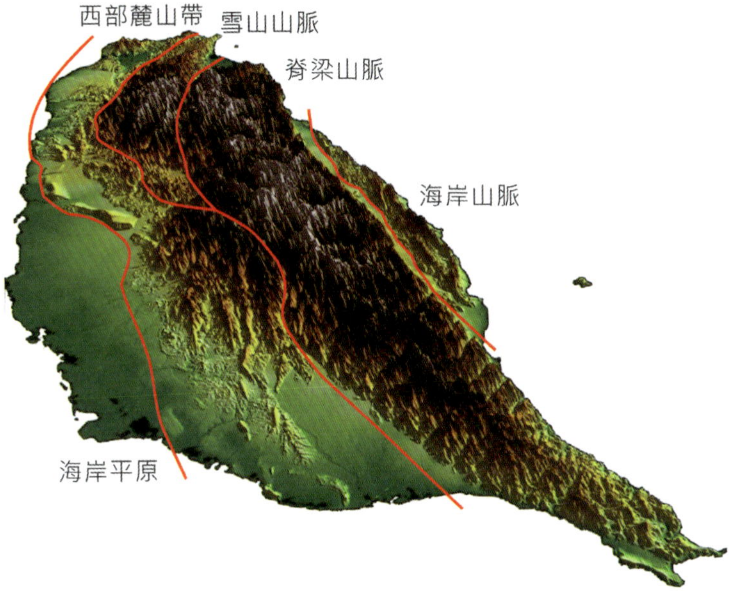

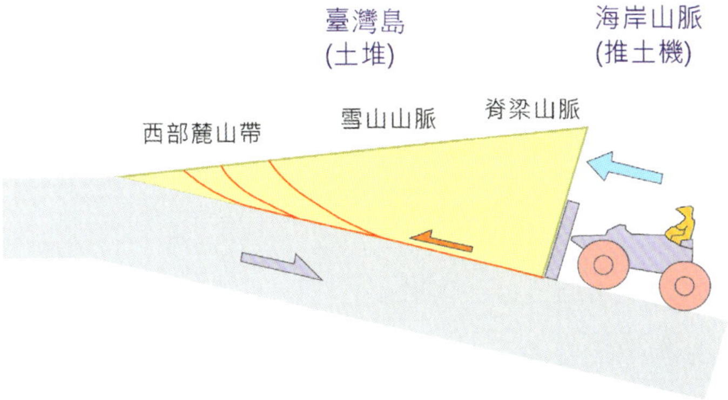

從東往西依序形成的山脈包括脊梁山脈、雪山山脈、西部麓山帶。隨著山脈不斷向前推進，它們也會向兩側擴展，這使得中央山脈逐漸由北往南形成，導致整體山脈越來越長、越來越高、同時也越來越寬，形成今日臺灣壯麗的山脈景觀。

由於山脈是依序由東向西以及由北向南形成，且同時受到形成時間與剝蝕作用的影響，使得地表岩層的各種地質特性產生顯著差異，包括山脈高度、地層年代、變質度，以及山脈形成年代等。

3 現今臺灣島的大地構造

由於山脈的形成過程是漸進且持續的，各山脈的地質結構呈現出明顯的差異。因此，現今臺灣島可分為七個地質構造區，各有其特徵，包括海岸山脈、玉里帶、脊梁山脈、雪山山脈、西部麓山帶、海岸平原與北部張裂帶。

臺灣各山脈的地質特性

山脈	海拔（公尺）	地層年代	變質度（變質溫度）	形成年代
脊梁山脈	3,952-2,000	2 億 5,000 萬 -1,500 萬年前	角閃岩相至低綠片岩相（580-250°C）	1,200-1,000 萬年前
雪山山脈	3,886-1,500	5,500 萬 -2,000 萬年前	低綠片岩相（350-150°C）	600-500 萬年前
西部麓山帶	<2,000	3,000 萬 - 數十萬年前	成岩帶（<120°C）	300-200 萬年前

臺灣地質構造分區

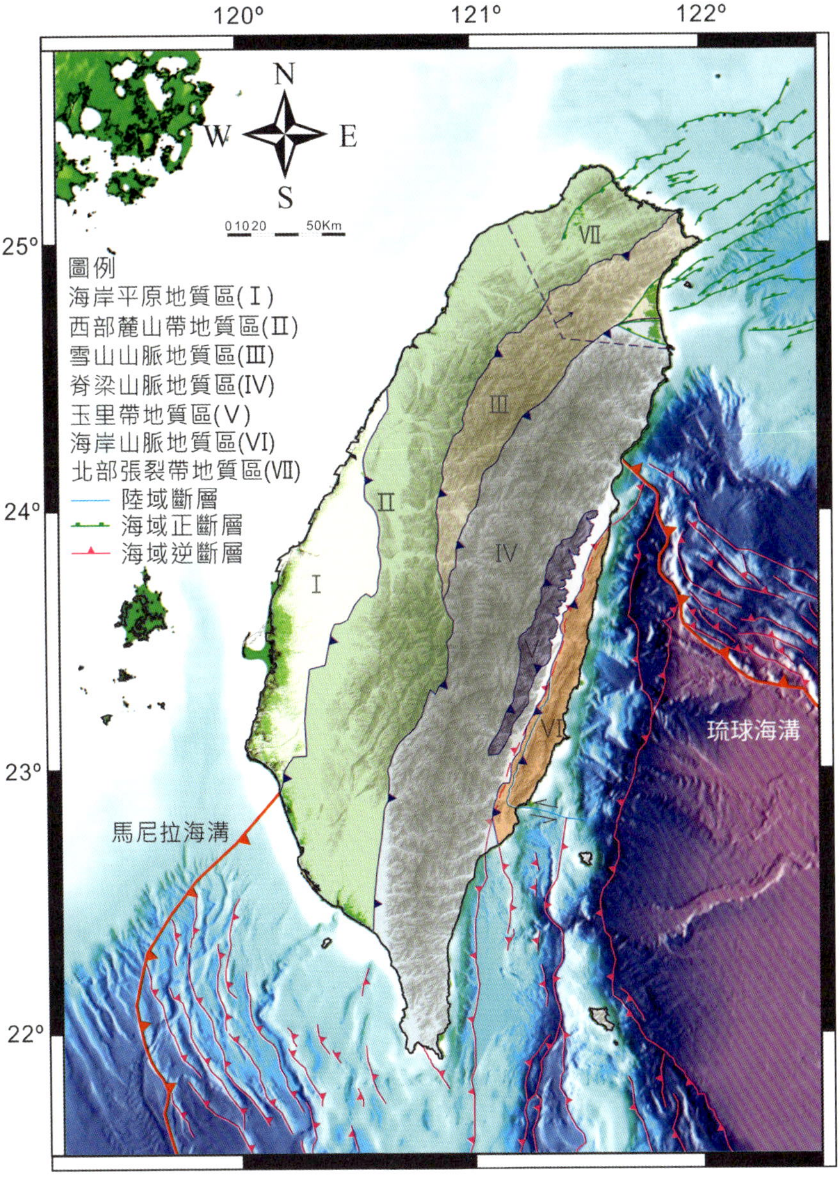
120°
121°
122°
25°
24°
23°
22°
N
W
E
S
0 10 20 50Km
圖例
海岸平原地質區(Ⅰ)
西部麓山帶地質區(Ⅱ)
雪山山脈地質區(Ⅲ)
脊梁山脈地質區(Ⅳ)
玉里帶地質區(Ⅴ)
海岸山脈地質區(Ⅵ)
北部張裂帶地質區(Ⅶ)
陸域斷層
海域正斷層
海域逆斷層
Ⅰ
Ⅱ
Ⅲ
Ⅳ
Ⅴ
Ⅵ
Ⅶ
琉球海溝
馬尼拉海溝

其中，海岸山脈屬於菲律賓海板塊，其餘地質構造區都屬於歐亞板塊。

海岸山脈是由南中國海地殼隱沒形成的火山弧，位在菲律賓海板塊上。隨著弧陸碰撞的進行，來自脊梁山脈的沉積物大量堆積在火山弧周圍的盆地，形成了前陸盆地。脊梁山脈、雪山山脈、西部麓山帶是在碰撞過程中依序形成的山脈。

海岸平原區位在山脈前緣，為地殼受擠壓產生撓曲沉陷的前陸盆地。北部張裂帶代表臺灣北部的地殼環境，由原本的擠壓造山轉為伸張環境，並伴隨著正斷層作用的活動。此外，兩板塊的聚合邊界從北而南依序為琉球隱沒帶、花東縱谷碰撞帶，然後轉換至馬尼拉隱沒帶。

4 臺灣陸海域活動斷層

在兩個板塊聚合作用下，臺灣東部與西南海域的兩個隱沒帶各自形成了由逆斷層構成的增積岩體構造帶。在陸域上，由於弧陸碰撞作用，形成褶皺－逆衝斷層帶與碰撞帶，褶皺－逆衝斷層帶位於西部麓山帶，主要是由逆斷層構成的山脈；而東部板塊邊界的碰撞帶也以逆斷層作用為主。此外，北臺灣已經轉為伸張環境，地殼張裂時形成了以正斷層作用為主的地震活動，涵蓋沖繩海槽與東北海域。

根據二〇二三年地質調查與礦業管理中心的公告，陸域上已知的活動斷層有三十六條；但根據學術界的研究，認為至少應有五十條。這些活動斷層主要分布在西部麓山帶與花東縱谷的板塊邊界，這兩個區域也是自一九〇〇年以來災害性地震的主要發生區域。至於海域，則擁有更多的活動斷層，這些區域仍須進一步研究與探索。

臺灣陸海域活動斷層分布圖

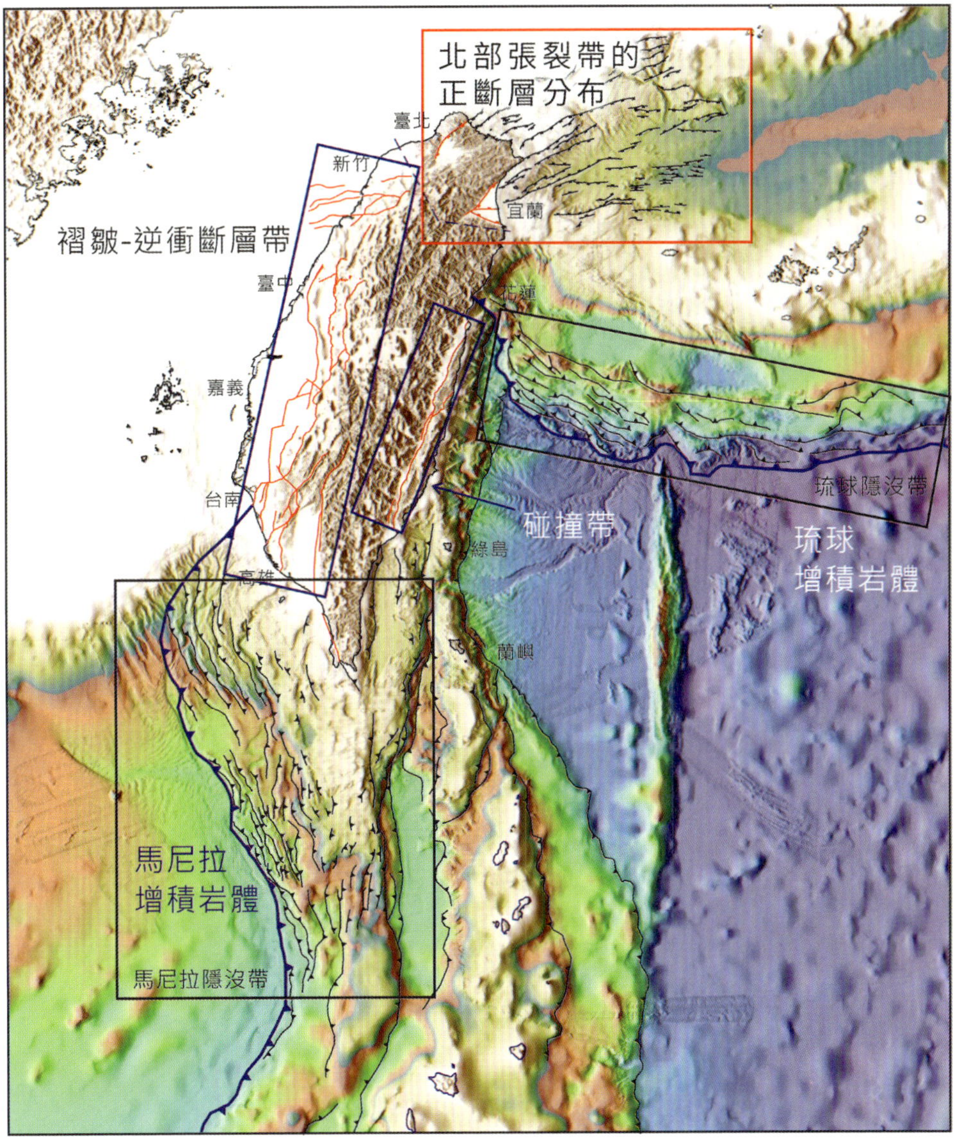

三、從山脈沉陷為盆地——臺北會發生大地震嗎？

1 臺北盆地形成史

100萬年前之前(造山運動時期)

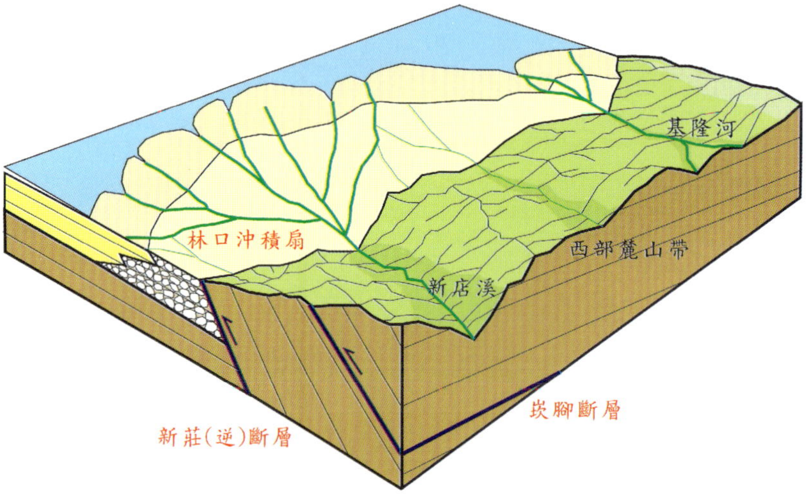

100萬年前之後 (後造山運動時期)

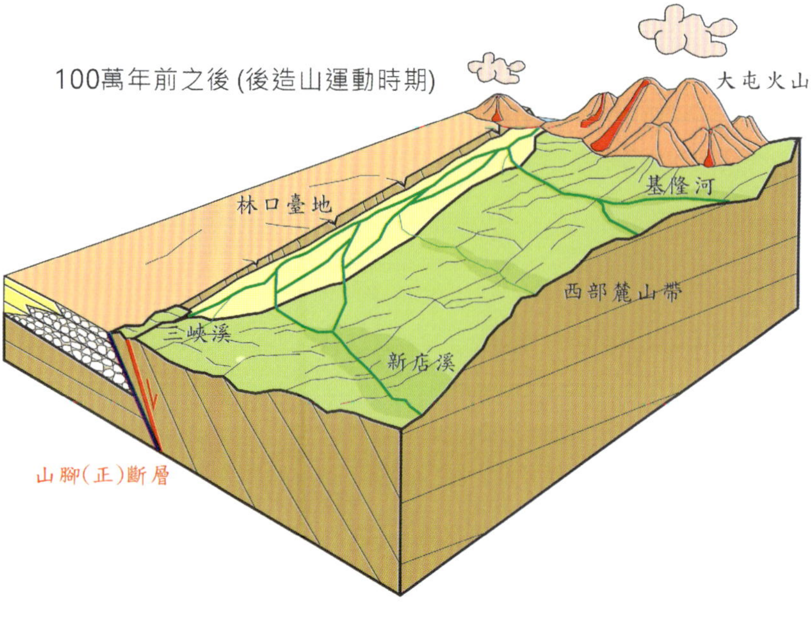

在約一百萬年之前的蓬萊造山運動時期，「臺北盆地」仍是一座聳立的山脈。隨後，北臺灣的造山運動停止，轉變為伸張環境。在這過程中，地殼開始張裂，產生正斷層（如山腳斷層）及火山活動，包括大屯火山群、基隆火山群、北方三島與龜山島。同時，山脈逐漸沉陷，在北部形成了臺北盆地、金山盆地與蘭陽盆地。

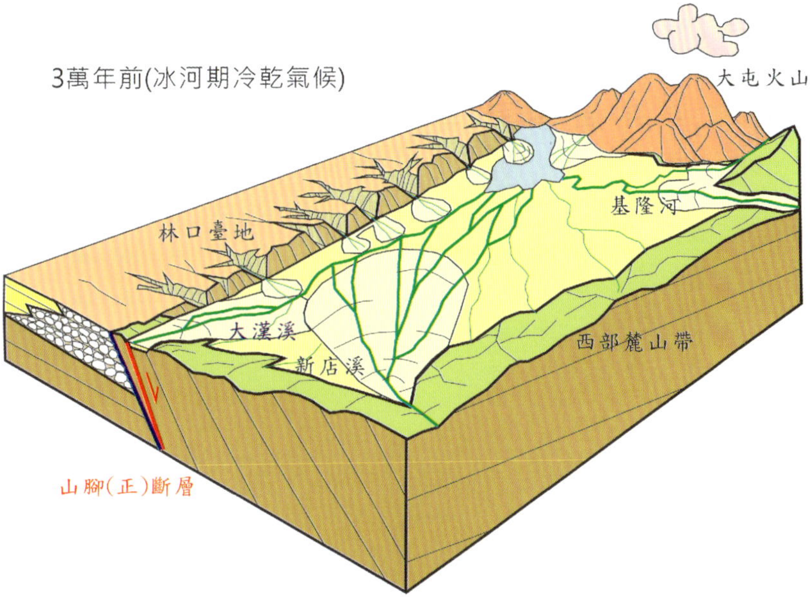

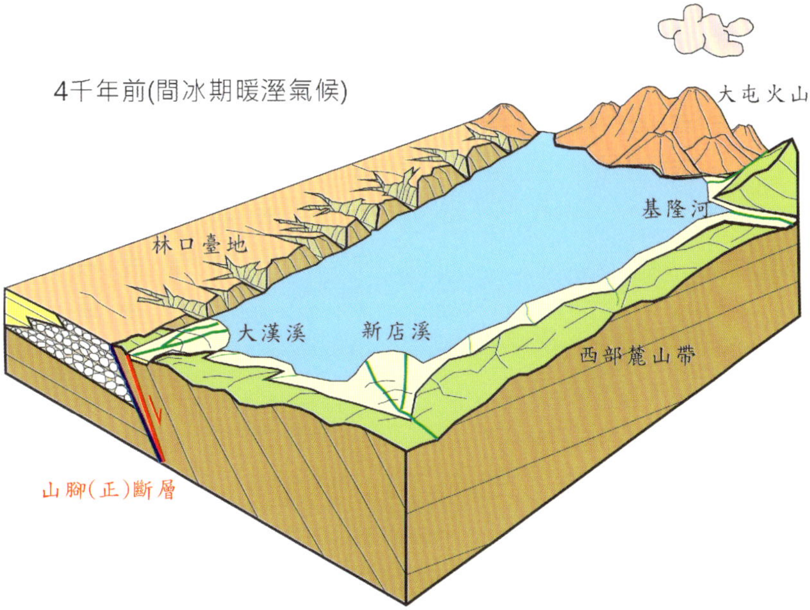

2 北臺灣大地構造

現今北臺灣的構造作用大致可分為兩個環境：

一、琉球隱沒帶：菲律賓海板塊向北隱沒至歐亞板塊下，形成了琉球隱沒地震帶。該地震帶的地震深度範圍從數公里至二百多公里；而在臺北盆地底下的地震深度約八十至一百五十公里。歷史上，一九〇九年發生的臺北地震（規模七．三），就是隱沒作用引發的中層地震。

二、北部張裂帶：北臺灣地殼張裂時，形成了多條正斷層，這些斷層引發的地震深度較淺，通常在三十公里以內，屬於極淺層地震帶。歷史上記載，一六九四年的康熙大地震造成西側臺北盆地沉陷，該地震可能是山腳斷層引發的。東北海域中形成的眾多正斷層，唯一延伸至陸地的正斷層是山腳斷層，該斷層即是臺北地塹盆地的主要斷層。

3 臺北盆地面臨的地震災害

約一百萬年前，由於地殼張裂，山腳斷層的活動導致上盤岩體陷落，因而形成了臺北盆地，自此之後，斷層造成的沉降作用持續至今。

歷史紀錄顯示，曾經發生地震的斷層未來必然會再次發生地震。隨著時空背景改變，現

臺北盆地地下地質結構示意圖

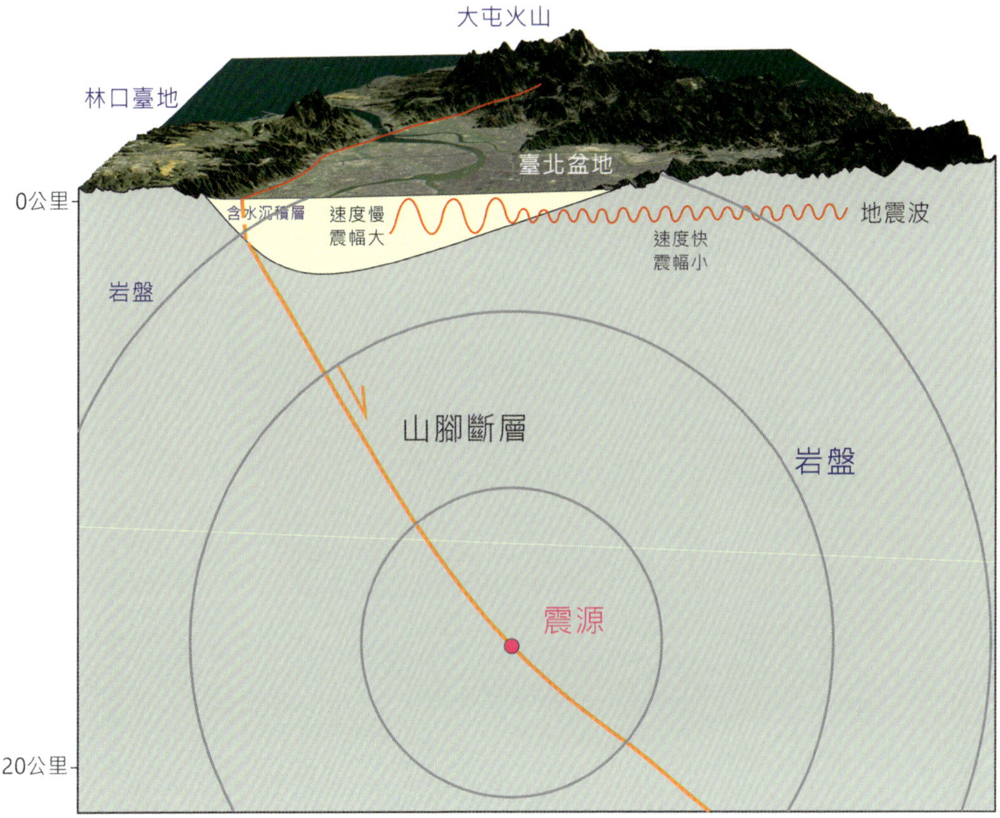

今的臺北盆地已發展為擁有約八百萬人口的都會區。如果再次發生類似一六九四年或一九〇九年的大地震，將不可避免地造成極大的災害。若當山腳斷層發生芮氏地震規模六．五的地震，將引發數種地質作用，並產生災害，例如強烈地動（大於〇．二四G，地動加速度）、土壤液化、斷層沿線地表變形、山崩與地滑等。

這些災害會對臺北盆地的居民安全與建築物結構造成嚴重影響，因此，必須加強地震防災意識，做好適當的防災準備，並強化或改建建築結構，以減少地震帶來的傷害與損失。

四、看不見的炙熱——火山蠢蠢欲動？

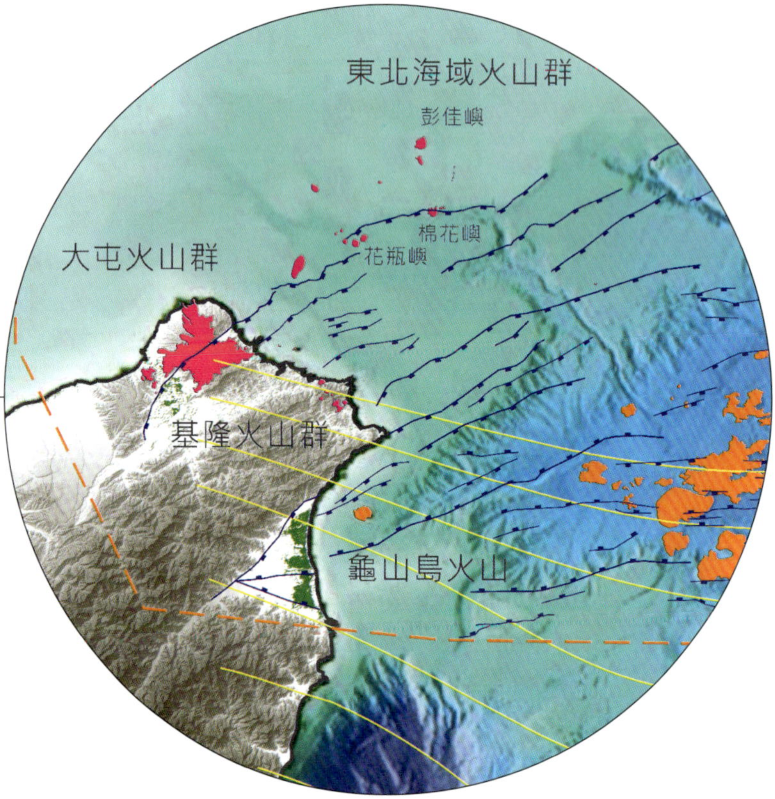

1 北部火山形成史

約一百萬年前，臺灣北部的大地構造環境轉為伸張作用，並引發了火山活動，這一過程持續至今。除了形成了大屯火山群之外，還有基隆火山群以及東北海域的火山，包括北方三島與十數座海底火山。此外，由隱沒作用形成的則是龜山島火山。

由於這些火山形成的機制不同，岩漿的成分也有所差異，這進一步導致火山噴發型態不同。北部火山大多屬於張裂作用形成，噴發較為溫和；相較於隱沒作用產生的火山，其噴發型態可能更加猛烈。

第四紀以來北臺灣火山帶分布

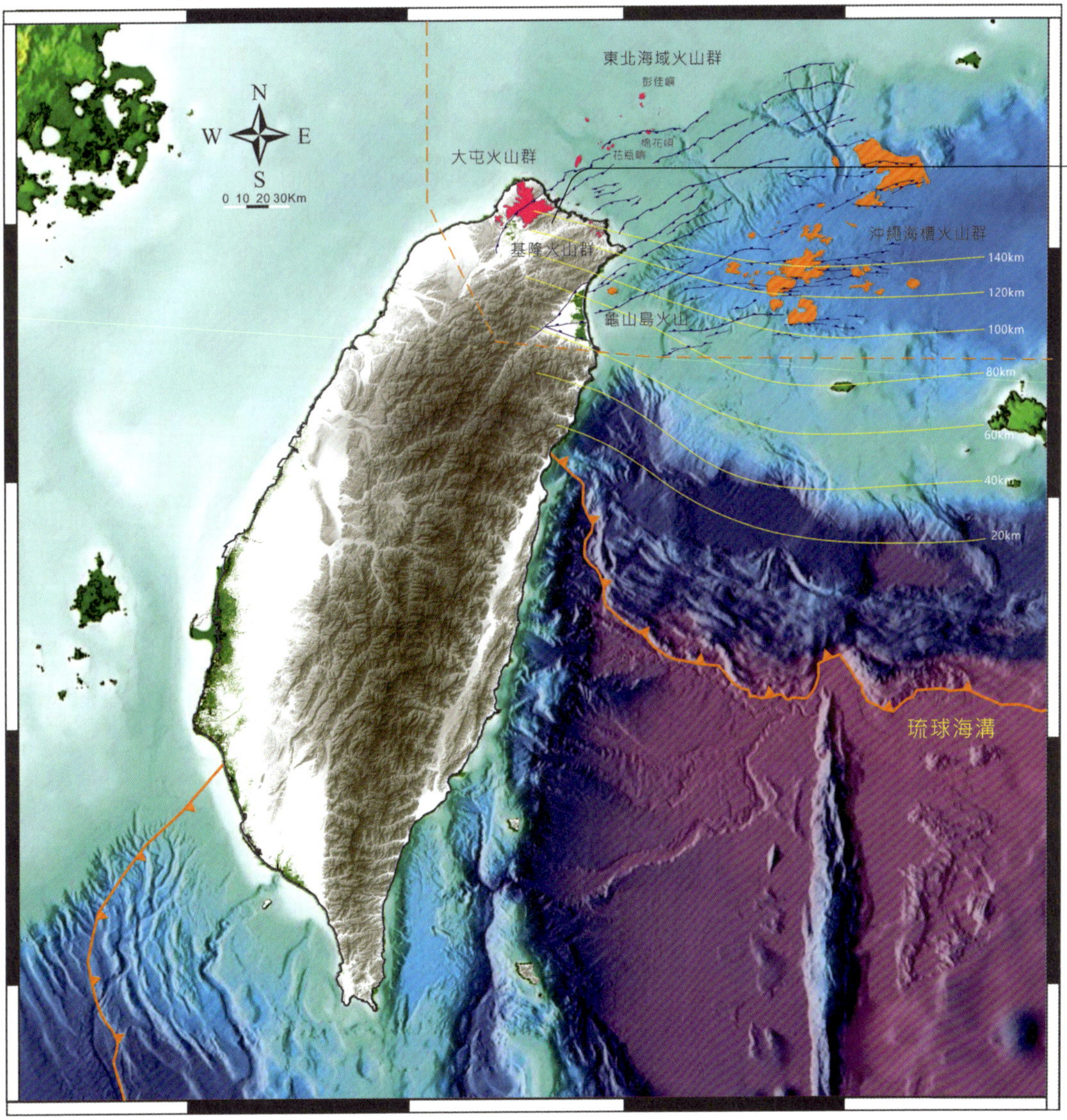

北臺灣火山形成機制

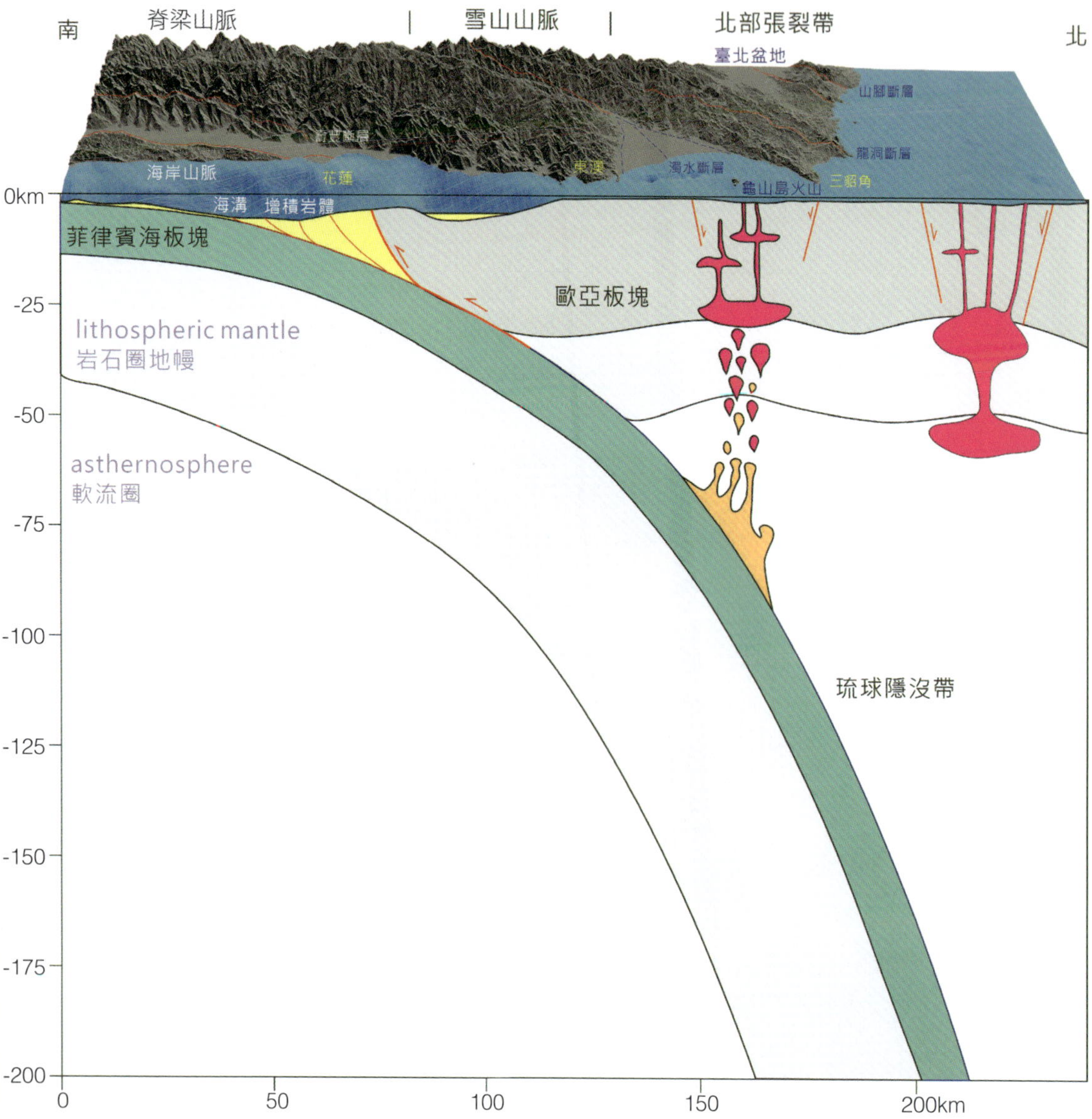
南
脊梁山脈
雪山山脈
北部張裂帶
北
臺北盆地
山腳斷層
龍洞斷層
海岸山脈
花蓮
東澳
濁水斷層
龜山島火山
三貂角
0km
海溝
增積岩體
菲律賓海板塊
歐亞板塊
-25
lithospheric mantle
岩石圈地幔
-50
asthernosphere
軟流圈
-75
-100
琉球隱沒帶
-125
-150
-175
-200
0
50
100
150
200km

棉花嶼火山呈現層狀的錐型火山，以火山渣與火山灰為主。

2 火山成因與產狀

龜山島火山是菲律賓海板塊隱沒形成的火山弧，在全新世仍有火山活動，且現今的地震活動非常頻繁。其火山噴發屬於爆發式，主要以火山灰、火山渣與熔岩流交互噴發為主。

彭佳嶼、棉花嶼、花瓶嶼（北方三島）以及東北海域的十數座海底火山，均由地殼張裂形成。這些火山的岩漿與海水相互作用，造成爆發形式的噴發，主要以火山渣與火山灰為主，並伴有少量熔岩流，形成層狀的錐型火山。

大屯火山群形成於約一百到九十萬年前，擁有五十餘座

鐘狀火山，同樣是由地殼張裂形成。其火山噴發主要呈現溢流式熔岩流，這使得岩漿流動範圍僅限於大屯火山區，過去未曾對臺北盆地造成影響。基隆火山群也形成於約一百萬年前，屬於溢流形式噴發。從地質時代的各火山噴發形式來看，這些火山活動通常不會呈現猛爆型噴發，引發重大的火山災害。

3 火山形成的能源與礦產

當高溫岩漿侵入地殼時，會與周圍岩層發生「熱液換質」的礦化作用，促使金屬元素結晶，形成礦物，並形成長寬數十至數百公尺的礦體。

臺灣唯一的金屬礦是金瓜石—九份金銅礦，這礦體也是東亞地區最大的金礦。基隆火山群已停止活動，因此大部分的礦體曝露於地表附近。然而，大屯火山群仍處於活動狀態。這些火山形成的礦體處在地下深處，尚難開採。

火山區域不僅產生金屬礦與硫磺礦，還擁有另一重要的能源——地熱。熾熱的岩漿將地下水加熱，轉為高溫水蒸氣與熱水，這些可以用來發電。大屯火山區域沿著南磺溪與北磺溪形成一條東北走向的地熱帶，包括硫磺谷、大油坑、小油坑、馬槽、死磺子坪與金山等地，這些地方擁有豐富的溫泉與硫氣孔。這片高溫地熱帶被視為臺灣未來發展地熱發電的重要區域之一。

磺嘴山火山呈現溢流式的熔岩流，形成數道舌狀熔岩流。
圖中紅線為火山口位置。

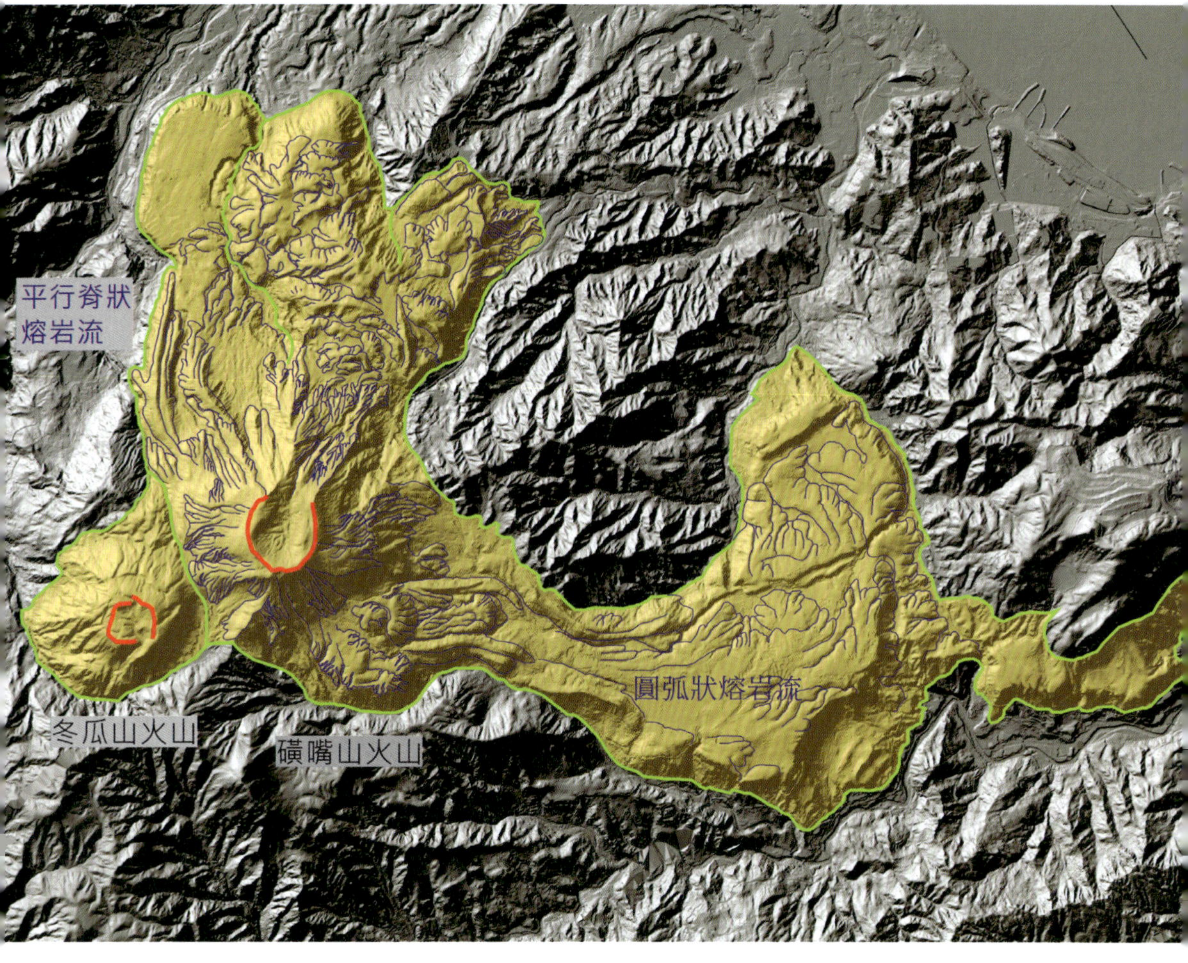

五、一個新的板塊運動史？

過去的研究認為脊梁山脈玉里片岩帶屬於白堊紀的古老隱沒帶；然而，近年的定年研究發現，玉里片岩帶實際上是蓬萊造山運動初期隱沒作用（自中中新世以來）形成的混同層。這一發現顛覆了先前對臺灣板塊運動史的理解。

蓬萊造山運動始於約一千五百萬年前，當時南中國海地殼發生隱沒作用，並同時形成了火山弧及增積岩體山脈（玉里片岩帶）。直到約五百萬年前，海岸山脈北段的火山弧與歐亞板塊發生碰撞，造山山脈逐步向南與向西發展，顯示蓬萊造山運動經歷了兩階段的演化，從一千五百萬年前的隱沒造山，到五百萬年前至今的碰撞造山。

玉里片岩帶一直被認為是白堊紀時期的混雜岩，大約有一億一千萬至一億年的歷史，其特點是嵌在細粒基質中的雜亂片岩塊。近年來，透過幾塊嵌入的藍色片岩原岩，新的定年證據表明，玉里帶來自中中新世，形成時間不超過約一千五百萬年，比之前理解得年輕得多。這重新詮釋了玉里變質岩帶的時代和起源。古老的地質，始終充滿許多未解之謎。

我與地質

山上的石頭與昆蟲，是我童年的回憶。從學士到博士論文的野外工作，這些童年回憶似乎與我的研究過程緊密相連，彼此之間隱約存在著某種深刻的聯繫。對於地質學家而言，野在野外走踏的每一步，是我的研究生涯，也是人生旅程。

外經驗不僅是研究的起點，更是解讀地球時間地圖的重要學習過程。於我，在野外走踏的每一步，串聯起我的研究生涯，更是與地球一起走過的人生旅程。

02

島嶼演示的地質特色：巨大時間與空間紋理

／劉瑩三

擁有全世界最年輕的造山帶、地殼運動最活躍的地區之一、高山密度最高的島嶼之一——地球上獨一無二的所在，這是我們的家鄉，臺灣。

由於複雜的大地構造背景以及新生代晚期以來的蓬萊造山運動，臺灣擁有多達二百多座超過3,000公尺的高山。以海拔高度比例而言，1,000公尺以上的面積約占26%；以地形區而言，丘陵、臺地、山地約占68%，是名副其實的「高山島」。臺灣面積雖小，卻擁有高比例的山地以及東亞第一高峰玉山，究其原因，一切來自造山。

2億5,000萬年以來，島嶼歷經了大陸漂移、火山活動、造山運動，形成不同時代的岩石地層；而沉積作用、火山活動及兩到三次的變質變形作用，形成兼具火成岩、沉積岩與變質岩等多樣化的岩石地層。

因地質年輕、岩層破碎、地震頻繁、地質構造豐富、地殼抬升快速、地形陡峭，加上颱風與豪大雨侵襲等影響，容易發生地震（含土壤液化）及坡地災害（落石、岩體滑動、岩屑崩落、土石流、大規模崩塌），是自然災害頻繁的島嶼。與此同時，這些條件也形成島嶼之最的地質特色。

臺灣位於亞洲大陸東緣，西側為最大的陸塊歐亞大陸，東鄰世界最大的海洋太平洋。海拔 100 公尺以下的面積約占 32%、100-1,000 公尺的面積約占 42%、1,000-2,000 公尺的面積約占 14%、2,000-3,000 公尺的面積約占 10%、高於 3,000 公尺的面積約占 2%。
地形分區為：平原（100 公尺以下）約占 32%；丘陵、臺地（100-1,000 公尺）約占 42%；山地（>1,000 公尺）約占 26%。
中央山脈、雪山山脈、玉山山脈、阿里山山脈和海岸山脈等五大山脈，構成臺灣島的脊梁，亦是河川的分水嶺。山脈大致呈北北東－南南西、南北分布，與島的整體方向一致。海拔高於 3,000 公尺的山峰約有 268 座，是全世界高山密度最高的島嶼之一。
（資料來源：內政部 20 公尺網格數值地形模式資料，由作者實驗室以 GIS 重新繪製）

臺灣海拔高度及面積比例圖

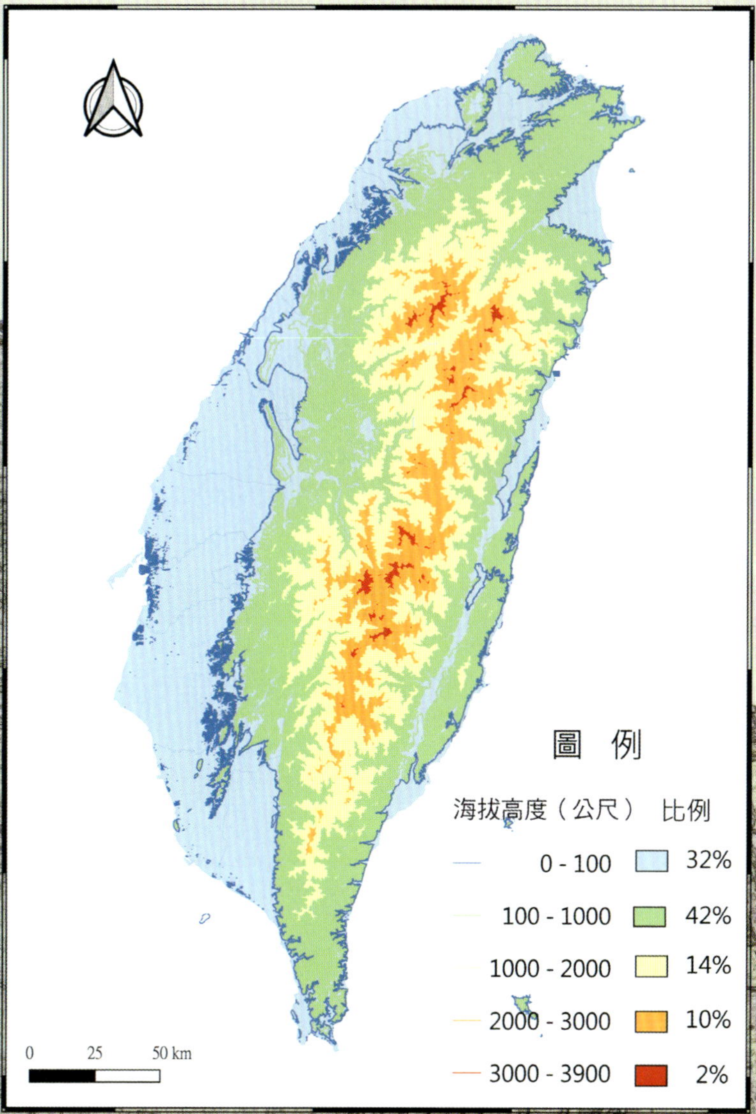

一、島嶼演示的大地故事

・大地構造背景

臺灣西側屬於歐亞板塊，東側為菲律賓海板塊，並以花東縱谷東側、海岸山脈西側的花東縱谷斷層為界，形成二板塊間的縫合交界帶。臺灣島周遭擁有琉球及馬尼拉二個隱沒系統。在東北部近海的琉球隱沒系統，是菲律賓海板塊在約一千二百萬到八百萬年前，持續至今沿著琉球海溝向北隱沒到歐亞板塊下方所形成，包括了琉球島弧、沖繩海槽，並向西南延伸進入蘭陽地區。[1]西南部外海為馬尼拉隱沒系統，是歐亞板塊沿著馬尼拉海溝向東隱沒到菲律賓海板塊之下所組成。

此一隱沒現象源自於約三千萬年前左右的南中國海擴張，約一千五百萬年前擴張結束後，南中國海地殼隱沒入菲律賓海板塊下方，並在菲律賓海板塊形成呂宋島弧的火成岩，海岸山脈的火成岩即屬於北呂宋島弧。[2]菲律賓海板塊目前以每年七到九公分的速度向西北方向（方位角約三〇〇到三一〇度）移動，擠壓歐亞板塊。[3]（可參考本書第一篇）

・島嶼的形成時間

臺灣島的形成時間，長久以來一直是學術界關注的議題。研究結果顯示，臺灣島是晚中新世（一千二百到四百萬年前）以來，因歐亞板塊（被動大陸邊緣）與位於菲律賓海板塊的呂宋島弧產生的隱沒（蓬萊造山運動）所形成。[4]

由於臺灣及周遭板塊邊界之間的構造複雜，臺灣島從北到南分別表現出截然不同的特徵。在臺灣北部和東北部，由於琉球島弧後方的沖繩海槽產生弧後張裂，使得這個區域的應力場從壓縮變為伸張[5]，可稱之為**造山後的造山帶塌陷（毀山階段）**[6]；在中部則正經歷菲律賓海板塊（呂宋島弧）與歐亞板塊之間的劇烈碰撞，所以形成許多的高山[7]；南端處於從隱沒到碰撞的過渡階段。[8]

造成此一北中南構造特徵差異的原因，是弧陸之間的斜碰撞並向南傳播所造成。[9]由沉積物古環境和古地理的重建得知，斜碰撞向南傳播在時序上具有不同的速度。[10]

・形成機制

造山帶的形成大致上因板塊聚合的隱沒、碰撞所造成，包含了縮短（shorting）、增厚（thicking）等作用。山脈的形成機制，通常用**「增積岩體的薄皮構造模式」（推土機模式）**[11]或**「岩石圈碰撞厚皮構造模式」**來說明[12]，另有以這二個模式修改的造山模式（例如板塊拆離〔slab break-off〕）[13]、地殼剝蝕隆露（crustal exhumation）[14]、增積模式（underplating）[15]。

「薄皮構造模式」強調地下約十公里處存在向東微傾的滑脫面（decollement），地殼受擠壓後，滑脫面上方的物質像被推土機堆高，或刮起、或褶皺，或者產生大大小小一系列的斷層；並強調造山作用只發生在滑脫面上方，同時此模式是一種具有隱沒作用的碰撞。依據

「薄皮構造模式」，臺灣造山帶底下具有一滑脫斷層（detachment fault），上方則是一系列斷層的覆瓦狀逆衝斷層（imbricate thrust faults）所組成。以臺灣中部地區為例，由東向西分別為梨山斷層、地利斷層、雙冬斷層、車籠埔斷層及彰化斷層。

「厚皮構造模式」則認為不具滑脫面，而是在下部地殼脆－韌性轉換帶，板塊擠壓產生變形往上堆高形成山脈，並且向下延伸形成「山根」，厚皮構造模式為不具隱沒作用的碰撞。大部分的學者認為山脈形成的時空變化序列大致由北向南，且由東向西陸續隆起，意即山脈的抬升、形成時間是不等時的。

二、豐富多樣的岩石與地層

臺灣自古生代晚期約二億五千萬年前以來，歷經風化、侵蝕、沉積作用，以及板塊隱沒、碰撞等造山運動，形成了多采多姿的沉積岩、火成岩與變質岩。

臺灣三次造山運動與變質作用包括太魯閣、南澳、蓬萊運動。**太魯閣運動**發生於侏羅紀時期的二億至一億四千五百萬年前，是臺灣最早的造山事件，將淺海石灰岩擠壓到地殼深處，變質成為大理岩（九曲大理岩）。白堊紀晚期的八千萬至六千六百萬年前，**南澳運動**再次產生變質作用，形成大南澳片岩帶。新生代晚期一千多萬年前以來至今持續進行的**蓬萊造山運動**，形成了蘆山板岩帶、雪山山脈地質區、西部麓山帶及東側的海岸山脈。**脊梁山脈**是最早形成的山脈，而後陸續形成雪山山脈與西部麓山帶，山脈的高度由東向西逐漸降低，岩層逐

以地質視角為界，認識臺灣的地質分區

臺灣由於獨特的板塊構造與三次造山運動，地質區域特性反映出複雜的造山作用背景。地層約呈狹長帶狀分布，大致和島軸平行，呈雁行狀排列。山脈走向通常指示與板塊碰撞邊界的方向一致，大約呈北東 20 度，與花東縱谷的板塊邊界走向平行。依據地層、岩性、時代、構造與地形等特性並配合地理情況，分成七個主要地質區。

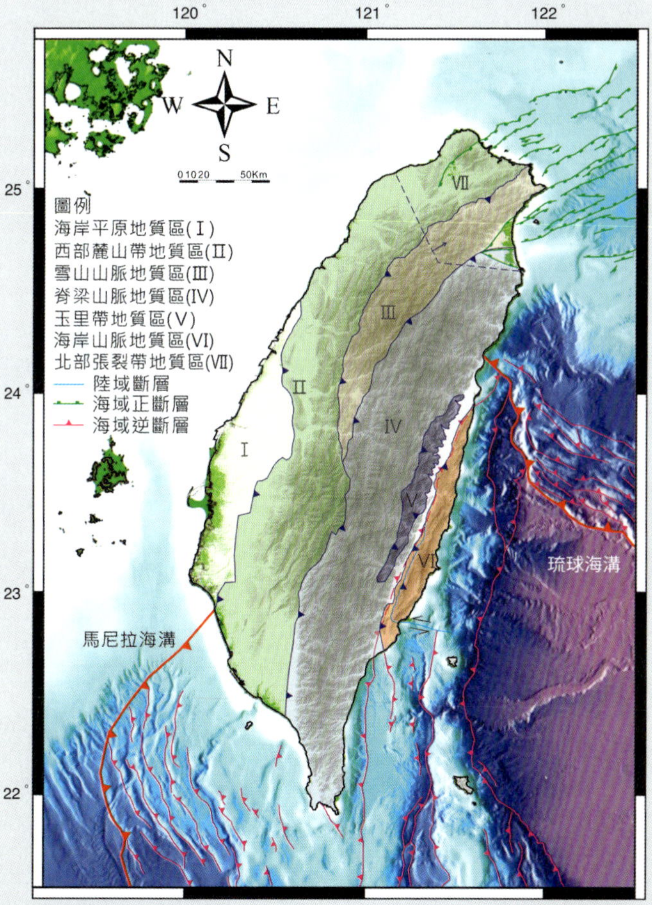

臺灣的地質分區圖
（資料來源：陳文山，2024）

漸變年輕，變質度也逐漸降低。所有造山運動與變質作用，以及漫長的地質演化史，都被記錄在臺灣的岩石中。

1. 海岸平原地質區

位於西部麓山帶以西的沖積平原，包括臺中–彰化平原與雲嘉南平原，是西部麓山帶（褶皺–衝斷帶）前緣斷層下盤的前陸盆地，屬於構造沉降環境。晚更新世以來，堆積大量來自造山運動隆起的山脈（脊梁山脈、雪山山脈與西部麓山帶），並受到末次最大冰期以來海水面上升及構造的影響，堆積了海相與陸相交替變化的沉積層。

位於海岸平原地質區的大甲海岸隆起平原

2. 西部麓山帶地質區

由一系列褶皺與逆衝斷層構成褶皺逆衝斷層帶，北起新北市三芝、金山一帶，南抵高雄市鳳山丘陵，位於西部海岸平原地質區與雪山山脈地質區之間，與東側的雪山山脈地質區以逆斷層分隔，包括龍洞斷層、水長流斷層、陳有蘭溪斷層與潮州斷層；西側與海岸平原亦以逆衝斷層或褶皺為界，如新莊斷層、大甲斷層、彰化斷層、嘉義斷層、新營斷層與臺南斷層。

西部麓山帶原為沉積盆地，歷經古近紀至新近紀穩定大陸邊緣的地殼裂解及伸張沉陷作用，至晚新近紀以來的蓬萊造山運動，才隆起形成山脈，但未產生變質，為礫岩、砂岩、頁岩、泥岩的沉積岩。地層的年代涵蓋漸新世至晚更新世，但因為北部至南部沉積環境的差異，導致同時代地層的岩性相異，以致由北至南岩層有不同劃分或命名，可分為北部、中部與南部、西部麓山帶岩石地層。

野柳岬的大寮層屬於西部麓山帶地質區

3. 雪山山脈地質區

位於東側的脊梁山脈地質區與西側的西部麓山帶地質區之間，與東側的脊梁山脈地質區間以牛鬥斷層、武陵斷層、地利斷層與陳有蘭溪斷層為界；西側以龍洞斷層、平溪斷層、屈尺斷層、羅山斷層、水長流斷層、水裡坑斷層與陳有蘭溪斷層與西部麓山帶地質區為界。分布區域北從東北角龍洞灣、三貂角，向南延伸到南投縣信義鄉東埔北側，南北長約 200 公里。山脈走向與地層及斷層、褶皺的構造走向，幾乎平行，北部呈北東 65 度，中部呈北東約 30 到 50 度，南部約呈南北走向。本區岩石以硬頁岩與厚層變質砂岩為主，另有部分沉積岩。

龍洞岬四稜砂岩屬於雪山山脈地質區

4. 脊梁山脈地質區

本地質區可再分為西側的廬山板岩帶和東側的太魯閣片岩帶。

廬山板岩帶出露在脊梁山脈的西斜面與雪山山脈的東斜面，界於東側的脊梁山脈地質區大南澳片岩帶與西側的雪山山脈地質區之間。本板岩帶與東側的脊梁山脈地質區大南澳片岩帶間，呈不整合沉積或斷層接觸；與西側的雪山山脈地質區以濁水斷層、梨山斷層、牛鬥斷層、武陵斷層、關刀山斷層、地利斷層及陳有蘭溪斷層為界。分布區域北起蘇澳、南至恆春半島鵝鑾鼻，南北長約 330 公里，包括脊梁山脈的稜脊區域至西斜面及東斜面的東南隅（花蓮與臺東），山脈的走向與地層、斷層、褶皺及片理等方向大致平行。

廬山板岩帶的地層可分為北部、西部與南部，原為新生代古近紀至新近紀以來，沉積在大陸邊緣最東側大陸棚外緣至大陸斜坡的南澳隆起，沉積物以泥岩為主，不整合堆積在南澳隆起（大南澳片岩帶）之上，並有少部分的砂岩、礫岩與石灰岩。晚中新世之後，因蓬萊造山運動，將沉積岩層變質形成板岩與千枚岩。之後，在晚上新世（約 335 萬年前）之後，板岩帶才大規模出露地表（陳文山與王源，1996，1988）。

大南澳片岩帶是臺灣最老的地質構造單元，出露於脊梁山脈的東斜面，分布區域北起宜蘭縣南澳鄉東澳附近，向南延伸至臺東縣知本西方，南北長約 240 公里，大致呈北北東與南北走向。本帶主要由綠色片岩相以上的變質岩石所構成，包括黑色片岩、石英片岩、變質燧石、大理岩、片麻岩、綠泥石片岩、變質基性岩等。

太魯閣帶的地層，原岩為古生代至中生代的沉積岩與火成岩，在經過太魯閣及南澳造山運動後形成變質岩岩層。

厚層板岩及薄層變質砂岩的大禹嶺層屬於脊梁山脈地質區（攝影：羅偉）

5. 玉里帶地質區

本帶西鄰太魯閣片岩帶，分布在花蓮壽豐（秀林銅門南側）至臺東池上（海端）間，長約 80 公里，兩帶之間以壽豐斷層為界。本地質區由代表高壓的變質岩類（如藍閃石片岩）及超基性蛇紋岩體所組成。本層由石英雲母片岩、雲母片岩、綠泥石片岩、斑點片岩與千枚岩所組成，在花蓮縣光復溪至紅葉溪之間，由下而上被分為紅葉片岩、瑞穗片岩、森榮片岩及虎頭山片岩；在瑞穗地區，本層由下而上可分為虎頭山段、瑞穗段與紅葉段三個岩段。

玉里帶依據近年來的定年結果，顯示其年代應屬於漸新世至中新世（1,400-1,600 萬年前），是南中國海地殼隱沒過程中的深層增生楔狀體（陳文山等，2013，2014），上新世時弧陸碰撞造成雙重楔形擠壓，使得此高壓變質帶快速剝蝕隆露而出露在地表（Chen et al., 2017）。

出露在壽豐附近由各種片岩和千枚岩組成的玉里帶

6. 海岸山脈地質區

位於花蓮、臺東地區的東側，北起花蓮市南方花蓮溪口的嶺頂，南至臺東市北方的卑南山，山脈長度約 135 公里，約呈北北東 – 南南西走向。

位在弧陸碰撞帶東側的菲律賓海板塊上，與脊梁山脈以縱谷斷層相接，縱谷斷層總長約 160 公里，由北而南包括嶺頂斷層、瑞穗斷層、池上斷層、鹿野斷層與利吉斷層。

海岸山脈是呂宋島弧的一部分，是南中國海板塊向東隱沒至菲律賓海板塊下，在菲律賓海板塊上形成的一系列火山島弧，大致是從 1,500 萬年至 420 萬年前間生成。

岩層由火成岩和沉積岩所組成，火成岩中大部分是安山岩質的岩流、火山碎屑岩及凝灰岩；安山岩、集塊岩及玄武岩質凝灰岩為主要岩石種類，其他則有少量的玄武岩及斑狀安山岩。沉積岩由砂岩、頁岩、礫岩及少數的石灰岩所組成，是在深海沖積扇與火山島周圍形成，沉積物的來源包括西側脊梁山脈變質岩區與原先形成的火成岩。

海岸山脈地質區的都鑾山層石梯坪凝灰岩

7. 北部張裂帶地質區

臺灣北部因受到沖繩海槽（火山弧盆地）的擴張作用及後造山運動的拉張作用影響，使地殼伸張，在臺北盆地與東北部外海發育許多造山時期形成的逆衝斷層轉化成的正斷層（蕭力元等，1998；Teng and Lee, 1996），成為北部張裂地質區的核心。此外，蘭陽平原位於沖繩海槽最西端，屬於菲律賓海板塊朝北隱沒的火山弧環境。因受到拉張，在盆地中堆積厚達 500 至 1,000 公尺的沉積物。

三、玉山在長高嗎？——世界級的侵蝕與抬升速率

造山帶的侵蝕作用控制了地形和構造的演化，是沉積物運送到海洋的主要來源。[16] 臺灣是世界上最年輕與最活躍的造山帶之一，加上地震頻繁，且位於亞熱帶，季風與颱風期間降雨量大（平均每年四個颱風、年平均降水量二千五百毫米，山區年平均降水量超過六千毫米），因此，為鄰近盆地貢獻了大量沉積物。[17]

一九七〇到一九九九年間，懸浮沉積物平均侵蝕速率為每年三．九毫米，每年約有三億八千四百萬公噸懸浮沉積物從臺灣流入周圍海洋；如果加上河床負荷（bedload），侵蝕速率增加到每年五．二毫米，年平均輸沙量增加到五億公噸。

在年平均輸沙量上，東南部流域貢獻的每年八千八百萬公噸最大，濁水溪流域每年五千四百萬公噸次之，高屏溪流域每年四千九百萬公噸再次之。[18][19]

臺灣面積僅占地球面積千分之〇．二四，然而輸出的懸浮沉積物估計占全球懸浮沉積物排放量的一．九％，這顯示臺灣河川的侵蝕、搬運量是世界級的。這些懸浮沉積物與河床沉積物一起受到快速生長的山脈的侵蝕，隨後被輸送並填充前陸盆地，通過近端的洪氾區到達遠端的海洋。

不同時間與空間，具有不同的侵蝕與抬升速率。臺灣平均侵蝕速率為每年三到六毫米，十年尺度的侵蝕速率以中央山脈東部和臺灣西南部較高，北部和西部較低。脊梁山脈變質度高的地區，侵蝕速率每年達六毫米；西部麓山帶南部的逆衝斷層周圍則高達每年六十毫米的

侵蝕速率；臺灣北部和西部的侵蝕率較低，為每年一到四毫米。[20]

五百萬年前以來，中央山脈的侵蝕速率為每年五到七毫米。[21]五百萬至二百萬年前，碰撞造山開始時期，抬升和侵蝕相對緩慢，每年〇・六五到一・七四毫米。約二百萬年前開始，抬升和侵蝕加速了，每年二・四五到十毫米。[22]過去約一百萬年以來，為快速構造隆升時期，抬升速率為每年四到十毫米；現代則為每年十到十五毫米。[23][24]

就不同地質分區而言，亦具有不同的剝蝕隆露速率。脊梁山脈北段，抬升速率為每年十毫米[25]；玉里帶在距今四百四十萬到一百七十萬年前的侵蝕速率，估計為每年〇・八毫米，在一百七十萬到五十萬年前期間，顯著加速，每年可達三十二毫米。雪山山脈四百萬年前以來，具有每年四・二毫米的侵蝕速率，雪山山脈中部在七百萬到六百萬年前有較低的侵蝕速率，每年約二・二毫米。[26][27]

上述結果顯示，自六百萬到四百萬年前以來，脊梁山脈的侵蝕速率比雪山山脈快速，此與造山運動期間快速隆起與構造的發育有關。

玉山所在的臺灣中部是目前造山運動最主要的地區，持續的造山將玉山抬高，同時也因為侵蝕作用劇烈，高起來的山被侵蝕降低，達到大約動態平衡的狀態。抬升速率仍略高於侵蝕速率。

四、自然災害頻繁的島嶼

自然災害的發生與大地構造、地質背景、地形與地理特性及天氣狀況密切相關。臺灣是造山運動的現在進行式，地表不停向上隆起、山脈仍在長高，因而造成地震、坡地等地質災害頻繁。

1 地震災害

地震和活動斷層息息相關，根據二〇二一年經濟部地質調查與礦業管理中心公布的臺灣活動斷層分布圖，全臺共計有三十六條。這些活動斷層主要分布在花東縱谷板塊縫合帶、北部張裂帶及西部褶皺逆衝斷層帶等三個新期構造區域[28]，造成的地震次數眾多。

此外，根據交通部中央氣象署資料顯示，每年發生在臺灣和鄰近地區的地震有兩萬到四萬次，即每天平均大約發生一百次地震。

臺灣活動斷層分布圖

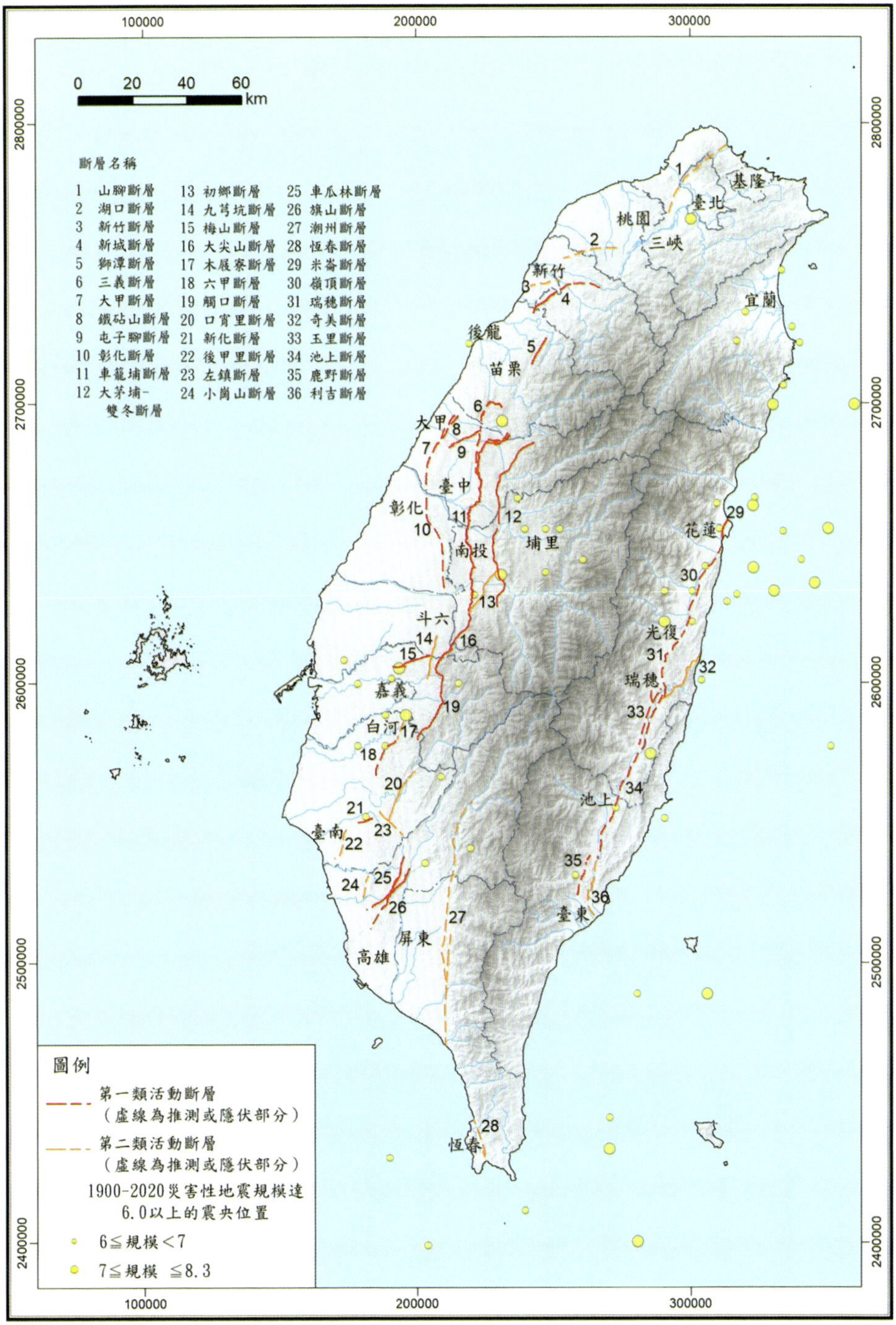

100000
200000
300000
0 20 40 60 km
2800000
2700000
2600000
2500000
2400000
斷層名稱
1 山腳斷層
2 湖口斷層
3 新竹斷層
4 新城斷層
5 獅潭斷層
6 三義斷層
7 大甲斷層
8 鐵砧山斷層
9 屯子腳斷層
10 彰化斷層
11 車籠埔斷層
12 大茅埔-雙冬斷層
13 初鄉斷層
14 九芎坑斷層
15 梅山斷層
16 大尖山斷層
17 木屐寮斷層
18 六甲斷層
19 觸口斷層
20 口宵里斷層
21 新化斷層
22 後甲里斷層
23 左鎮斷層
24 小崗山斷層
25 車瓜林斷層
26 旗山斷層
27 潮州斷層
28 恆春斷層
29 米崙斷層
30 嶺頂斷層
31 瑞穗斷層
32 奇美斷層
33 玉里斷層
34 池上斷層
35 鹿野斷層
36 利吉斷層
基隆
臺北
桃園
三峽
新竹
宜蘭
後龍
苗栗
大甲
臺中
彰化
南投
埔里
花蓮
斗六
光復
嘉義
瑞穗
白河
池上
臺南
臺東
屏東
高雄
恆春
圖例
第一類活動斷層
（虛線為推測或隱伏部分）
第二類活動斷層
（虛線為推測或隱伏部分）
1900-2020災害性地震規模達
6.0以上的震央位置
6≦規模＜7
7≦規模 ≦8.3

（資料來源：經濟部地質調查與礦業管理中心，2021）

根據交通部中央氣象署 1995-2022 年的資料顯示，每年發生在臺灣和鄰近地區的地震有 20,000 到 40,000 次，即每天平均大約發生 100 次地震。在所有地震中，有感地震（震度 1 以上）為 25,850 次，每年大約 700-2,000 次有感地震。就地震規模而言，每年發生規模 4.0-5.0 的地震有 3,613 次，規模 5.0-6.0 的地震為 624 次，規模 5.0-6.0 的地震為 78 次，規模 ≥7.0 的地震為 3 次。自 1906 年以來，臺灣及周遭發生規模 ≥7.0 的地震，共有 24 次。
（下圖重繪自交通部中央氣象署資料）

臺灣地震分布圖（1995–2022 年）

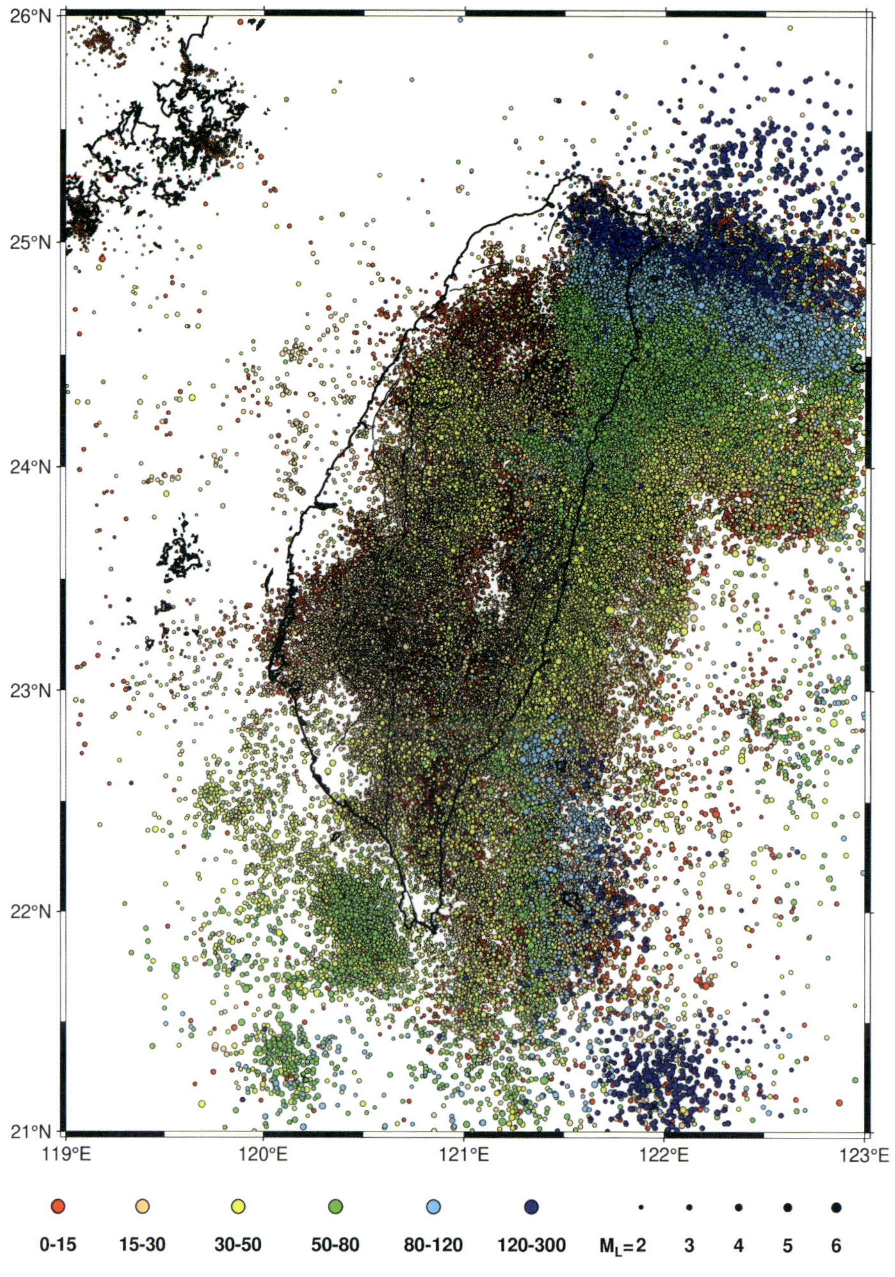

經濟部地質調查與礦業管理中心自 2014 年起至 2023 年底共公布 22 處活動斷層地質敏感區，總面積達 165.6 平方公里。（資料來源：經濟部地質調查與礦業管理中心；下圖重繪自該中心原始資料）

活動斷層地質敏感區圖

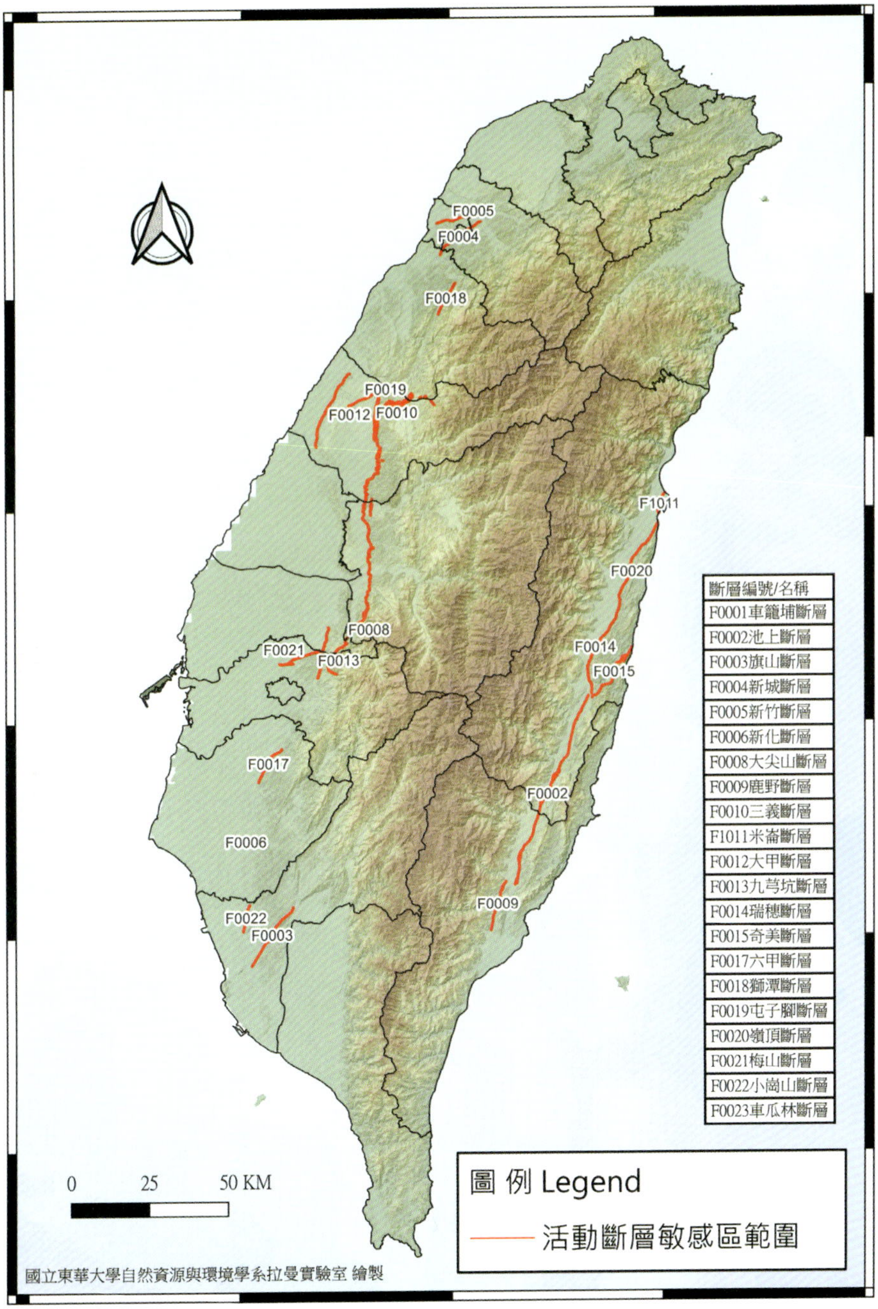

F0005
F0004
F0018
F0019
F0012
F0010
F1011
F0020
F0008
F0021
F0013
F0014
F0015
F0017
F0002
F0006
F0009
F0022
F0003
斷層編號/名稱
F0001車籠埔斷層
F0002池上斷層
F0003旗山斷層
F0004新城斷層
F0005新竹斷層
F0006新化斷層
F0008大尖山斷層
F0009鹿野斷層
F0010三義斷層
F1011米崙斷層
F0012大甲斷層
F0013九芎坑斷層
F0014瑞穗斷層
F0015奇美斷層
F0017六甲斷層
F0018獅潭斷層
F0019屯子腳斷層
F0020嶺頂斷層
F0021梅山斷層
F0022小崗山斷層
F0023車瓜林斷層
0
25
50 KM
圖 例 Legend
活動斷層敏感區範圍
國立東華大學自然資源與環境學系拉曼實驗室 繪製

地震除了造成上述災害，還可能造成**土壤液化**。當地震發生時，震動使得地層結構趨於緊密，使砂土層孔隙體積變小，形成比原來更緊密及安定的結構。土壤液化主要發生在近代沖積平原地區深度二十公尺範圍內，由於其中水壓變大，導致砂土結構崩壞，暫時呈現像流砂的狀態。

土壤液化發生時會導致地基支撐力降低，可能致使建築物下陷、傾斜或倒塌。通常會發生在港灣、河口三角洲、沿海平原、近期河床堆積、沖積扇、海埔新生地等環境。伴隨土壤液化常發生噴水、噴砂、噴泥、地表龜裂、沉陷等現象。

此外，地震亦可能引起海嘯，造成重大災害，目前全球記載由大地震引起的海嘯，八〇%以上發生在太平洋地區，西北太平洋海域更是地震海嘯的集中區域。

臺灣位處環太平洋地震帶上，有受到海嘯侵襲的可能。東部海岸影響較小，係因海岸地形陡峭，海底深達數千公尺；北部、東北部海岸因為海底地形相對平坦，因此基隆和蘭陽平原是較危險區域；而西南部海岸因為從馬尼拉海溝、澎湖峽谷到澎湖水道，是由深到淺的地形，若於馬尼拉海溝附近發生了芮氏規模九．〇以上的地震，則隨後引發的海嘯可能十分鐘就會到達臺灣最南端，約二十分鐘會侵襲高雄和臺南，屆時可能造成極大的危害。

回顧臺灣歷史上的海嘯，在近海地區由地震引發的災害性海嘯，僅有一八六七年基隆地區的海嘯災害，其餘紀錄皆為概述，缺乏明確量化描述與科學佐證其確為海嘯所造成。

土壤液化潛勢圖是依據地質鑽探資料、建築規範（不同地區建築設計地震震度）、地下水位資料，分析在發生約 5 到 6 級地震時，可能發生土壤液化的輕重程度。土壤液化潛勢區依據危害度指數（PL）區分為高潛勢區、中潛勢區與低潛勢區。土壤液化高、中潛勢地區除了臺北市、新北市、臺南市、高雄市、宜蘭縣、彰化縣、雲林縣及嘉義縣所占面積比例較高外，其餘各縣市土壤液化高、中潛勢區域占總面積較低。（資料來源：經濟部地質調查與礦業管理中心，2016 年；下圖重繪自該中心原始資料）

土壤液化潛勢圖

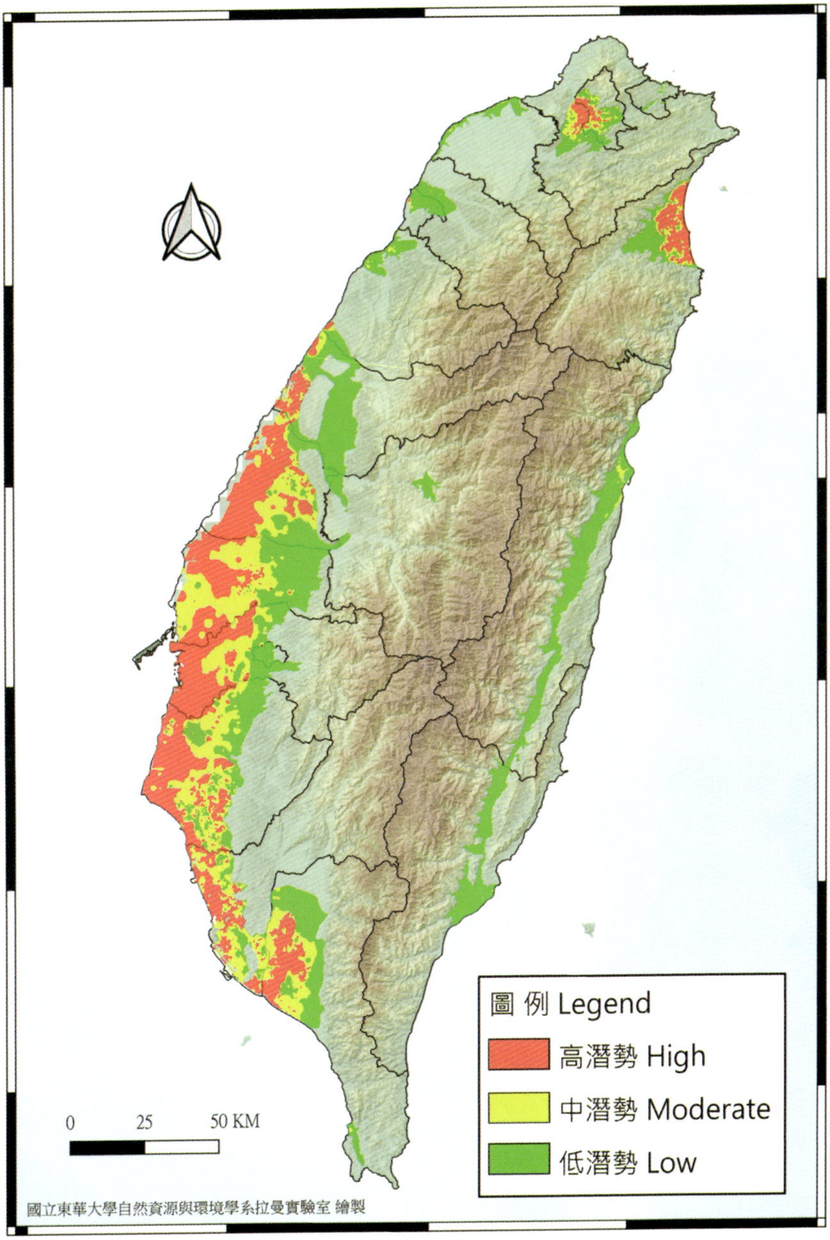

2 坡地災害

海拔高度一百公尺以上或平均坡度五％以上的山坡地區域，邊坡上的岩屑、岩石與土壤等材料，因為颱風、豪雨、地震與人為不當開發及重力作用的影響，使得山坡地區可能發生土壤沖蝕、崩塌、地滑、土石流等現象；若致使位於坡地上及山坡下的房舍或設施，造成威脅或損壞，進而造成人類生命、社會經濟與生態環境等損失時，稱為**坡地災害**。

・落石、岩體滑動與岩屑崩落

落石是指在陡峭的山坡、岩壁上的岩塊、岩屑或岩體崩解分離後，以自由落體、滾動、彈跳等方式，快速向下運動。發生落石通常因為振動所誘發，速度非常快、不容易預測，並可能造成極大的災害。

岩體滑動是整個岩體向下滑動，為規模較大、滑動面較深的坡體運動，如果滑動速度較慢，也稱為地滑。

岩屑崩落為風化的土層、岩屑或鬆軟破碎的岩塊，因為豪雨或地震引起了崩落滑動。通常發生在不同地層的交界面，或土層和岩層的交界面。

如前所述，臺灣丘陵、臺地、山地所占的比例高（六八％），地形坡度大、岩層破碎、地震發生率高，且易受颱風、豪大雨侵襲，因此，落石、岩體滑動、岩屑崩落的坡地災害發生頻率高。

二〇二四年四月三日上午七時五十八分，發生了芮氏規模七・二，震度六弱的地震（花蓮〇四〇三地震），劇烈的震動使得太魯閣國家公園園區發生嚴重落石、坍方，造成蘇花公路、中橫公路、北迴鐵路中斷與封閉。依農業部農村發展及水土保持署的資料顯示，地震造成新增崩塌地有一三九一處，面積約九四三．七六公頃，太魯閣國家公園轄區新增崩塌地面積約八五〇．八公頃，占全部新增崩塌地的九〇．一%，特別是天祥以東的遊憩區、白楊與砂卡礑間的六條步道、布洛灣與燕子口吊橋及砂卡礑橋等，鄰近區域的上邊坡均有大量的崩塌、土石堆積情形。

・土石流

土石流係指砂、礫、泥及巨大岩塊等與颱風、豪大雨產生的水所形成的混合物，受到重力作用後，沿著坡面或溝渠由高處往低處流動的自然流動體。

一般將土石流分為發生部、流動部與堆積部。發生部為土石材料主要來源區，是崩塌發生的區域；流動部是土石混合物向下坡流動的區域；堆積部是土石混合物流動到相對平坦地區產生土石堆積的區域。

臺灣土石流的歷史災害自二〇〇六年至二〇二三年間，共有五三四個重大事件災點，單一事件引發災點數量最多的是二〇〇九年的莫拉克颱風，造成南部八縣市一二四個災點；次多的是二〇〇八年卡玫基颱風造成三十七個災點。依據農業部農村發展及水土保持署二〇二五年一月公告的資料，全臺土石流潛勢溪流共有一七四五條，分布在十七個縣市、一五九個鄉鎮區、六九二個村里。全臺灣前三多的縣市分別是南投縣二六三條、新北市二三六條及花蓮縣的一七八條土石流潛勢溪流。

依據農業部農村發展及水土保持署 2025 年 1 月公告的資料，全臺土石流潛勢溪流共有 1,745 條，分布在 17 個縣市、159 鄉鎮區、692 個村里。全臺灣前三多的縣市分別是南投縣的 263 條、新北市 236 條及花蓮縣的 178 條土石流潛勢溪流。（資料來源：農業部農村發展及水土保持署，2025 年；下圖重繪自該署原始資料）

土石流潛勢溪流分布圖

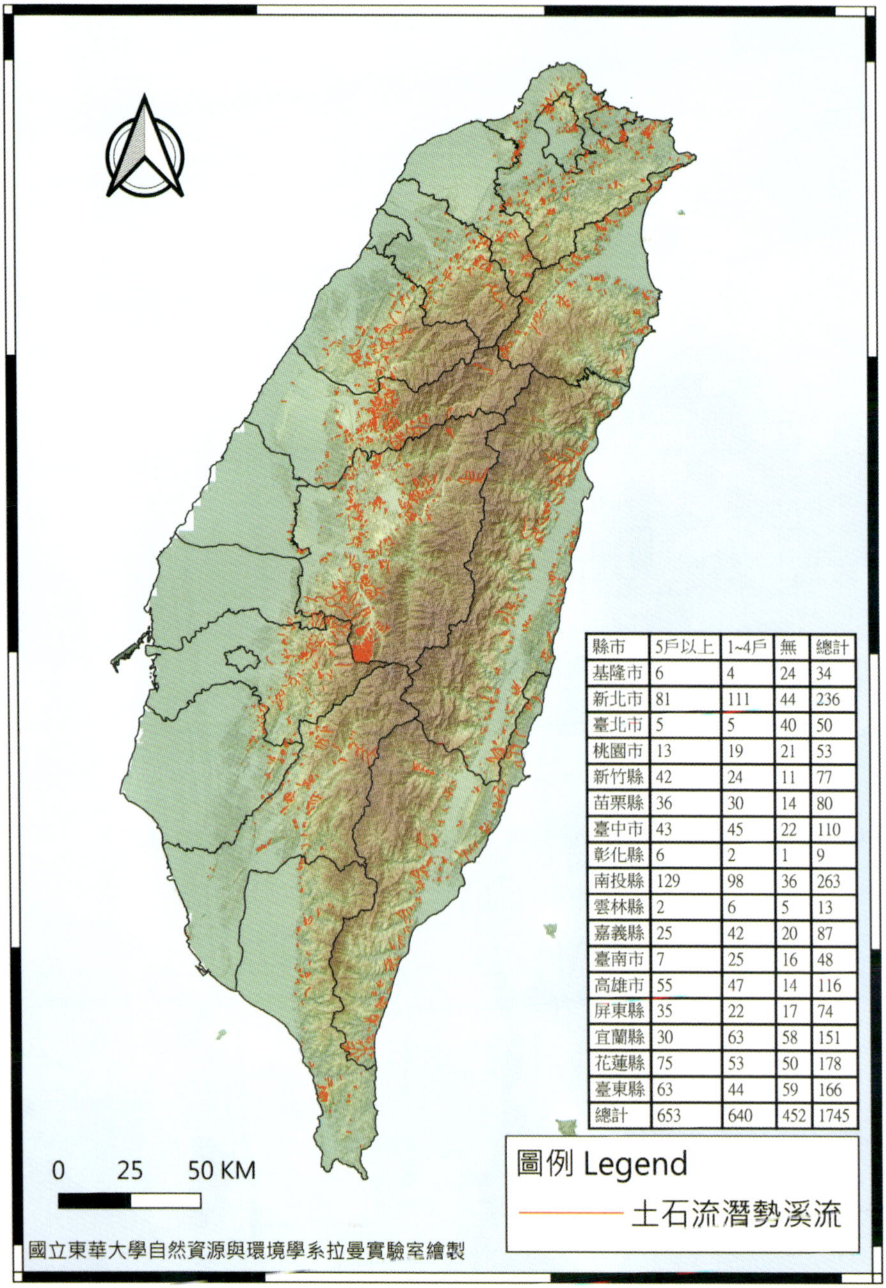

縣市	5戶以上	1~4戶	無	總計
基隆市	6	4	24	34
新北市	81	111	44	236
臺北市	5	5	40	50
桃園市	13	19	21	53
新竹縣	42	24	11	77
苗栗縣	36	30	14	80
臺中市	43	45	22	110
彰化縣	6	2	1	9
南投縣	129	98	36	263
雲林縣	2	6	5	13
嘉義縣	25	42	20	87
臺南市	7	25	16	48
高雄市	55	47	14	116
屏東縣	35	22	17	74
宜蘭縣	30	63	58	151
花蓮縣	75	53	50	178
臺東縣	63	44	59	166
總計	653	640	452	1745

歐亞板塊和菲律賓海板塊交界處。筆者時常在此處的玉富自行車道騎乘自行車或徒步跨越，是難得的經驗與日常。

・大規模崩塌

大規模崩塌是指崩塌面積超過十公頃，或崩塌土方量體積達十萬立方公尺，或崩塌深度大於十公尺的崩塌地。

大規模崩塌發生後，可能對坡地或人員、建築物、橋梁、公共設施等產生影響。大規模崩塌包含潛勢區及影響範圍，並依據影響範圍的堆積型態區分為重力堆積型、土石流型與堰塞湖型等三類。

近年來，受到全球氣候變遷與極端降雨事件影響，地震多、岩層破碎、順向坡、山高坡陡等地質地形條件較差的地區，災害形成常態化。依據農業部農村發展及水土保持署二〇二四年公告的大規模崩塌優先辦理區共六十五處，其中最多的是嘉義縣九處、高雄市與臺東縣八處。

在板塊邊界活動的日常

花蓮、臺東是筆者生活和研究的場域，有幸居住與活動在臺灣兩個重要板塊——歐亞板塊和菲律賓海

2024 年 0403 地震造成花蓮市天王星大樓倒塌

板塊的交界縫合帶附近，跨越兩個板塊成為我的日常。

舉目四望，呂宋島弧和歐亞板塊碰撞所形成的高聳中央脊梁山脈與千萬年來火山噴發、海底沉積、抬升而成的海岸山脈，隨時映入眼簾。變質岩、火成岩、沉積岩所形成的地質現象和瑰麗地景，半小時內即可到達，觀賞和進行科學研究相當容易，這是居住在花東地區的優勢。

然而，持續的板塊活動與造山作用，以及所處地理位置的影響，使此處深受地震、坡地災害所苦。坡地災害由颱風、豪雨導致，尚可預先防範與避災；然而地震的不可預測性、加上花蓮與臺東位處地震頻繁的東部地震帶（約占全國地震的五〇％），使其往往造成重大災害。

近期的災害性地震，如二〇一八年〇二〇六地震、二〇二二年九一八地震和二〇二四年〇四〇三地震，均造成許多人員傷亡，建築物、橋梁與道路崩塌與毀損。面對地震這一大自然的現象，是花東地區甚至臺灣人民須面對的宿命，除了接受此一事實，與地震共存，更要做好災前和地震發生時的準備與應變。

註釋

1 Sibuet and Hsu, 2004.
2 Taylor and Hayes, 1983; Shao et al., 2015; Wu and Suppe, 2018; Lin et al., 2019.
3 Seno, 1977; Yu et al., 1997.
4 Suppe, 1984; Teng, 1990; Barrier and Angelier, 1986; Huang et al., 1997; Chen et al., 2019.
5 Shyu et al., 2005; Suppe, 1984; Teng, 1996.
6 Teng, 1996.
7 Fellin et al., 2017; Fuller et al., 2006; Stolar et al., 2007; Suppe, 1981; Willett and Brandon, 2002.
8 Malavieille et al., 2002; Suppe, 1981, 1984.
9 南北向的呂宋島弧（菲律賓海板塊）以約西北方向（方位角三〇〇到三一〇度）碰撞上東北—西南向的歐亞板塊邊緣（Biq, 1972; Angelier et al., 1986; Chai, 1972; Ho, 1986; Suppe, 1981, 1984; Teng, 1990; Yu et al., 1997）。
10 整體而言，向南傳播速度估計為每百萬年五到一百二十公里（Suppe, 1981; Liu et al., 2001; Simoes and Avouac, 2006; Nagel et al., 2013; Resentini et al., 2020; Sibuet et al., 2021）。
11 Suppe, 1981; Davis et al., 1983.
12 Wu et al., 1997.
13 Teng et al., 2000; Chemenda et al., 2001.
14 Lin, 2002.
15 Simoes et al., 2007.
16 Willett, 1999; Milliman and Syvitsky, 1992.
17 Hovius et al., 2000; Hartshorn et al., 2002; Dadson et al., 2003; Hovius et al., 2011.
18 Dadson et al., 2003.
19 Hovius et al., 2000, 2011.
20 Dadson et al., 2003.
21 Liu T K, 1982.
22 Byrne et al., 2011; Hsu et al., 2016.
23 Hsu et al., 2016; Lee et al., 2006.
24 Ching et al., 2011.
25 陳文山、楊小青，二〇二〇年。
26 Chen et al., 2019.
27 Shyu et al., 2023.
28 陳文山，二〇一六年。

03

藏於山川大地的動態紋理：以 3D 視角觀看島嶼地景

／林俊全

臺灣的地景是如何形成的？山川大地如何構織出島嶼的特殊紋理？而島嶼上的人們，又是如何看待這片土地的呢？生於斯，長於斯，透過不同的觀看視角，對家鄉環境產生好奇，進一步探究其特色，是本文想要闡述並引發讀者關懷的。

位於歐亞板塊與菲律賓海板塊的交界處，過去五、六百萬年來，板塊持續碰撞擠壓，因此臺灣在很短的距離（南北或東西）內，形成高聳的山脈，演育出不同海拔的生態系，成為生物多樣性的島嶼。

地殼不斷擠壓，造成岩層破碎，容易風化、侵蝕；尤其亞熱帶高溫多雨，加上颱風豪雨衝擊，地表沖蝕能力強，岩石更容易崩落，形成土壤侵蝕等現象。

從地景的角度而言，臺灣受到地質、構造運動、氣候的影響，山川大地構織出多樣紋理，並形成特殊生態環境。了解地景的形成背景與未來可能的變化，能探究組成紋理的原因，這是一種素養。而透過這些素養，展開新的視角去欣賞大地，深沉思考其內涵，將能培養一種面對世界的廣闊態度與情懷。

臺灣的地形分區，有山地、臺地、丘陵、盆地、平原，還有島嶼等。

臺灣地形分區圖

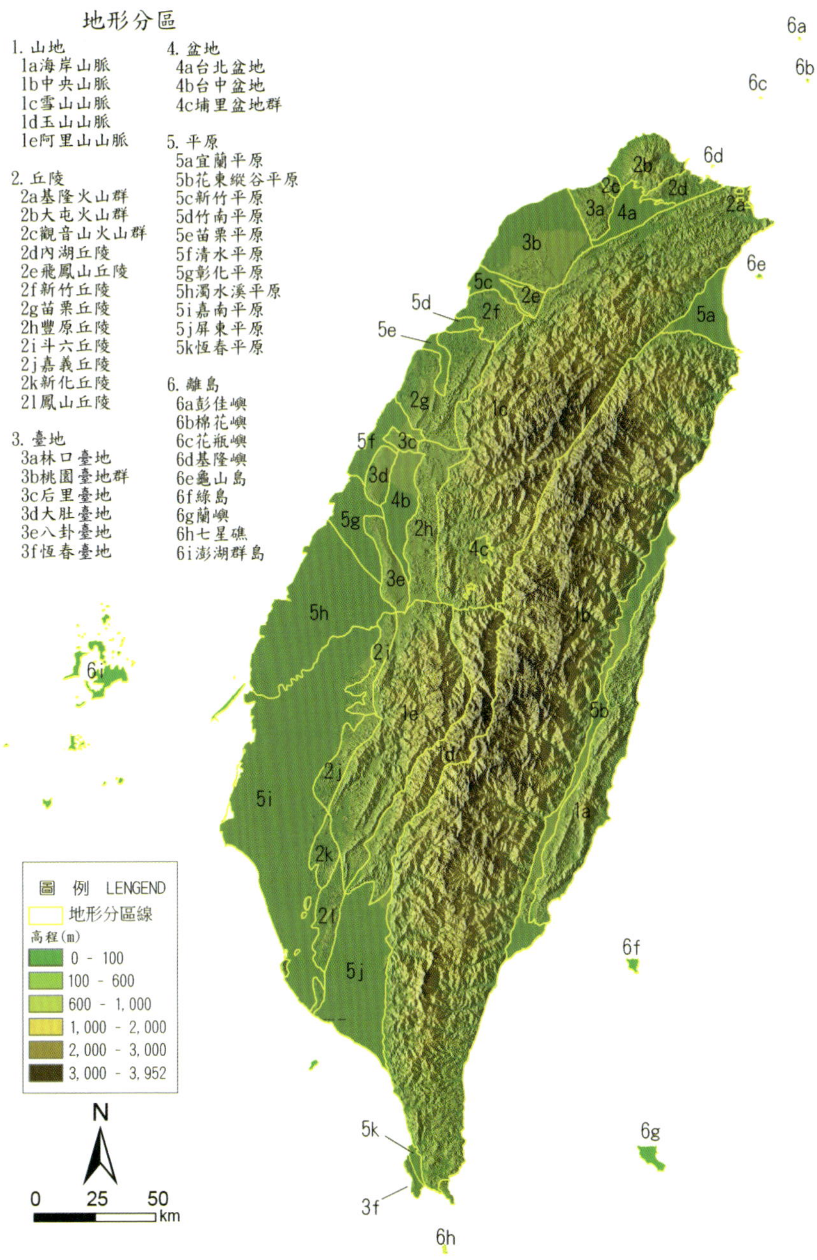

一、臺灣紋理的形態如何觀看？

如何看待臺灣的紋理？有哪些值得我們珍惜？這些思考是在了解臺灣特色時，可以切入的角度。

臺灣山脈稜線圖。說明臺灣的骨幹五大山脈。

臺灣山脈分布圖

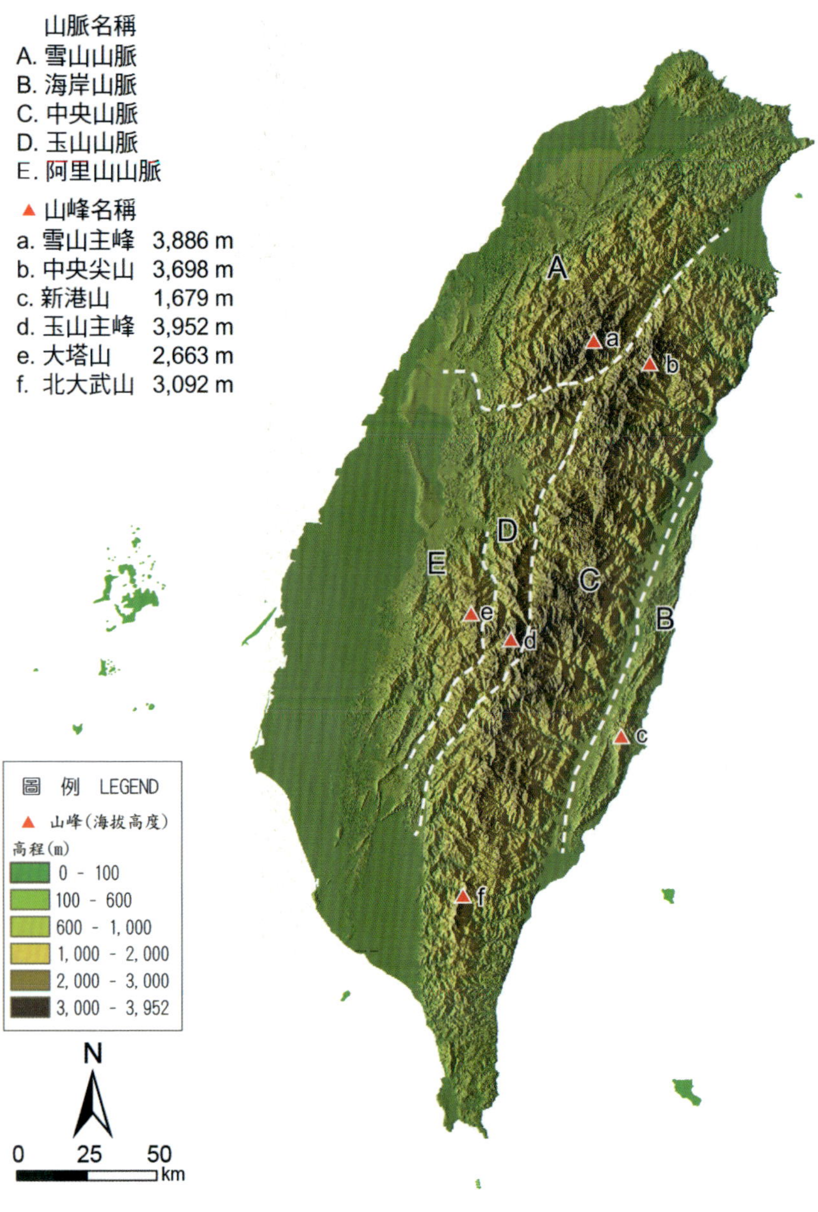

・山脈紋理

受到造山運動影響，臺灣島有將近三分之二的土地是山地或高山，五大山脈形成島嶼的骨幹，並持續被抬升、侵蝕。

大溪河階地。此處因為地殼擠壓，形成河階地，成為聚落所在。

・河川與沖積平原紋理

劇烈的侵蝕與堆積，是塑造臺灣外貌的基本力量。河川中大量泥沙輸送到海裡；同時，河川也不斷切割河床與兩岸，堆積於下游，形成沖積平原、沖積扇等地形。

・聚落紋理

持續的抬升與切割，造成沖積平原成為河階、臺地，也成為人們的聚落所在。

聚落與都市發展，受到上述條件限制，也就是：地質條件影響地形特徵，地形特徵影響土地利用。其中，山坡地、海埔地、河川地較容易受到自然作用影響（又稱邊際土地）；但由於土地利用的需求高，在高度利用之下，就成為災害頻仍的地區，對人類生活造成威脅。尤其是山區道路，常因颱風、地震而中斷，造成居民生命危險與財產的損失。

太魯閣峽谷是地殼擠壓後又被侵蝕的見證

・生態演替

不同的海拔高度，會形成不同的生態系，包括高山、丘陵、平原、海岸、溼地等。過去一萬年來，海水面上升，造成臺灣島與大陸分離，臺灣的物種，有部分慢慢演育成特有種。位於大甲溪上游的櫻花鉤吻鮭，便是一個典型的例子。而島嶼也演替出自己的植群樹種。

・氣候與水治理

島嶼的性格，也是臺灣紋理不可或缺的特性。面積三萬六千平方公里，有不同的微氣候特色，包括臺灣南部每年十月到次年四月的旱季；北部地區拜東北季風之賜帶來雨量，相對乾季較不明顯。

由於山脈地形陡峭，雖然降雨量大，卻很容易沖刷入海，不易停留利用，因此需要大型水庫儲存颱風帶來的雨水。水庫的經營管理與水資源調度，是臺灣必須面對的嚴肅問題。

二、動態平衡下的構造運動現場

在大地構造運動的現場，我們可以如何觀察？如何解讀？構造作用又產生哪些地形？我

們如何辨識這些現象呢？

臺灣擁有超過百座三千公尺以上的高山，以及高達三九五二公尺的東亞第一高峰玉山，這些我們習以為常的環境，卻是島嶼最獨特的地景。其形成原因，主要拜地殼不斷擠壓、上升所賜。臺灣經歷造山運動，板塊碰撞隆起，才能在短距離內形成高山。不斷上升隆起的土地，受到侵蝕、搬運作用，致使地表持續變遷。

此外，因為位於季風帶，高溫多雨，地表風化、侵蝕、搬運、堆積作用強盛，上升的地殼不斷被削平。河川上游的泥沙在颱風豪雨下，被風化、侵蝕，往下游搬運、堆積。地形持續變化，逐漸形成動態平衡的面貌。

「動態平衡」的概念是指，在地形的發育過程中，隆起、侵蝕與堆積的速率，慢慢呈現相對穩定的狀況，也就是高侵蝕速率與高堆積速率，大致呈現一種平衡狀態。但真實世界卻很難界定是否達到相對平衡。由於侵蝕與堆積作用不斷在進行，並不容易有直接的科學數據說明。

在不斷隆起、又不斷被侵蝕的過程中，形成了高山、峽谷、山脈、海階、河階、沖積平原等地形。

・地殼抬升與擠壓

以東部海階而言，六千六百年來隆起了大約四十公尺。位於八仙洞以及花蓮與臺東縣界一系列不同高度的海蝕凹壁，都是地殼抬升的直接證據。

西北部的桃園大溪有三層河階分布，也見證了地殼擠壓的現象。

・斷層

不斷被擠壓隆起時，斷層演繹了大地被切割的現場。

車籠埔斷層、花東縱谷斷層、潮州斷層、宜蘭匹亞南斷層、新店斷層等名稱，有些如雷震耳，因為曾造成太大的災害；也因為靠近我們的生活圈，可說是影響整個社會發展的斷層。車籠埔斷層在臺中、南投地區，有許多破裂、隆起現象；隆起最高處在臺中大甲溪的石岡壩。九二一大地震一夕之間，大壩硬是被擠壓斷裂、抬升了九公尺，造成嚴重的地震災害。至今石岡壩的隆起位置，仍保留為紀念地。

如果拿起一張臺灣的衛星影像圖觀察，會發現許多地形變化的地方，幾乎都是斷層通過的地方。例如蘭陽溪的匹亞南斷層，以及屏東潮州附近的潮州斷層等。這說明了臺灣地質、匹亞南斷層分布圖。這是臺灣重要的斷層，從東北角沿著礁溪、南山，成為地形的分界。

匹亞南構造線位置圖

地形紋理的背景。

伴隨斷層的是發達的節理。節理發達代表岩石破碎，一旦受到亞熱帶氣候強烈風化作用以及颱風影響，很容易形成土壤侵蝕。海水作用也是形塑地形特徵的一個主要作用力。

・火山

臺灣周遭有許多島嶼，東部主要離島包括龜山島、綠島、蘭嶼，都是火山噴發造成的火山島。火山碎屑岩、火山灰堆積的現象，則是火山運動形成。沿著斷層線有地熱分布，常有溫泉，使臺灣成為溫泉觀光勝地。

陽明山小油坑錐狀火山全貌。往大屯山的公路上，可以看到小油坑的硫氣孔與崩塌地全景。

・冰河前後：瘦芋頭、胖番薯？

臺灣島究竟是番薯還是芋頭？這與觀看的角度和時間有關。

一萬年前，臺灣與大陸相連。最後一次冰河期來臨時，全球的水多以固體冰的方式，存在高山、高原、高緯度地區。那時海水面降低，甚至比現在的海岸線低了一百多公尺。當時臺灣海峽深度不到一百公尺的地方，露出地表，大陸的動物可以漫步到臺灣。臺南左鎮有許多大象、犀牛的化石，都說明了這些動物曾經來過臺灣。那是大約一萬年前，冰河期結束前。

全球暖化結束了冰河期，大量的冰雪融解，回到海裡，海水面快速上升。大約七千至六千年前，臺灣島因為海水面上升，慢慢脫離大陸，形成島嶼。許多生物無法回到大陸，慢慢演化成臺灣特有種，例如櫻花鉤吻鮭。

此時，臺灣島的形狀比較像瘦長的香蕉。隨後，慢慢沖積出平原，有些受到擠壓抬升而成為

臺地、河階等地形。今天的番薯外觀，可以說是六、七千年來地形外觀所累積的變化。

綜合以上，在不同的地表作用背景下，各種地形分區受到不同因子的影響，包括：

- 受到地質岩性、構造影響：形成高山、丘陵、臺地、盆地、平原、火山。
- 受到構造、水系、流域影響：不同形狀的流域，說明河川的發育，明顯受到地質構造控制。
- 受到海岸影響：形成北部岬灣海岸、西部沖積海岸、東部斷層海岸、南部珊瑚礁海岸等。北部海岸因為雪山山脈與東北季風的方向大致平行，造成軟弱的岩層，很容易被侵蝕後退，形成海灣或漁港。沿著北海岸濱海公路，有許多漁港，加上附近漁場，成為當地靠海為生的財富來源。
- 受到地殼擠壓影響：五大山脈正是幾百萬年來，不斷擠壓而成。
- 受到岩性、斷層影響：地形分區的界線，通常都是巨大斷層通過而形成。隨後形成河川，不斷被侵蝕成為大河。也有些分區界線，是因為不同岩性所造成。

臺灣外觀變化示意圖

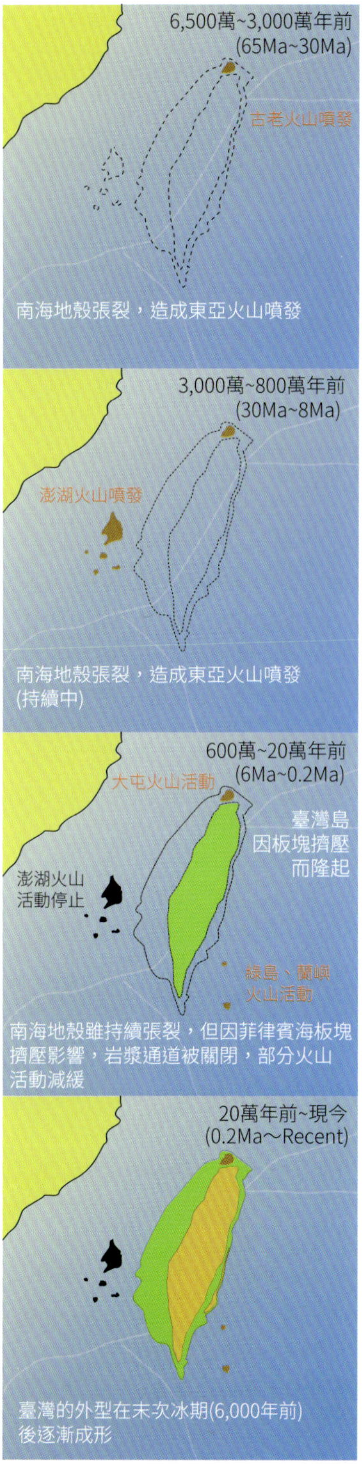
6,500萬~3,000萬年前
(65Ma~30Ma)
古老火山噴發
南海地殼張裂，造成東亞火山噴發
3,000萬~800萬年前
(30Ma~8Ma)
澎湖火山噴發
南海地殼張裂，造成東亞火山噴發
(持續中)
600萬~20萬年前
(6Ma~0.2Ma)
大屯火山活動
臺灣島
因板塊擠壓
而隆起
澎湖火山
活動停止
綠島、蘭嶼
火山活動
南海地殼雖持續張裂，但因菲律賓海板塊擠壓影響，岩漿通道被關閉，部分火山活動減緩
20萬年前~現今
(0.2Ma~Recent)
臺灣的外型在末次冰期(6,000年前)
後逐漸成形

本圖說明臺灣從冰河期末期到今日的外觀變遷

1_ 月世界地形。泥岩明顯的侵蝕現象，包括紋溝與沖蝕溝等。
2_ 烏山頂附近的泥火山

三、從空中看臺灣：解讀地景紋理的內蘊意義

在地表茂密的植生之下，或許不容易看出其下的地質現象。但若從空中看臺灣，卻有全然不同的景觀，並可看出其中特殊的地景風貌。諸如：

1 月世界：泥岩惡地

裸露的泥岩、是不毛之地嗎？被稱為惡地，主要原因是這裡有長達半年的乾季，乾季時的泥岩不容易有植生生長；且颱風、大雨時，很容易將好不容易長出的土壤侵蝕掉。年復一年，地表被刮掉一層又一層。

泥岩在臺灣西南分布面積高達一千二百平方公里，根據中油公司調查，厚度高達五千公尺。這些代表了過去比較深海的細粒泥質沉積物，也代表著過去有很長一段時間，慢慢沉積出如此厚層的泥岩，然後被推擠上來，露出地表。

泥岩表層常有一層白色的物質，那便是深海沉積物隆起後，在比較乾燥的氣候下，慢慢毛細出來的鹽分。

月世界的泥岩地景極為特殊，除了代表劇烈的沖蝕現象，由於岩層軟弱，特別容易侵蝕成許多小地景。因此，特殊的微小地景諸如土指、紋溝、羽狀水系等，成為當地特色；而泥岩地區生產的水果，更因土壤元素，呈現特有風味。

1

2

2 草嶺：崩塌地

草嶺地滑可說是臺灣最大的崩塌地之一，過去歷史上發生過至少五次的大崩山（地滑），主要是清水溪深切河床，連帶把支撐邊坡的物質侵蝕掉，導致無法支撐上邊坡的重量而崩落。

草嶺是砂頁岩交織沉積的岩層（又稱互層），當地震、颱風或久雨後，常因地表水下滲到頁岩的不透水層，導致岩層裡的內摩擦力減少，而沿著岩層面下滑（又稱平面型地滑）。

九二一地震，草嶺又滑動了一次。這次當然不會是最後一次，因為邊坡上還有尚未崩落的岩層，非常有可能在下一次大地震時，繼續滑落。

草嶺的平面型地滑和九份二山的地滑一樣，在九二一地震時滑落，形成堰塞湖。之後，清水溪上游帶下來的泥沙淤積

1

1_ 草嶺地滑崩塌地規模非常大
2_ 草嶺的峭壁雄風，是一個很陡的順向坡。

2

於草嶺，形成寬廣的沖積河谷，又稱埋積谷。埋積谷現象，代表著大量的泥沙堆積於河床上，無法被河流沖刷而形成。臺灣有許多寬廣的河床，都是類似原因。

3 石梯坪：火山灰與凝灰岩擠壓出的小山頭

石梯坪號稱東部第一景，主要是由於火山灰與凝灰岩擠壓，形成小山頭。近看具有臺階形狀、白色，岩層的質地中含有塊狀安山岩；遠遠望去，線條獨特，因而著稱。站上石梯坪的小山頭，可以看見東海岸壯闊的海景、山景，展望極好，這也是拜地殼擠壓所賜。

石梯坪的組成物質中，還有集塊岩，這是過去火成岩噴發出來的火山岩堆疊、膠結而成，也是東部海岸山脈的重要組成岩石。

石梯坪的傾斜岩層與白色火山凝灰岩的特徵，非常吸引人。

1_ 東北角海域有許多海階、岬角、海崖、海蝕平臺地形。
2、3_ 東北角海域包括鼻頭角，海階、岬角、海崖、海蝕平臺地形發達。

1

4 東北角：山海相遇處

東北角是山海相遇的地方。雪山山脈與東北季風吹襲的方向一致，因此，雪山山脈中比較軟弱的岩層，很容易被侵蝕成谷地，也就是海岬與海灣交錯排列的地方。值得注意的是，龍洞岬有堪稱臺灣強度最硬的石英砂岩，又稱龍洞砂岩，石英顆粒可大到一兩公分，且膠結良好，甚至有輕度變質的現象。岩層中還可以看見錯動的斷層，錯動後又重新膠結。龍洞砂岩也是很重要的建材。岩層從這裡往南延伸，翡翠水庫、臺中港都曾利用過這些岩石，作為建材。

鼻頭角的海階是過去海水曾經停留之處，並侵蝕成平臺。隨後，陸地相對海水面上升，形成平臺，海岸邊則被侵蝕成海崖。最具代表性的海階位於鼻頭國小，海階高度約二十公尺。也就是說，鼻頭國小的後邊，就是一個高約二十公尺的海崖。鼻頭角步道的小階地地景，正是海階地形。

3

5 梨山：與天爭地的地方

過去隨著中橫公路的開通，以及安置國軍退除役官兵的農場開發，梨山成為一個非常重要的地方產業集散與觀光節點。由於高山農場開發，加上氣候適合種植溫帶水果，逐漸變成超限利用的區域。陡坡上種植蘋果、水梨，常常需要許多的農藥、肥料，大雨來臨時，夾帶著泥沙，往德基水庫衝入。這些現象造成德基水庫淤積，水庫壽命減短，此外，水庫還因為營養鹽太高，產生優氧化的問題。

雖然經歷多次地震、颱風，許多陡坡上仍種滿果樹，沖蝕與土地超限利用的問題，仍然存在。這是一個典型的經濟利益向自然環境挑戰的地方。

相對地，臺灣中南部低海拔（八百公尺以下）種滿了檳榔樹；中高海拔（八百到兩千公尺）則除了檳榔，還有高山茶。近年來，咖啡豆的種植面積也有日益增加的現象。

梨山超限土地利用，在陡坡上種植溫帶水果，造成許多土壤流失的現象。

6 清水斷崖：世界罕見的地殼擠壓隆起海崖

如果把海水全部吸走，東部蘇花海岸底部到中央山脈的頂端，落差幾達一萬公尺。這樣的現象是全世界少有的地景。此處的清水斷崖，主要是受到地殼擠壓而隆起，成了臺灣地景紋理的主要特徵之一。

過去蘇花公路有些路段受制於此，必須蓋在陡坡上，因此風化侵蝕、落石不斷，公路也常被中斷，之後便有蘇花改快速道路的籌建。蘇花改公路多以隧道、橋梁連接，讓公路不至於常常因為崩塌等問題，造成中斷。

蘇花公路的海崖，代表著板塊碰撞的接壤地帶。日治時期倡議，修築原先清代之北路為「臨海道路」，於一九三二年五月通車；第二次世界大戰後改名蘇花公路，之後持續興建隧道並拓寬為柏油路面。

過去單向管制通車，需要花費很長的時間才能從臺北抵達花蓮；一九九〇年十月二十五日改為雙向通車。過去要通過這段公路非常困難，目前經由隧道、截彎取直等工程，大幅減少交通時間。但一條安全回家的路，仍是花東民眾的最大訴求。

7 桃園臺地：融合自然與人文底蘊的埤塘之鄉

桃園臺地的成因是由於古石門溪沖積形成古石門沖積扇，後經河川襲奪，即臺北盆地溯源侵蝕的淡水河，使原來流於古石門沖積扇上的各溪，皆變成了斷頭河，遂成為臺地。這些

1

1_ 蘇花公路修築於陡坡上，常常受到地震、颱風的影響而中斷。
2_ 桃園臺地的埤塘

現象導致灌溉水源嚴重缺乏。早期墾民為了儲存水資源，需設法貯留天然雨水，以補充農作物之需，於是開始開鑿埤塘。隨著漢墾民的移入，埤塘數量急遽增加。此處埤塘分布非常稠密，是一個獨具特色的地理景觀。

臺地表層的沖積土，經過高溫、多雨的環境，化育成紅土，成為桃園特殊的地理景觀。早期居民挖埤塘，即利用紅土的不透水性，作為埤塘底部材料。

埤塘代表著過去先民利用土地特性的生活方式與智慧。

埤圳系統與桃園臺地特殊的地質、地形息息相關，是整合水庫、河川、埤塘與水圳所建構而成的人文自然地景，不僅具有百年歷史，也成為特殊的自然生態體系與聚落生活文化。

如今，因為自來水的發達，埤塘功能慢慢減少，許多被合併成較大的埤塘，小埤塘則被填土掩埋，以作為其他的土地利用方式。近幾年，有些埤塘開始成為發展光電的基地。

2

8 風吹沙：東北季風的天然作品

風吹沙位於墾丁國家公園的東邊靠海一側。東北季風盛行時，海灘的沙粒可以被揚起七十公尺，到達上邊坡的地方（海階）。

這樣強大的海風力量，主要是由於東北季風受到中央山脈、海岸山脈的阻隔，無法跨越山脈，一路往南吹送到墾丁一帶。到達此處後，山脈高度降低，風慢慢跨越山脈，也攜帶沙粒移動，就形成了高達七十公尺的沙瀑。這樣的地景，詮釋出東北季風的影響和威力。

風吹沙在冬天能把沙粒推向臺地之上，夏天則由陸地向海搬運，多年來，形成了一個平衡狀態。隨著環海公路的闢建，公路阻絕了泥沙的輸送，沙瀑地景也因此被破壞，慢慢縮小中。

不論是東北角的岬灣海岸，或是墾丁國家公園，都必須承受地表內外作用力的影響；這些作用力，形成各地殊異的地景多樣性，不僅豐富了環境，也凸顯區域間的文化差異。目前臺灣的十個國家公園、十三個國家風景區、二十二個自然保留區以及十個地質公園，即拼呈出一幅最美麗的臺灣地景多樣性紋理。

風吹沙地景。強烈的東北季風，將沙粒從海邊捲揚吹送到高約 70 公尺高的海階。

從地景現場走回自我、走向世界

臺灣的地質、地形、氣候、水文背景，形塑出地景多樣性之島；而由於自然環境脆弱，更容易受到氣候變遷影響。認識臺灣地景多樣性，是了解臺灣紋理的第一步。

臺灣是一個深受地表構造運動、季風影響的現場。本文從認識臺灣的大地構造、岩層、自然作用力等，解讀這些現象所展現的地景紋理，以及何以形成動態平衡，希望提供讀者一個思考的方向。

要了解地質、地形的特性，可以從重要的特殊地景著手。例如國家公園、國家風景區、地質公園、溼地、保護區等，這些地方常具有獨特的地質岩性與構造；不同地景構成了多樣性的拼圖，更是發展觀光主要的利基。

每個地方都有其故事，地景資源、歷史、文化底蘊，交織演進，構成各地特殊的紋理風景。而不同的地景、氣候與水文特色，演變出地方具獨特性的資源，這些資源隨著時間推移，時代變遷，慢慢產生特有的人文資產價值。例如大溪河階上的古厝、老街，有其時代意義。因此，要了解臺灣的紋理，不能沒有歷史、文化的底蘊，這些是地方故事與生命力的泉源。

認識臺灣紋理，能讓社會大眾理解各種資源保育以及保育對象的意義與重要性，例如特殊地景的名稱、成因、分布、變遷等。而了解特殊地景與生態概念、歷史、文化底蘊，更是現代公民需要具備的文化與環境素養。面對一個分工細緻的社會，若我們不了解其他領域的重要性，往往會以偏概全，無法產生同理心去面對整體社會發展的問題。這也是為何近幾年來，包括國際社會與學界，都紛紛深入跨領域研究與合作的原因，且皆致力於培養人文社會

從新竹望向雪山山脈

的素養。

整體社會的發展，必須學會尊重（各領域、各文化），也需要學習理解社會問題的同理心。提升國民認識環境的素養，並能承擔這些天然作用的威脅，才能讓生長於斯的子民更有自信、尊嚴去面對未來；而想要永續發展，須習得與環境共存的智慧。

你曾看過大地構造運動的現場嗎？此刻就出發吧。這是走回自我的道路，也是走向世界的機會。

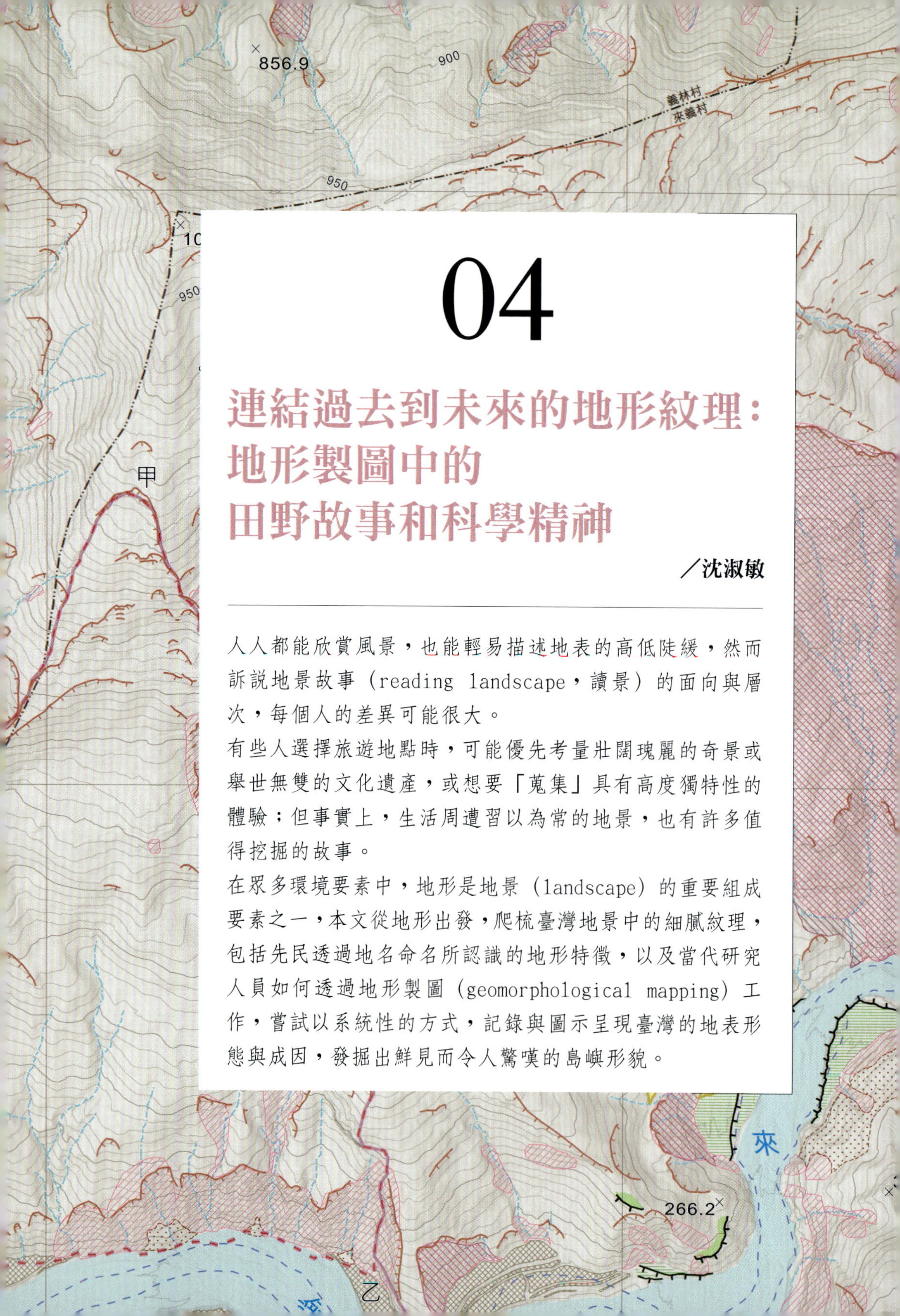

04

連結過去到未來的地形紋理：地形製圖中的田野故事和科學精神

／沈淑敏

人人都能欣賞風景，也能輕易描述地表的高低陡緩，然而訴說地景故事（reading landscape，讀景）的面向與層次，每個人的差異可能很大。

有些人選擇旅遊地點時，可能優先考量壯闊瑰麗的奇景或舉世無雙的文化遺產，或想要「蒐集」具有高度獨特性的體驗；但事實上，生活周遭習以為常的地景，也有許多值得挖掘的故事。

在眾多環境要素中，地形是地景（landscape）的重要組成要素之一，本文從地形出發，爬梳臺灣地景中的細膩紋理，包括先民透過地名命名所認識的地形特徵，以及當代研究人員如何透過地形製圖（geomorphological mapping）工作，嘗試以系統性的方式，記錄與圖示呈現臺灣的地表形態與成因，發掘出鮮見而令人驚嘆的島嶼形貌。

一、如何認識臺灣地形

一處地景是許多自然和人文環境要素經過漫長歷程、交互作用所共同塑造的產物，這些要素至少包含地形、氣候、水文、土壤、生物、人口、經濟、交通、聚落、政治等。

地形是自然環境的重要組成要素之一，更是土地或地景資源的基礎，只要是依賴土地為生的人群，都得細膩觀察周遭環境的地形特徵與變化，才能安身立命。認識自己居處的環境，是現代國民的基本素養，然而現今大多數民眾是居住在都會地區，日常生活中的視線所及，盡是建物、道路等人為地景與人工鋪面。

在臺灣，從國小到高中各教育階段，可在社會領域的地理或自然領域的地球科學中，初步學習認識臺灣地形的特徵與成因；可惜戶外實察或實作練習的機會相當有限。許多民眾是透過旅行，或藉由紙本（摺頁、小冊、專書等）、電視、網路、展場或戶外導覽等多元管道，欣賞臺灣地形美景。這樣的養成教育，對地形多為定點且靜態的認識，以為地景由來如此，未來也將永遠如此。

多數民眾可能是在災害性事件發生時，透過新聞媒體報導，才體認到地形作用，和相信地形會改變，例如，九二一集集地震造成地表突然出現的斷層崖；賀伯颱風、桃芝颱風、莫拉克颱風時，豪雨導致土石流或洪水溢淹；強颱與大地震造成山崩與地滑等。

事實上，不論是長途跋涉才得以拜訪的地形奇景，或居住地周邊常被忽略的微地形起伏，都是地形作用和構成地形的物質岩層或沉積物，長期交互作用的結果，而且絕大多數的地形是會持續變化的。

二、地名中的地形紋理：反映環境認知與自然適應

在現代地形學知識或方法普及之前，先民對於地形特徵或衝擊的認識，可能是以「風水學」傳承給後代，或保存在口傳故事、神話或宗教儀式中，或以地名命名的方式呈現。

古今中外的地名命名原則，有其共通性，其中之一是以附近的地形環境特徵為名，因此，地名可以作為了解「居民如何觀察當地地形環境特性」的一種途徑。

地名是人們對於一個地方（某特定地點或範圍）的稱呼，也是一地人為了指稱生活場域中特定空間的符號。地名可以分

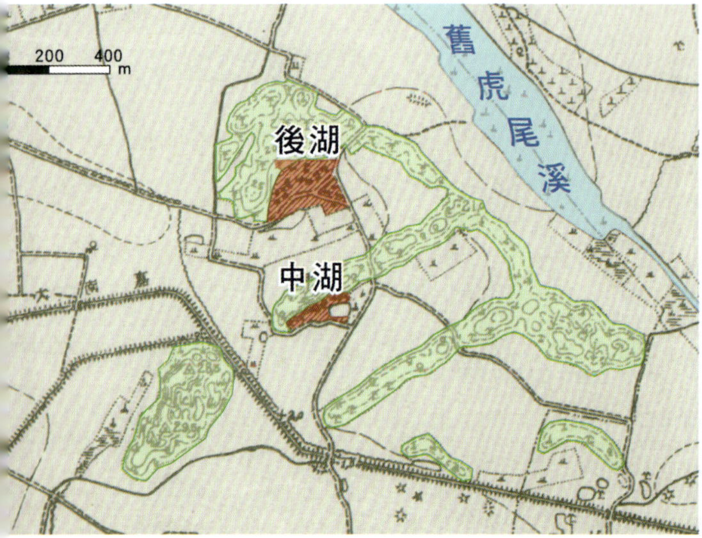

從 1920 年代的老地圖上，可以清楚看出雲林縣元長鄉後湖、中湖聚落被舊虎尾溪岸的沙丘環繞，所在之處猶如一小盆地而得其地名。（底圖：1921 年臺灣地形圖；繪圖：陳銘鴻）

雲林縣土庫鎮山子腳（山仔腳）的「山」（沙丘，綠線範圍）已被剷平，周邊農地坵塊大致整齊，只有聚落北側農地邊界特別不規則（黃線），就是早期沙丘的範圍。白線、紅線標示的是現在與約 100 年前的聚落範圍。（底圖：國土測繪中心 WMTS 正射影像；後製：陳銘鴻、李聿修）

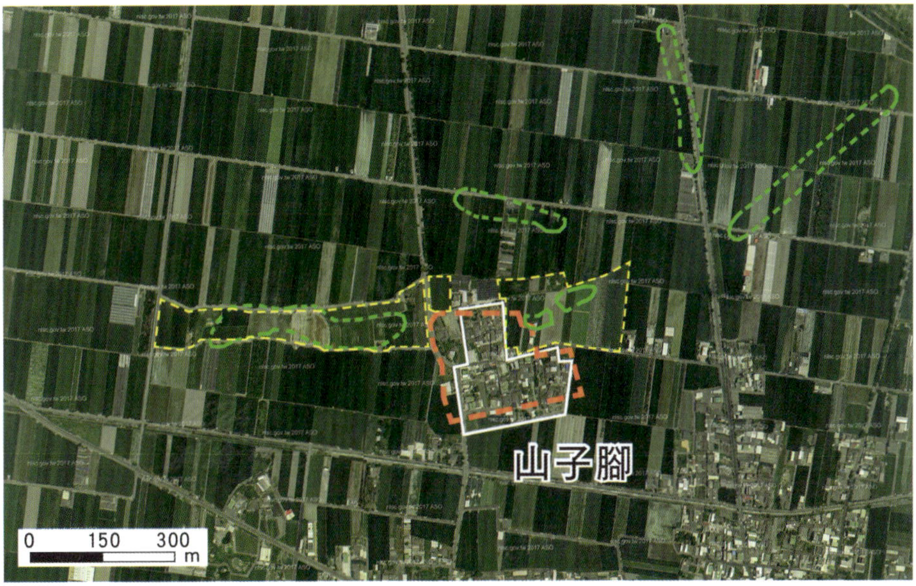

為行政區名、地標地名與聚落地名三大類；也有層級高低之分，例如聚落之內還有指稱更小範圍的地名。以下舉沙丘、河階、河川匯流、洪患的例子說明。

・沙丘

雲林縣大部分地區位於濁水溪南方的沖積平原上，地形平坦遼闊，一些略為高起之河岸沙丘的背風側，常成為聚落選址所在，聚落名稱也常和沙丘有關。例如，崙背鄉崙前村的「崙前」與東明村的「崙背」，元長鄉後湖村的「後湖」與「中湖」（如右頁地圖），土庫鎮西平里的「山子腳」，都是典型的例子。有些沙丘至今還留存於地景之中，有些則已被剷平而看不到了。

・河階

臺灣河階地形發達，聚落位於河階面上，名稱常見「坪」字；聚落緊鄰河階崖時，則常見「崁／坎」、「崎」字。當河階有多個階層，如階梯般級級上升時，常見上坪、下坪的聚落名稱，或以數字由下而上計算聚落所在的階面或階崖來命名。例如，桃園市大溪區的「二層仔」、「三層」，南投縣草屯鎮的「二坪」、「三層崎」、「坪頂」（如左頁上圖），或臺中市內埔區的「二崁」、「三崁」、「四崁」等。（如左頁下圖）

・河川匯流處

一條河流通常是由大大小小許多支流組成，兩條溪流的匯流之處若有聚落形成，常以此為名。例如，閩南語系統的新北市雙溪區雙溪里的「雙溪」位於平林溪匯入雙溪之處，嘉義縣竹崎鄉緞繻村「雙溪仔」位於牛稠溪上游兩條支流匯合處，客語系統的苗栗縣公館鄉仁安村「洽汊河（甲叉河／洽娃河）」位於後龍溪兩條支流匯流處。

原住民族也常為溪流匯流處命名，例如，泰雅族人稱呼河流匯聚之處為 hbun。不過，當這些地名以中文呈現時，卻常音譯為不同的中文用字。例如，新北市烏來區福山里「哈盆」、桃園市復興區澤仁里「霞雲坪」，族人均稱之為 Hbun。還有一些部落地名中包含 hbun，但在中文地名中並沒有呈現 hbun（合流）的含意，例如，新竹縣尖石鄉秀巒村 Hbun-Tunan 稱為「控溪」、新竹縣尖石鄉新樂村 Hbun-Qramay 稱為「煤源」。這也表示原住民族的地名翻

上＿烏溪中游左岸的河階群至少有五層階地，南投縣草屯鎮土城至頂城之間的聚落名稱常見「坪、層」等字。（繪圖：李聿修）

下＿大安溪與大甲溪之間的后里臺地，有高高低低八層的寬廣河階，臺中市內埔區出現許多以河階崖命名的聚落，如二崁、三崁、四崁等，還有崎頂、土城崎、牛軛崎、打死人崎等。「崎」字多指稱陡崖，常見於河階崖處。打死人崎，應該是附近曾發生打死人的事件，故該處陡崖得此名。（繪圖：李聿修）

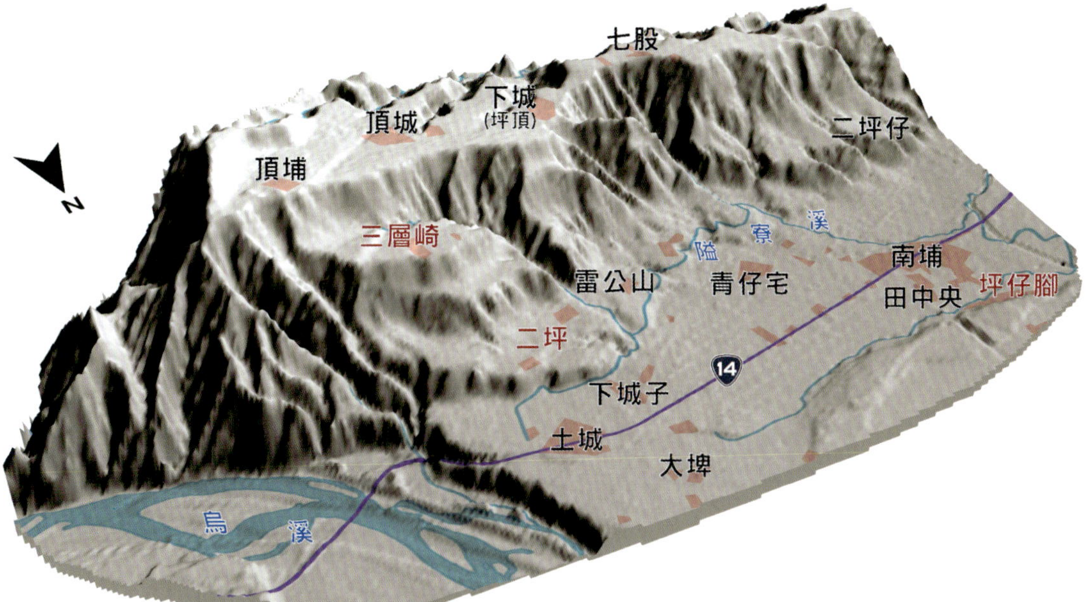

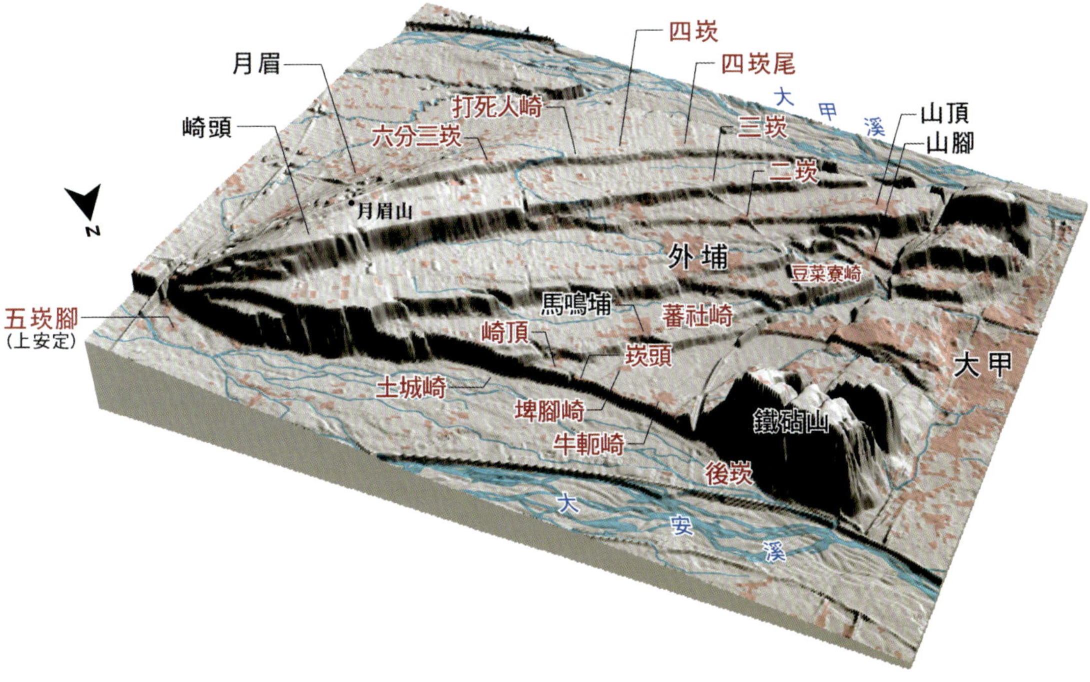

譯為中文時，會因為採用音譯或冠以其他名稱，而很難「望文生義」，更無助於理解最初地名命名的涵義。

・崩塌、洪患

地形作用造成的現象也會成為地名命名的依據，雖然較不常見。在臺灣，與「崩塌」作用相關的地名最多，例如，新北市石門區草里里、臺中市外埔區水美里、嘉義縣六腳鄉崩山村都有以「崩山」為名的聚落。多數原住民族部落位於山區，崩塌、土石淤埋溪溝的現象也記錄在地名之中。例如，荖濃溪谷高雄市桃源區的布唐布那斯溪，好發土石流，布農族語的河流名稱即為「濁水」，多土砂之意，而這條溪流也是造成南橫公路（臺二十線）中斷的重要原因。又如大漢溪谷桃園市復興區的泰雅族高義部落，有 Luhiy（崩塌）和 Huway（土石堆成的平緩地）兩個小地名。部落報導人說，她自幼上學的山坡路徑和不以為意的地名，直到二〇〇四年艾利颱風造成 Luhiy 那裡再次發生崩塌，才明白祖先稱呼該地點的緣由。

另有地名命名是與洪患相關的，其中最直接相關是「浸水」，例如，位於彰化縣埔鹽鄉新水村的「浸水」、高雄市內門區永富里的「浸水寮」、屏東縣東港鎮鎮海里的「浸水庄」。而在早期河堤興建以前的年代，當一個聚落經常遭受洪患，就可能遷居他處以避免災害。相對於原來的聚落，遷居後的聚落，在命名時，常冠以「新」字，在雲林、嘉義平原地區有不少這樣的案例。

簡而言之，地形作用創造了土地資源、自然美景；但當超乎人們預期的大規模、高強度雲嘉地區因水災而遷村之聚落案例分布圖。例如，雲林縣北港鎮「北港」聚落早年常受北港溪氾濫之苦，部分居民因而遷居至今日嘉義縣新港鄉的「新港」，而嘉義市西區美源里「新庄」是由更靠近溪邊、地勢更低的「下角寮」聚落遷移來的。（繪圖：李聿修）

事件發生時，也可能導致災害。從地名之中可以看見先民對自然環境與地形的觀察，也可以發現當災害損失難以承受時的回應方式：避開（avoid）或後退（retreat）至安全處。

現今因為建築安全要求較高，除了地震之外，居住在都市地區的人們很難感受地形作用的變動。然而，地景之中常可見到適應（accommodate）環境變動，或採用各種工法保護（protect）聚落免於衝擊的例證。下回在河堤或海堤散步時，不妨想想，一個地方若需要興建這類保護工程，是否表示附近原本就是會受到地形作用影響之區呢？若可將河流本該擺盪、海灘本就進退的範圍，保留作為緩衝區，才是真正的長治久安之道。

1_ 屏東來義鄉來義部落坐落於一處土石流扇上，即表示該地點過去曾經發生土石流作用，未來也不能排除會再發生土石流。（攝影：郭勝煒）

2_ 事實上該聚落在民國六十年代確曾發生土石流，受土砂影響之處如今只作為農地使用，政府也劃設了兩條土石流潛勢溪流。（攝影：郭勝煒）

1

三、Topography、Landform——科學、創新、細膩的地形特徵圖

現代國家多以科學治國，各國政府為因應國土管理之需，多會製作與自然環境相關的分幅系列地圖。[1]

從地形資訊提供的角度來看，政府產製了許多關於地表起伏（topography）的成果，甚至公告了全臺二十公尺解析度的數值地形模型（DEM）給大眾使用，但仍欠缺系統性建置地形單元或特徵地形（landform）為主題的地形圖。

地景以「連續的地表起伏」為主體，是所有地形要素交互作用的產物，但連續的地表起伏之間還有「可分辨出的個別單元」，是特定地形作用的產物。例如，臺灣山區地勢連綿陡峭是topography；相對比較平緩之處，如河階、扇階、沖積扇、土石流扇、氾濫平原、小階地、老崩塌地，則是特定地形作用造成的landforms。這些地形單元是地形作用（營力）、地質構造、構成地形材料等在特定環境系統中交互作用的結果，因此對於曾發生過或未來將發生的災害事件，有一定的指示性。

地形占有實體空間，其成因常與周邊環境相關。地形

2

3_ 以屏東來義鄉來義部落為例，在地形特徵圖上還會標示土石流扇、崩塌地和陡崖等地形單元。（繪圖：張舒婷）

4_ 屏東來義鄉來義部落所在地的小集水區，在政府出版的基本地形圖（比例尺為 25,000 分之一）上僅以等高線呈現地形高低起伏。

學家對一個地區進行調查研究之後，為了表現具體成果，常以地形特徵圖（geomorphological map，或翻譯為地形分類圖）呈現，此與一般的等高線圖不同。雖然這類地圖也常以等高線圖或陰影圖來表現連續的地表起伏，但更重要是特徵地形、地形生成作用力、地質資訊（構成地形的材料），有時還包含地形年代、地形變動性等。換言之，地形特徵圖是地形製圖（geomorphological mapping）的產物，是應用地形學的知識概念進行調查研究之後，透過地圖學的方法將特徵地形、作用與變化呈現出來，也可說是以科學角度描述地形紋理最細膩的方式。

3

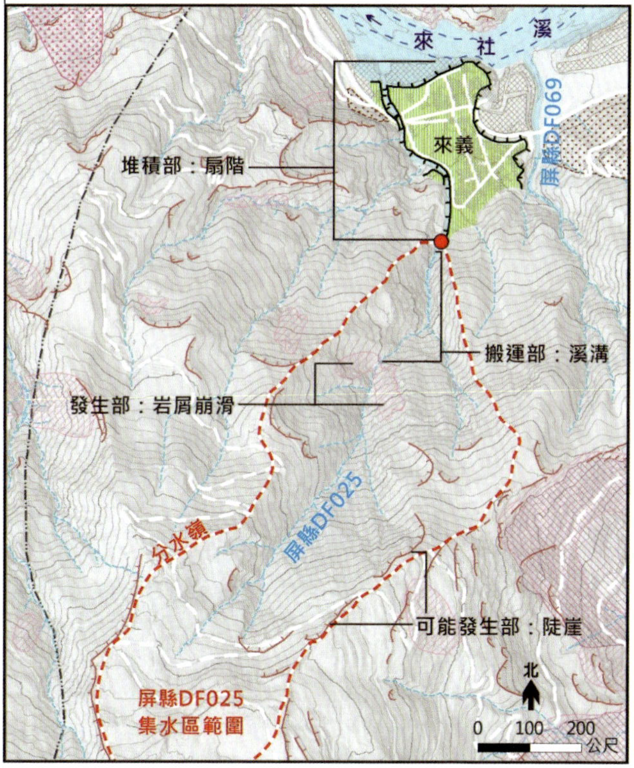

4

NCDR 與臺師大地理系合作完成之地形特徵圖網路電子圖臺服務連結網 https://atlas.geo.ntnu.edu.tw/

國際間的地形製圖工作，最早大約起源於二十世紀初期的歐洲，之後在二十世紀中期和末期各有一波發展高潮。因為各國的地形特色和製圖目的不同，至今並沒有一套全球通用的地形分類和圖例系統。在臺灣，直至二〇一七年在農委會水土保持局（今農業部農村發展及水土保持署）和國家災害防救科技中心（以下簡稱 NCDR）合作協議下，委託臺灣師範大學地理學系展開以防災為導向的地形製圖示範計畫，才算正式開啟臺灣的地形製圖工作。至今已完成木柵（含忠治）、草屯、成功、安通、來義、桃源、鹿谷等處的地形特徵圖及圖幅說明書，地圖比例尺介於五千分之一至二萬五千分之一。此外，也和其他團隊合作完成壽山、龍崎兩幅比例尺一萬分之一的地形特徵圖。

這套地圖是以系列性製作為發展目標，也編寫了適用於臺灣的地形分區、地形分類架構、圖例系統，以及編纂製圖規範和指引。

以近年產製的土砂災害地形特徵圖為例（頁一〇〇到一〇三），圖面分為主圖（含圖例、索引圖、地圖資料）與插圖兩大部分。主圖呈現各種特徵地形（地形單元）、政府公告的災害潛勢資訊以及水系、道路、各式地標等；底圖採用陰影圖搭配等高線，以增強平面地圖的視覺立體感。又為了協助使用者有效掌握地圖資訊，特別在地圖上設計各式插圖，例如，空拍照片和立體地圖，並且編纂〈圖幅說明書〉，解釋地形與災害潛勢的關聯，說明各種資料來源與編修過程。

除了產製紙圖之外，這套地圖還開發多元情境地形特徵圖展示模組，包含製作地理可攜式文件（Geospatial PDF）與網路電子圖臺服務。前者除了有大地坐標，方便與其他圖層套疊，使用者還可自由切換不同圖層組合，呈現最符合個人需求的主題內容；後者提供網際網路圖磚服務（WMTS）與網際網路圖徵服務（WFS），兼具顯圖快速和使用者可自訂符號樣式、進行空間分析的機會。[2]

地形特徵圖是以地形為對象的主題地圖，讀圖時需要具備相關的地形知識，其內含的資訊量通常很大，從圖例列出的圖徵多達數十種即可見一斑，這也表示使用者需要具備閱讀地圖的技能。我們也在持續為不同使用群題，研發《地圖使用指引》，以協助非地學相關人士，例如自主防災社區、非政府組織的志工或高中學生，有效地從中擷取資訊，細膩領略臺灣地形紋理。

從地景調查與保育計畫，認識臺灣獨特地質與地形的重要

政府為了保存重要地景資源，做了許多努力。農業部（前農業委員會）從 1985 年起推動地景保育計畫，調查登錄臺灣的特殊地質、地形保育景點，進行分級、評鑑，並依據《文化資產保存法》劃設自然保留區、地質公園以及自然紀念物，其中包括特殊地形及地質現象。地質調查及礦業管理中心（前經濟部中央地質調查所）也自 2010 年起，根據《地質法》劃設地質遺跡地質敏感區等。根據這些法令劃設的標準，凸顯出地質或地形現象或事件的科研價值、重要性、稀有性或獨特性、多樣性、教育及遊憩觀賞性等。

為提升民眾的參與感，農業部林業及自然保育署（原農委會林務局）在 2013 年第二度辦理「臺灣十大地形景觀」評選，除了專家，還增加民眾網路票選，國人熟悉的知名景點例如野柳、玉山主峰、日月潭、金瓜石、龜山島、月世界泥岩惡地等都包含在內。

調查研究成果常在博物館、國家公園、國家風景區、國家森林遊樂區、地質公園或各種環境教育場所以多元媒材展出，例如，921 地震教育園區保存了集集地震斷層崖的現場、國立科學工藝博物館的莫拉克風災紀念廳則有模型和動靜搭配的展示，若想進一步認識塑造地景之地形要素，這些都是很好的切入點。

歷史受災事件二
2010年9月凡那比颱風

再次劇烈降雨導致堆積於坡面及河道之土砂持續地往下游遷移，淘刷來義東、西部落土方堆置區，造成土砂漫流至部落內。藉由歷史受災事件可知，來義地區受土砂災害影響甚鉅。

土砂漫流至來義國小內社分校校園內
(黃振全先生 2010.09.20拍攝)

土方堆置…
(水保局 20…

〈來義－來社溪－001〉圖幅，比例尺為 10,000 分之一。插圖根據該區地形與災害特性，作不同的選擇與組合。

讀者閱讀這類地形圖時，可以搭配圖幅說明書找到自己需要的資訊。第一次看這樣的地圖，建議步驟如下：先快速瀏覽**「全圖」**，知道包含哪些主圖、插圖等；然後閱讀**「圖例」**，了解主圖中各種符號代表的意思；接下來可以檢視「主圖」中自己想查找的地點，或從有興趣的「插圖」開始，再來確認該地在主圖中的位置，以及審視周邊的環境與災害潛勢等。

以本幅屏東來社溪沿線的來義部落為例，可以搭配平面的主圖和右下角的立體地圖與空拍照片來認識該地特性。來義部落所在地被判斷為一「扇階」（淺綠色斜線條），是因為該處地形由小溪溝谷口呈扇形展開，向下游低降（參考 96 頁上圖），而且其外緣又有陡崖（參考 96 頁下圖），是主流來社溪側蝕下切而成。

在臺灣山區小溪流谷口的扇狀地通常是由土石流作用造成，來義部落所在之地形亦然．政府也在此劃設了兩條土石流潛勢溪流（參考本圖右下兩插圖）。所以，即使有些居民沒有親身經歷過土石流，但看到聚落坐落在土石流扇（階）上，就表示這裡曾經發生土石流作用，未來也不能排除會再發生土石流。

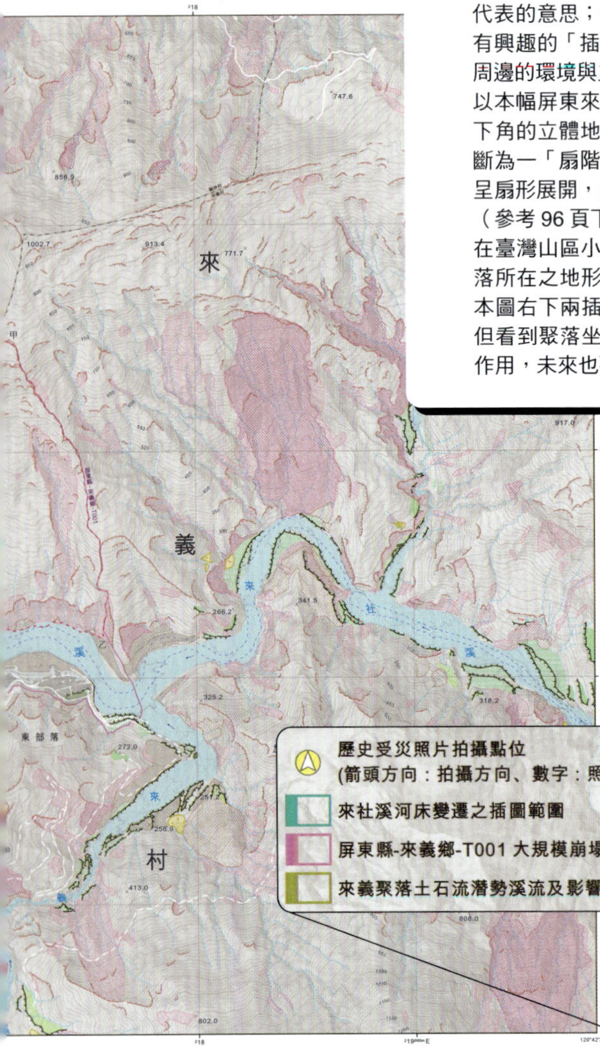

來社溪河床變遷

2009 年8月莫拉克風災、2010年9月凡那比風災帶來大量的土砂，使來義一帶的河床大幅加寬、淤埋至少5層樓高，並沖毀了堤防、土方堆置區等，造成災害。比對三張影像，可以發現2013年影像上的河床範圍竟然與1952年時（紅線）很接近，河流真的會找回自己的路啊！

1952年8月河床範圍
2009年2月河床範圍
2022年1月河床範圍
0 100 200公尺

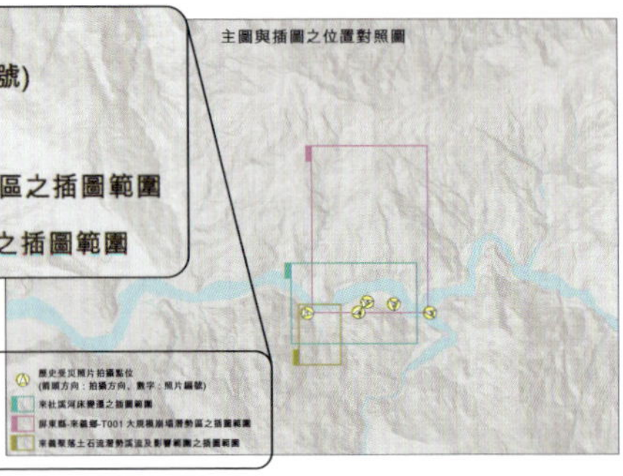

來義聚落所在的扇狀地，是土砂慢慢堆積形成的，政府也公告了兩條土石流潛勢溪流（其影響範圍部分重疊）。颱風豪雨時，如果上游邊坡出現新的崩塌（發生部），大量土砂進入溪溝而且快速衝往下游（搬運部），就是發生土石流了。這些土砂大多在溪谷出口處漫流堆積(堆積部)，而一地出現土石流扇（扇階），就表示當地發生過許多次土石流，很難保證未來不再發生。

來義聚落土石流潛勢溪流及影響範圍 空拍照片

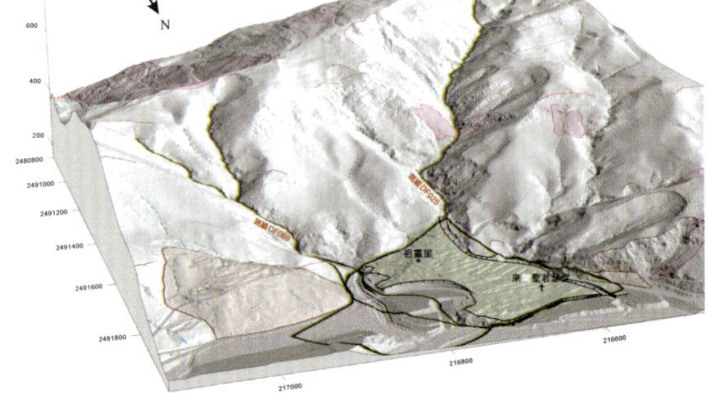

來義聚落土石流潛勢溪流及影響範圍 立體圖

歷史受災事件一
2009年8月莫拉克颱風

劇烈降雨導致來社溪山洪爆發並造成多處崩塌，崩塌土石堵塞河道形成之堰塞湖潰決後，大量土砂伴隨洪水傾瀉而下，沖毀來義沿溪之堤防、橋梁、民宅等，風災過後來社溪河床土砂淤高約15公尺。

來義東部落溪溝之土砂沖毀溪溝旁之民宅
(水保局 2009.08.13拍攝)

來社溪與來義溪河床淤積、邊坡崩塌、橋梁受損情形
自來義溪河床向西北方拍攝(水保局 2009.09.30拍攝)

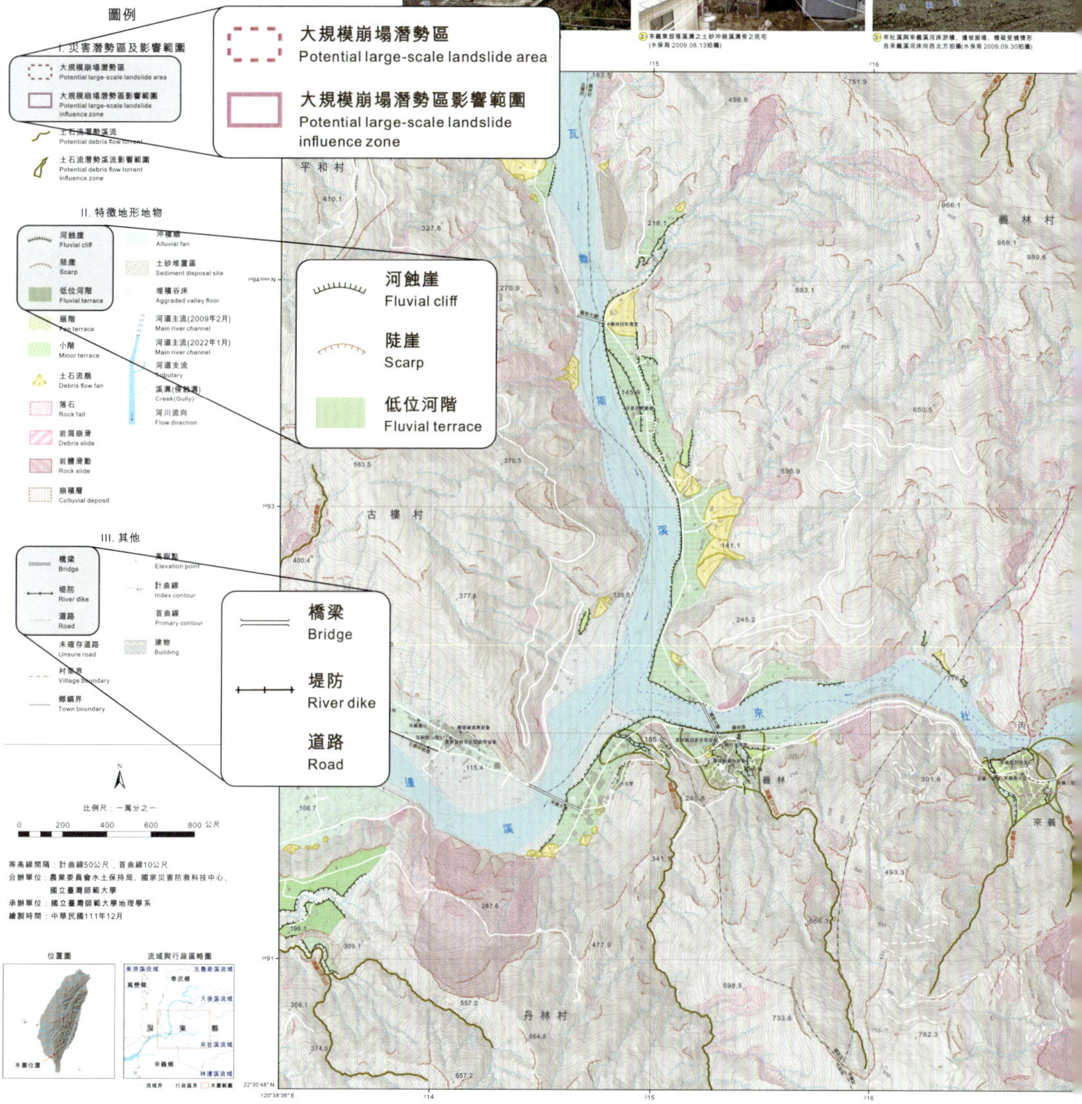

來社溪北岸這片山坡是經過專家評估，認為可能發生大規模崩塌掩埋來社溪河道，影響來義（西部落）、東部落安全，如果造成堰塞湖，下游地區也會受到衝擊。這類山坡在突然大範圍崩塌之前，通常都已經歷長期的緩慢移動，地表的徵兆可能包含一道或多道大致平行的陡崖（主崩崖、次崩崖），比較密集的溪溝（侵蝕溝）等。

屏東縣-來義鄉-T001 大規模崩塌潛勢區 空拍照片

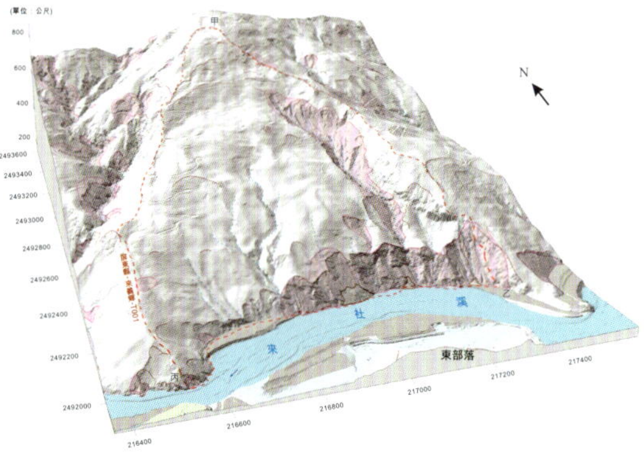

屏東縣-來義鄉-T001 大規模崩塌潛勢區 立體圖
（繪圖：張舒婷）

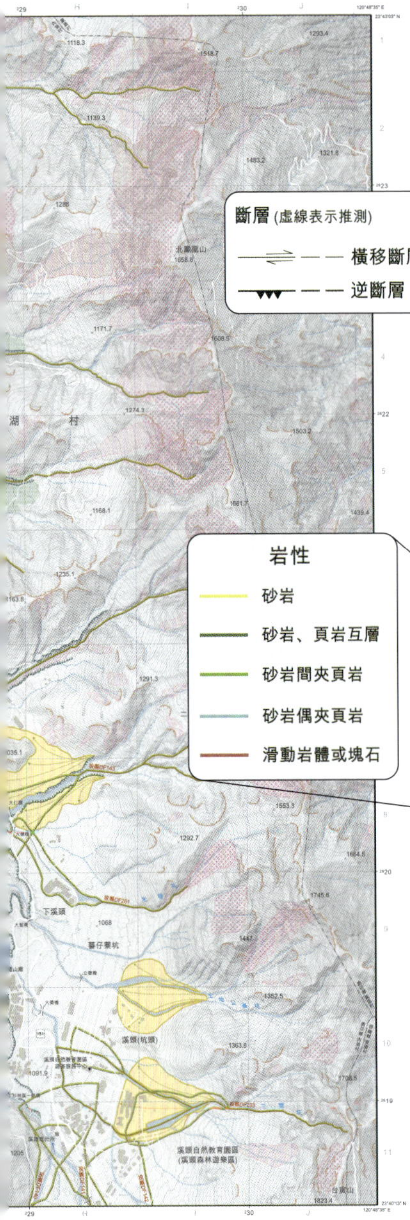

地形地質環境背景概況

甲 - 1:25000岩性組合圖
乙 - 北勢溪河谷地形立體圖
丙 - 地形地質剖面圖

圖例

岩性組合
- 砂岩
- 砂岩、頁岩互層
- 砂岩間夾頁岩
- 砂岩偶夾頁岩
- 頁岩偶夾砂岩
- 礫石層
- 滑動岩體或塊石

斷層 (虛線表示推測)
- 橫移斷層
- 逆斷層

其他地景地物
- 道路
- 河道

地層代號

t-階地堆積層
Qc-崩積層
Cs-錦水頁岩
Kct-桂竹林層 大窩砂岩段
Kcs-桂竹林層 十六份頁岩
Kck-桂竹林層 關刀山砂岩
Nc-南莊層

0 500 1000 公尺

岩性組合資料來源：經濟部中央地質調查所(2008)
都會區及周緣坡地環境地質資料庫圖集：中部地區

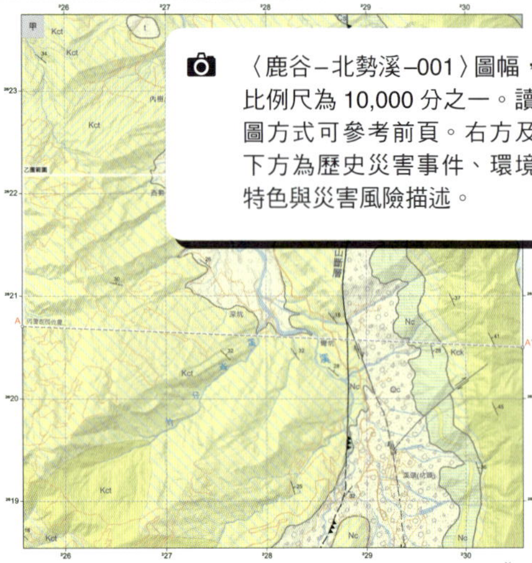

〈鹿谷－北勢溪–001〉圖幅，比例尺為 10,000 分之一。讀圖方式可參考前頁。右方及下方為歷史災害事件、環境特色與災害風險描述。

本圖幅出露地層為西北－東南走向、向東北方傾斜為主，北勢溪河谷西側可見許多順向坡（上圖），東側則多為逆向坡。集水區東側的分水嶺遠較西側的高聳陡峭，主因是鳳凰山斷層上盤抬升，並且有岩性較堅硬的桂竹林層關刀山砂岩分布。

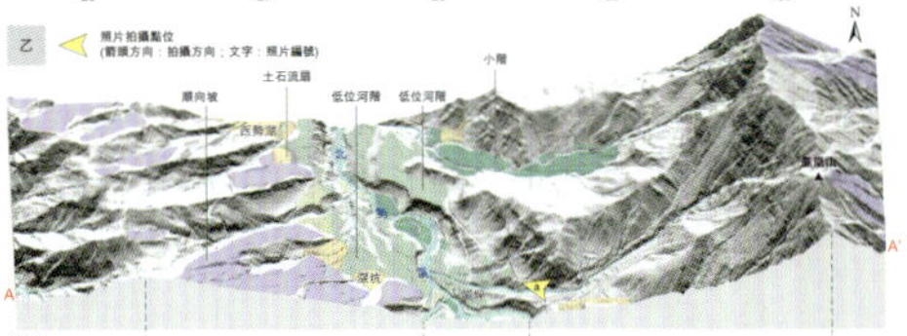

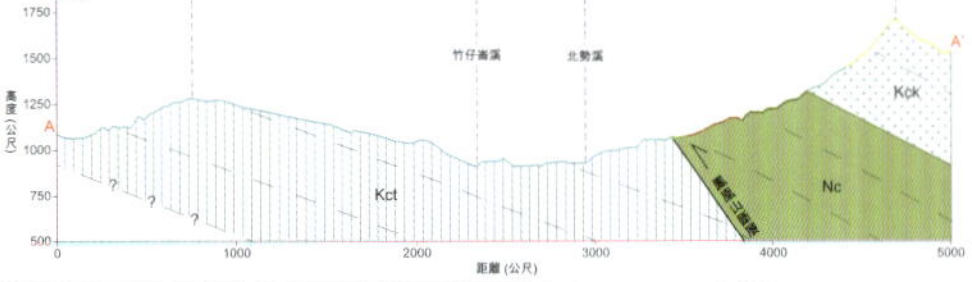

剖面圖圖例

地層
- Kct 桂竹林層 大窩砂岩段
- Kck 桂竹林層 關刀山砂岩
- Nc 南莊層

岩性
- 砂岩
- 砂岩、頁岩互層
- 砂岩間夾頁岩
- 砂岩偶夾頁岩
- 滑動岩體或塊石

地質剖面資料來源：經濟部中央地質調查所(2016)
五萬分之一臺灣地質圖 阿里山圖幅
*本圖地表起伏使用數值高程模型取得，岩性資料可對應甲圖。

歷史災害事件：賀伯颱風（民國85年）

賀伯颱風挾帶豪雨，造成北勢溪山洪暴發、部分支流發生土石流。土砂伴隨洪水溢淹、衝擊或侵蝕河道周邊地形，進而影響河岸小階上的建物或臨近河岸的道路建設。

照片 b：【網格F7-竹仔崙溪谷口、溪坪橋】
北勢溪支流竹仔崙溪（投縣DF137）因集水區崩塌土砂進入河道而發生土石流，大量土砂堆積於溪床，部分則下移匯入北勢溪主流中。

照片 c：【網格D2-北勢溪小階、堆積谷床、和雅橋】
通往內樹皮的和雅橋，曾因北勢溪山洪暴發而被沖毀。

歷史災害事件：桃芝颱風（民國90年）

桃芝颱風降雨強度很大，之前集集地震（88年）又造成邊坡土石鬆動，導致臺灣中部山區發生非常嚴重的土石流災害，北勢溪流域也無法倖免。

照片 d：【網格H9-米堤坑谷口之建物】
野溪（投縣DF261）在桃芝颱風期間發生土石流，大量土砂往溪溝下游搬運，衝擊緊鄰溪溝的飯店。

照片 e：【網格E7-北勢溪低位河階、堆積谷床、下崁橋】
北勢溪河階的堆積層膠結鬆散，颱風期間溪水高漲並側蝕河階崖，使路基淘空、橋梁損毀、崖面發生岩屑崩滑。

內樹皮【本圖範圍：網格B2-B3—D2-D3】

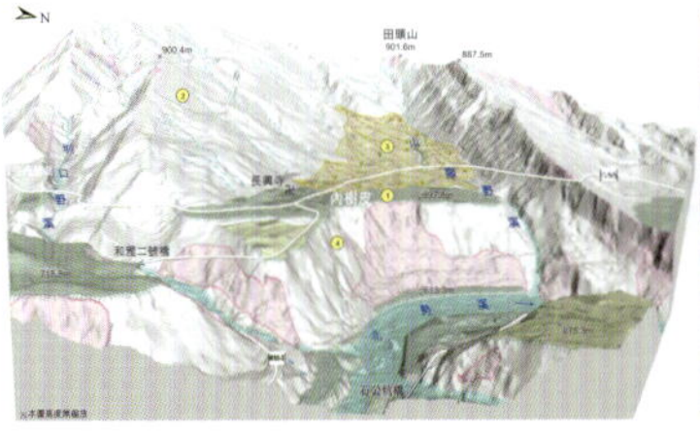

土石流扇　低位河階　扇階

災害風險

勢湖周邊3條溪溝都被公告為土石流潛勢溪流，其中投縣DF212、213的集水區，分別劃設有大規模崩潰勢區投縣LL003、004，投縣DF136則在大規模崩塌潛勢區（南投縣-鹿谷鄉-D050）的影響範圍內。些溪溝谷口都有土石流扇的地形，也有土石流災害的紀錄，表現出此處的地形變動性和災害風險較高。

•環境特色

內樹皮位於北勢溪主流西側的凹岸，其所在地形為北勢溪早期淤埋下切的階地（①），與主流河床的落差約90公尺。聚落西南方的坡面屬於順向坡（②），西側3條小溪溝谷口處可見到具扇狀特徵的緩斜面（③），推測是這些小溪溝堆積形成的土石流扇。

•災害風險

內樹皮周邊目前沒有公告任何的災害潛勢區及影響範圍，但此處北勢溪河道向左岸（西側）曲折，使內樹皮低位河階的河蝕崖（④）坡腳容易受河流側蝕淘刷而崩塌。例如，民國85年賀伯、90年桃芝、98年莫拉克等颱風豪雨期間，此處的河蝕崖面都曾發生岩屑崩滑。

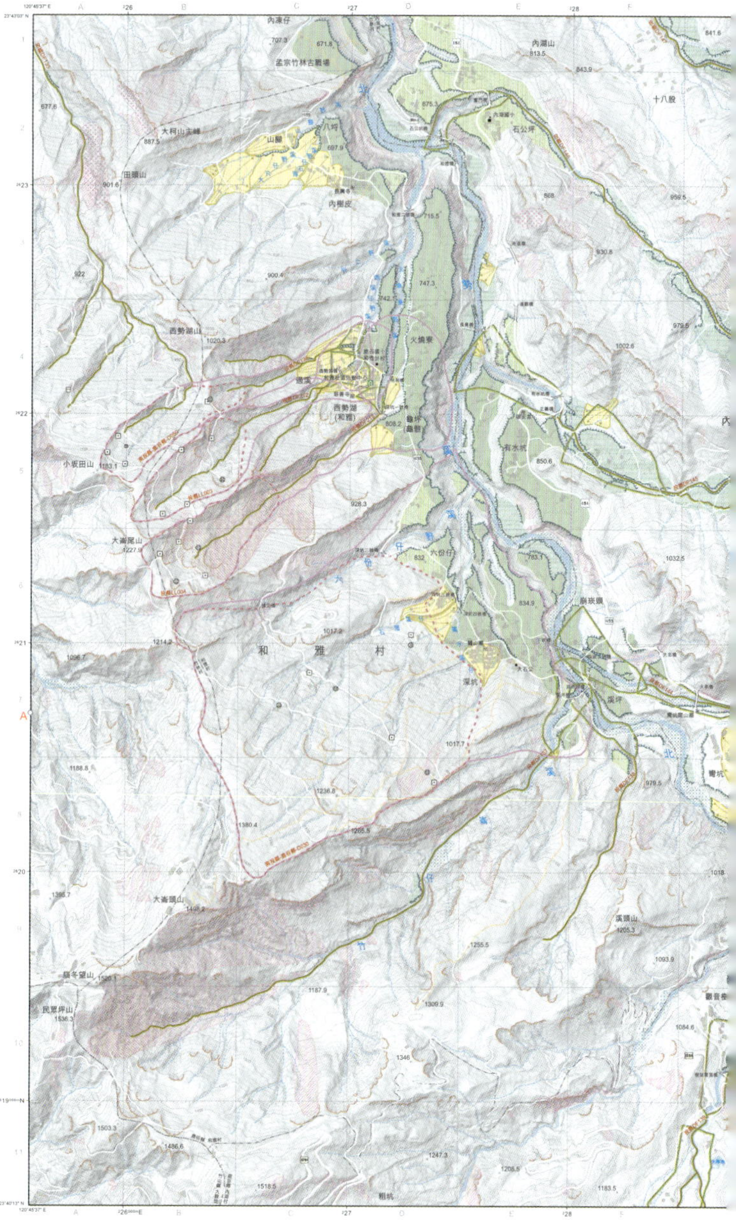

圖例

I. 災害潛勢區及影響範圍

土石流潛勢溪流 Potential debris flow torrent
土石流潛勢溪流影響範圍 Potential debris flow torrent influence zone
大規模崩塌潛勢區 Potential large-scale landslide area
大規模崩塌潛勢區影響範圍 Potential large-scale landslide influence zone

II. 特徵地形地物

陡崖／地形崖 Cliff
河蝕崖 Fluvial cliff
土石流扇 Debris flow fan
落石 Rock fall
岩體滑動 Rock slide
岩屑崩滑 Debris slide
扇階 Fan terrace
小階 Minor terrace
埋積谷床 Aggraded valley floor
低位河階 Fluvial terrace

III. 其他

避難處所 Evacuation shelter
廟宇 Temple
重要地標 Important landmark
派出所 Police station
學校 School
高程點 Elevation point
地下水位計 Groundwater level indicator
地表雙軸傾斜儀及衛星定位觀測 Surface dual-axis inclinometer and GNSS receiver
雨量站 Rain gauge
計曲線 Index contour
首曲線 Primary contour
河道 River channel
村里界 Village boundary
鄉鎮市區界 Town boundary
溪溝 Creek
道路 Road
未確存道路 Unsure road
橋梁 Bridge
健行步道 Hiking trail
建物 Building
河川流向 Flow direction

比例尺：一萬分之一

公尺 200 100 0 500 1000 公尺
0 1 公里

主圖參考資料：

1. 經濟部地質調查及礦業管理中心 ｜ 歷史山崩目錄 (民國69年-105年)
2. 農業部農村發展及水土保持署 ｜ 土石流潛勢溪流及影響範圍 (民國113年更新)
   大規模崩塌潛勢區及影響範圍 (民國113年更新)
3. 內政部國土測繪中心 ｜ 臺灣通用電子地圖數值檔 (民國112年更新)
   五千分之一像片基本圖 (民國107年更新)

底圖陰影圖層數值高程模型測製年代：民國105-106年
等高線間距：計曲線50公尺，首曲線10公尺
合辦單位：農業部農村發展及水土保持署、行政法人國家災害防救科技中心、國立臺灣師範大學
承辦單位：國立臺灣師範大學地理學系
繪製時間：中華民國113年12月

位置圖

流域位置圖

深坑【本圖範圍：網格C6-C8—E6-E7】

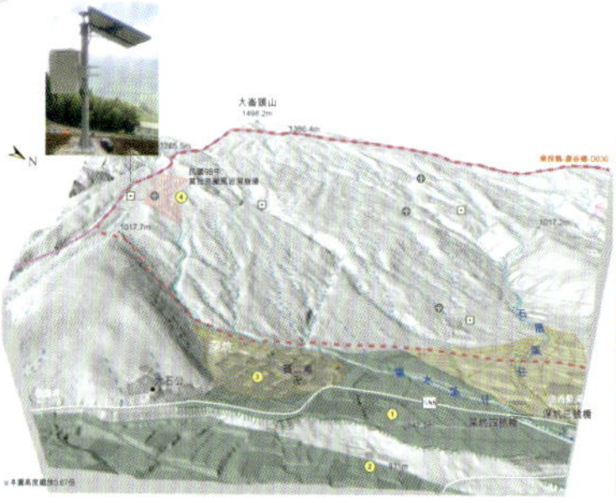

土石流扇　低位河階

◆環境特色

深坑位於北勢溪最上游的低位河階面①，是很早期河床淤埋的最高位置，之後再下切出東側的階面②，①比②高約15至20公尺。聚落本身主要位在一扇狀地上（③），應該是後方野溪—龍水溪仔形成的，鄰近的石眉溪仔，谷口也有扇狀特徵，推測這些扇狀地都是土石流作用造成的。

◆災害風險

深坑聚落南側龍水溪仔的上游邊坡（④），曾於民國98年莫拉克颱風時發生約2公頃的岩屑崩滑，土石沿溪溝下移而影響到聚落。雖然目前深坑周邊沒有公告土石流潛勢溪流及影響範圍，但此處有土石流扇的存在，顯示山坡崩塌的土石未來仍可能沿著溪溝搬運和堆積，居民可以從地形特性上注意自身的災害風險。

西勢湖【本圖範圍：網格B4-B6—D4-D5】

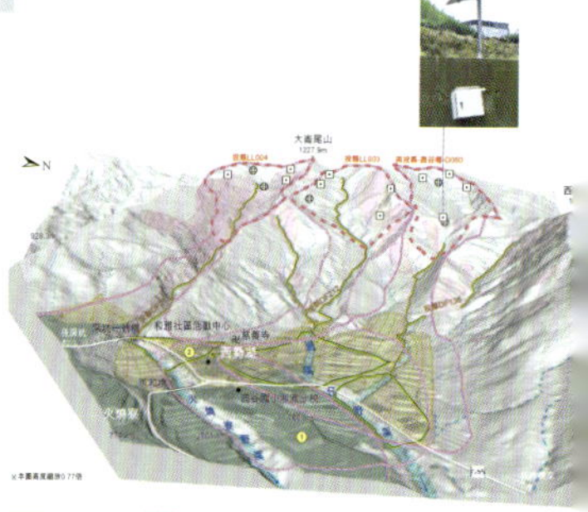

土石流扇　低位河階

◆環境特色

西勢湖位於北勢溪西側的低位河階（①），整體地形向下游（北方）緩降，與鄰近的火燒寮野溪（投DF213）河床的落差約十餘公尺。聚落本身位在火燒寮野溪西側的扇狀地（②）上，聚落西北側另有條小溪溝（投縣DF212、136），谷口處都可見到扇狀特徵的緩斜面，推測為早期土石流堆埋形成。

（繪圖：林司秦）

承前頁，〈鹿谷－北勢溪－001〉圖幅之插圖的示例。相較於主圖，藉由空拍照片和立體地圖的搭配，更容易理解西勢湖聚落位在北勢溪河階①內緣的小土石流扇上②，雖不用擔心北勢溪本流的洪水或土石溢淹，但必須注意土石流作用的影響。當地近年有土石流所導致的災害紀錄，聚落大部分範圍也位在政府公告之土石流潛勢溪流（投縣 DF212、136）與大規模崩塌潛勢區（投縣 LL003、004）的影響範圍。此外，社區民眾非常注重防災準備，也向政府相關單位爭取設置多處傾斜儀與地下水位計，以監測大規模崩塌潛勢區的邊坡狀況。（繪圖：林司秦）

※本圖高度縮放0.77倍

土石流扇　低位河階

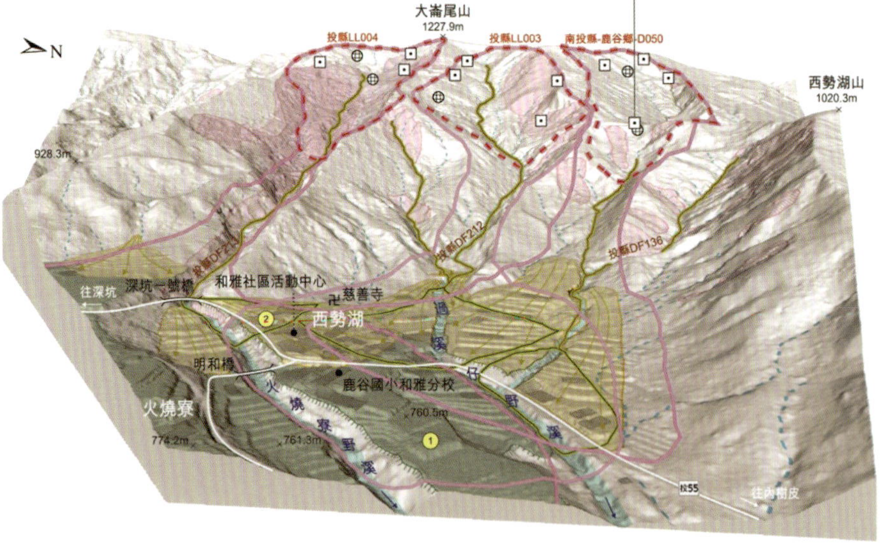

Tjusapu 是屏東來義鄉來義村的一處地名，此地名緣起於一則石頭傳說。相傳這塊大石頭是從對岸飛過來的。

線條背後

在進行來義圖幅的製作過程中，透過部落族人的分享，得知許多在地的小地名和地形環境有關，其中最引起我們關注的是一個叫做 Tjusapu 的地名。

耆老劉清勇先生帶領我們親眼見到故事中所說的那塊大石頭，更在石頭上分享了老人家傳下來的故事。他說：

> 很久以前，來義部落的排灣族人曾經經歷了一次大崩塌，崩塌的土石從河的對岸 tjuwavaljulu 滑過來，堆積在河邊……而且我們（祖傳）的土地上有一塊大石頭，據說是從對面的山壁飛過來的。對面的族人曾經過來找我們，就說這片土地應該是他們的，因為有他們的石頭在這裡。我們這邊的人就回答：「如果是你們的石頭，那你們應該把這塊石頭搬回去才對，怎麼說這裡是你們的土地呢？」這是我的

Vuvu 的 Vuvu 傳下來的古老故事，這塊土地的名字叫 Tjusapu，就是堆埋起來的意思。

——訪談來義部落耆老 ridiv caljas tjainavalj Uljelje（劉清勇）並拜訪 Tjusapu 後摘錄（二〇二二年八月）

Tjusapu 是他們家族的耕地，位於來社溪轉彎處左岸（南岸），此處是一處狹長的緩坡地，相對於四周陡峭山坡，這塊地相當平坦。從地形和沉積物的證據來看，這塊土地的傾斜方向與來社溪流向相反，並且由鬆散、大小混雜、多稜角碎石的土砂材料組成，再加上 **Tjusapu** 對岸山坡至少有五處「潛在大規模崩塌區」（參考下頁圖），這樣的情境和耆老所分享的故事頗為吻合。

我們推想這裡在一百多年前或更久以前，可能曾經發生比莫拉克颱風更大的降雨，並造成大

1

1、2_Tjusapu 對岸的邊坡並不穩定，被地礦中心圈繪為潛在大規模崩塌區（屏東縣－來義鄉－D068），並曾於 2009 年莫拉克颱風豪雨後，發生較大規模的滑動。
圖中的紅色箭頭處，即是該地地名緣起傳說中的大石頭所在地。

2

型崩塌事件，以至於土砂掩埋了整個河床至少到 Tjusapu 的高度，後來來社溪重新下切出河道，帶走大多數土砂，而 Tjusapu 是當年崩積土砂的小部分殘留體。

了解地形特徵與作用是安身立命的基本能力，除了學術上的調查與研究，在地居民長期的觀察與經驗，以及祖輩以各種形式留下來的地名、故事、傳說，都可能包含有意義的地形資訊。只要用心觀察地景，虛心聆聽前人的智慧，就能進一步認識地形的紋理。

今日的地形資源是過去的地形作用所塑造，因此，認識地形特徵與了解地形作用是安身立命的基本能力。例如，臺灣山區的河谷中，高大的階地可能是數千或萬年前形成的，但緊鄰河道的低矮階地，則可能是前次大事件或數十、數百年前，河流淤埋再下切形成的，再發生變化的機率也較高。圖為南投縣鹿谷鄉和雅村一景。（攝影：林司秦）

註釋

1 我國政府也致力於各項易致災環境調查研究，已出版或建置多種環境相關的地圖（紙圖或電子地圖）和資料庫，例如相片基本圖、經建版地形圖、地質圖、土壤圖等，相關單位還針對山區的土砂災害，劃設公告了土石流潛勢溪流與影響範圍、大規模崩塌潛勢區與影響範圍，還有山崩與地滑地質敏感區等。

2 相關成果可於地形製圖網頁查詢 https://atlas.geo.ntnu.edu.tw/

參考文獻與延伸閱讀

1 沈淑敏、許嘉麟、潘彥維、劉哲諭（二〇二五）。地名於自然災害風險溝通的應用——以臺灣漢族社區和原住民族部落為例。台灣土地研究期刊。（已接受，將刊登於二八卷第一期）

2 沈淑敏、李聿修、陳銘鴻、羅章秀（二〇二二）。形如其名—地名與地形的對話。臺北：臺灣師範大學出版中心，頁二〇〇。（ISBN 9789865624774）

3 游牧笛、沈淑敏、張舒婷（二〇二二）。一萬分之一土砂災害地形特徵圖暨說明書—來義鄉—來社溪—〇〇一（第二版）。國家災害防救科技中心委託辦理計畫〈土砂災害主題式地貌圖製作–I NCDR-S-111024〉。實作成果含地圖〈來義鄉-來社溪–〇〇一〉乙幅，地圖編製：沈淑敏、王聖鐸、張舒婷、游牧笛。

4 林司秦、沈淑敏、游牧笛（二〇二三）。二萬五千分之一土砂災害地形特徵圖暨說明書—桃源區–荖濃溪–〇〇一。國家災害防救科技中心委託辦理計畫〈數位地形特徵圖製作 NCDR-S-112029〉。實作成果含地圖〈桃源區–荖濃溪–〇〇一〉乙幅，地圖編製：沈淑敏、王聖鐸、林司秦。

5 林司秦、沈淑敏（二〇二四）。一萬分之一土砂災害地形特徵圖暨說明書—鹿谷–北勢溪–〇〇一，國家災害防救科技中心委託辦理計畫〈數位地形特徵圖製作 NCDR-S-112029〉。實作成果含地圖〈鹿谷–北勢溪–〇〇一〉乙幅，地圖編製：林司秦、沈淑敏。

誌謝

本文內容包含歷年的研究成果，主要有二〇二二至二〇二四年國家災害防救科技中心委託之地形製圖相關計畫，以及沈淑敏、李聿修、陳銘鴻、羅章秀（二〇二二）《形如其名—地名與地形的對話》一書，感謝所有的合作夥伴們。

本文的繪圖者與攝影者：陳銘鴻、李聿修、張舒婷、林司秦、郭勝煒，以及農村發展及水土保持署歷史影像平臺（二〇一九年十月拍攝）

PART 2

自然—演進。

從高山到海洋。

大自然的地景與生物演替，隨著時空不斷變換。

當高山杜鵑盛放，紫斑蝶往北飛時，春天來臨。

而海岸線繁盛的生命，卻正面臨嚴峻的挑戰。

沙，來自山，來自海，是否可以給出答案……

05

走入臺灣大地——找尋屬於這片土地的故事

／鄧文斌

每個人都是過客。

大自然的一切，我們只能欣賞，不可能擁有。

四十年來，一步一腳印走過臺灣每一個地方，親身感受土地和人民的脈動，也看見大地的美麗與哀愁；想用鏡頭記錄下曾經的美好，希望用美去感動人心，用畫面讓人們省思。

當人們還陶醉在曾經的福爾摩沙浪漫之時，用冷靜的心情去面對這片曾經滋養我們的土地，發現臺灣的美，珍惜臺灣的好，並與我們的下一代，共同努力保存這一片淨土。

1

1_ 玉山杜鵑
2_ 七家灣溪
3_ 寬尾鳳蝶
4_ 巒大花楸

2

3

4

一、處處蘊藏自然智慧的生態島

臺灣自然環境豐富多樣，每一片山林都是歷經百萬年所形成，蘊藏著自然智慧與生物多樣性。臺灣擁有八十六種哺乳類動物，其中四十六種是特有及特有亞種；三千公尺的高山有二百六十八座，堪稱全世界高山密度最高的島嶼之一。

臺灣四季雖非分明，大環境仍照著時序而變化。如果從阿里山山腳下開車上山，或是登山過程從低海拔到高海拔，會發現沿路植物一直在變化，連兩旁的鳥鳴聲都不同，物種多樣且複雜。相較出國旅遊的經驗，時常坐車幾個小時，窗外植物和景觀變化差異小，足見臺灣生態的多元樣貌。

臺灣多山多溪谷，很容易形成隔離環境，演化出特有種生物，譬如兩棲類中，樹蛙就有許多特有種，主要是因為體積小，移動速度緩慢，想越過一個山頭非常困難，加上千萬年的隔離所致。

臺灣自然環境豐富而多樣，複雜的地形及林相孕育了多種特稀有動植物。

1_ 白面鼯鼠

2_ 食蟹獴

3_ 臺灣獼猴

4_ 條紋松鼠

5_ 帝雉

3

2

1

5

4

自然環境下的地景與各種動植物，隨著季節轉換而變化著，自有其生存與因應之道。下圖為黃蝶。

二、影像的思考與自然觀察

1 生態系視角

如何用影像來訴說臺灣的故事？作為一位影像工作者，我不斷地思考著。

當眼前面對一大片山林時，不禁想探問究竟是什麼樣的植物，生長於其中？這些植物會開什麼樣的花？結出什麼樣的果實呢？花果又會吸引什麼生物來到此處？植物和動物與這片土地之間的關係為何？這是用生態系的角度來觀察自然。

1

2 季節地貌的色彩

若細心觀察，臺灣不同季節的地貌及地表顏色，變化很大。例如東北角的海蝕平臺，夏季時是裸岩一片，一到冬末初春，卻覆滿藻類，兩種顏色的轉換相當明顯。每當看到這樣的景象，就知道季節已悄悄地改變了。夏季海邊的老梅綠石槽，呈現一大片經海水沖刷過的長條狀裸岩；冬末初春來臨，則整片長滿了藻類，壯觀景象與夏天截然不同。

臺灣很多地方都有芒花，沒有開花時是綠色，當季節轉換，滿山遍野開滿白茫茫的花海時，就是秋天的訊號。冬季來臨，亞熱帶的臺灣高山上，有時可見一片白雪靄靄的景象。臺灣的物種、地貌跟地表的顏色，總隨著季節在變化。

2

不同的季節呈現出的地貌，可以透過景物顏色的變化來觀察。
1_ 五節芒
2、3_ 海蝕平臺的四季
4_ 老梅綠石槽

3

4

3 高山植物

從植物的角度來觀察臺灣地貌，也充滿色彩。當花季來臨時，高山杜鵑、野百合等野花，滿山遍野盛放，為高山地區覆蓋上一層豐富的色彩。但因為這些植物生長在高海拔環境，和中低海拔相比，土壤相形貧瘠；因此通常相隔幾年、當它們蓄積了足夠的養分，才會再度大量開花。這是許多植物因應環境衍生出來的機制，也是臺灣很有特色的觀察點。

高海拔地區土壤貧瘠，往往沒有足夠的養分供應植物每年盛開。通常需要累積數年，能量充足後植物才有機會再次大規模盛開。
1_ 臺灣百合
2_ 阿里山一葉蘭
3_ 玉山杜鵑

3

1

2

1

2

4 動物：河烏、臺北樹蛙、黑面琵鷺、紫斑蝶

從動物的行為和外觀的改變中，也可以看出四季變化。大部分的動物和鳥類繁殖期，都在春夏，當然也有少數例外。河烏生活環境在河邊，冬季二月份繁殖時，適逢冬天枯水期，相對安全，此時繁殖較不會遇到颱風大水，以致取食不易。

臺北樹蛙也在冬季繁殖，因為牠的卵泡產在溼地附近，冬天水窪的變化比較小，相對適合繁殖。看到這些生物的繁殖行為時，就知道是冬季左右。

春夏時節是生物繁殖旺盛期，只要在野外看到藍腹鷴雄鳥頭冠特別紅，對雌鳥跳起舞，就知道這是初春；在野外枯木上看到五色鳥餵食幼雛時，正是春夏季節。

黑面琵鷺是全球瀕危鳥類，臺灣則是牠們數量最多的度冬棲息地。九月份秋末冬初時節，牠們陸陸續續來到臺灣，剛來時全身都是

4

從動物的行為及外在的變化，可以看出牠們如何隨季節輪替而改變。
1_ 翡翠樹蛙
2_ 黃頭鷺
3_ 黑面琵鷺
4_ 藍腹鷴
5_ 紫斑蝶
6_ 五色鳥

3

白色的，停棲在沼澤區，度過一整個冬天。當雄鳥的脖子羽色逐漸變成微黃色的繁殖羽時，大概是三四月，即將北返。

從動物們的行為和外觀變化，可以讓我們清楚分辨出季節變換。而自然環境中的各種生物，在季節轉換之間，亦會發展出不同的因應之道。

如果在淺山或是平地上看到為數不少的紫斑蝶邊吸蜜邊求偶，表示是春夏；如果看到一群群紫斑蝶往南飛時，就是秋天，牠們將去南部避風山谷度冬。

每到冬天將臨，紫斑蝶會飛到蝴蝶谷，之所以能夠在山谷裡不吃不喝度過冬天，是牠們在度冬前會因應環境變化讓身體充滿脂肪，以便有足夠的能量越冬。

過了一個冬天，當看到紫斑蝶離開山谷往北、往平地散開時，就是春天到了。

6

5

某些生物選擇夜間活動，主要是因應食物分配的策略演化而來。如果所有生物都在白天活動，會激烈競爭食物；如果一半在白天、一半在晚上，競爭壓力相對減低。因此，某些生物在晚上活動，某些則在白天覓食，較合乎生物生存法則，也就是資源的平均分配。仔細分析觀察會發現，白天和夜間活動的物種，是不同族群，相當有趣。

1

3

2

因為食物分配的因素，大自然很巧妙地讓所有的生物發展出不同的生存策略，有些是日行性，有些則是夜行性。
1_ 中國樹蟾
2_ 赤黑鼠耳蝠
3_ 金黃鼠耳蝠
4_ 白面鼯鼠
5_ 褐林鴞

4

5

三、影像的追尋：故事如何構成

1 不停止的追索——從現場溯回源頭

要拍好一部影片、做好一個節目，說故事的能力非常重要。如何將大自然的故事影像化，必須經常叩問「為什麼」。

例如，臺灣的哺乳動物有八十多種，為什麼白天很少看到？主要原因是有三分之二的哺乳動物都是夜行性的，像是蝙蝠就有三十多種。小型地棲性哺乳動物，像是嚙齒類及食肉目動物，加起來也有幾十種。夜行性哺乳動物超過一半，無怪乎白天看到的只有猴子、松鼠等少數種類的動物了。有了這樣的觀察和概念，說起故事來比較能夠接近真實的狀況。

若以拍攝題材思考，例如眼前有條溪流，我們可以探索的內容有哪些呢：這水

1

有水的地方就有生命的存在，不管是河川上游或下游，甚至是湖泊、水塘。因此，水源的潔淨或汙染，往往對生物影響很大。

1_ 嘉明湖

2_ 十分瀑布

3_ 櫻花鉤吻鮭

3

2

來自何處？是降雨，還是高山的融雪慢慢流下？它流經哪些地方？經過的地方可以發現什麼生物？牠們如何利用溪水、過著什麼樣的生活？牠們之間的依存關係又是如何？水繼續往下會流到哪裡？是大型湖泊、水塘或是沼澤區？之後又會發生什麼？有哪些生物在這棲息生活？動植物對水質要求和適應如何？越到下游的水汙染越嚴重，能在這裡生存的是哪些有特殊適應能力的生物呢？

溪流繼續往下游，水是乾淨的還是汙染的？是人為因素造成的嗎？是否因為上游過度開墾，使得河流兩邊土壤保水力變差，以致雨水沖刷就黃濁了？或是沿途農業過度使用農藥肥料，使河川水質優氧化？河川邊坡的水泥化、水壩水庫的興建、顯著的雨季乾季，是否都造成溪水水量變化大？多面向的思考可以增加內容的深度與豐富度。

2 牠們為何在此？

前述為預想題材內容的思考。若是平時已有紀錄、累積了一些素材，可進一步分析思考如何運用這些素材來講故事。

例如，澎湖離島的燕鷗保護區中，有各種燕鷗在玄武岩島上棲息生活，牠們為什麼會選擇離岸的島嶼？由此可想，海島是一個四周被海水隔離的環境，對燕鷗而言，形成一個很好的保護場域，也是相對安全的棲息地。

當看到島上都是燕鷗時，接下來可思考，各種燕鷗在這裡會相互競爭嗎？詳細研究分析發現：紅燕鷗會選擇在草生地繁殖下一代；白眉燕鷗選擇在有一點石牆的地方產卵孵育下一代；玄燕鷗會在較陡峭的岩壁上孵育下一代；鳳頭燕鷗則在海島的平臺上群聚產卵。

事實上，一個島上最好的地點，通常是

1_ 燕鷗在澎湖離島生存，有其非常巧妙的棲息地分配方式。圖為澎湖雞善嶼的燕鷗群。

2_ 鳳頭燕鷗

2

1

由第一批來到者占據，較強壯的燕鷗會占據最好的位置；後來的鳥類，會往次要的地方棲息；最後來的只能選擇剩下的地點。

不同種的燕鷗，因為對土地利用需求不同，彼此競爭壓力較小；反而是同種燕鷗，棲息環境需求一樣，較有爭搶地盤的壓力，這些都是需要觀察分析比對的。

此外，思考為什麼每年四、五月到八、九月之間，燕鷗會到達澎湖繁殖？主要是因為這段期間丁香魚在附近海域特別豐盛，提供了足夠的食物來餵養幼鳥；且丁香魚對燕鷗幼鳥來說，剛好是一口魚——大小剛好一口，非常適合鷗科鳥類進食。

對於已經有長期累積紀錄的題材，需要用更多角度去分析整理，才能解讀出環境中所有生物、生物與生物間、生物與土地間的關係，這樣可以讓影片內容深刻、豐富，與眾不同。

從動物的一連串行為中，可以觀察到牠目前處在什麼階段。此為翠鳥的捕食過程。

3 動物行為

從動物行為的角度觀察，也很適合作為題材。以翠鳥為例，當捕獲魚類時，從魚頭的方向可以判斷牠是否目前在育雛。

當翠鳥咬到魚的時候，第一個動作會把牠先敲昏，因為那時小魚的生命力還很強，必須先把魚敲昏，讓牠的掙扎反抗減到最低。如果魚頭調整到朝前的話，表示牠目前是育幼期，作為餵食之用；如果牠把魚頭調整朝著自己，是牠要自己食用，這段時間有可能是非繁殖期。

牠為什麼要調整魚頭的方向？主要是魚鰭和翅。魚在口中頭朝自己，是順向吞下小魚；如果尾巴朝自己、鰭是反向的，有可能會刺傷喉嚨。

4 地景：洞的形成

澎湖西吉島的藍洞，如果乘船從側面平行觀看，只是一個洞口而已。然而若使用不同的視角，從上往下看，藍洞上方雖然是一個玄武岩平臺，卻有好些地方積水，這表示上面風化的程度比較嚴重，所以泥土層比較厚、比較能夠蓄積水。藍洞剛好在比較貧瘠的地方，表層沒有什麼泥土，經過風吹日晒，當底下被海水掏空時，就會陷落形成一個井的樣貌。從空中往下看，一目瞭然。

從側面或底下看，可知海水侵蝕讓底層的玄武岩慢慢剝落，加上雨水滲漏，就被掏空形成了洞。觀察地景時必須從不同的視角加以拼圖，才可完整看出特殊地景生成的原因。

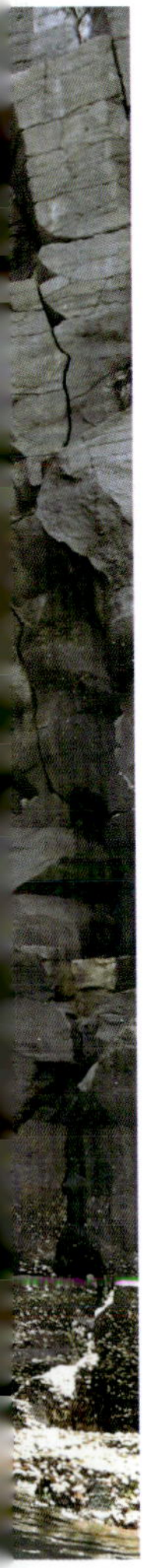

從不同視角觀看地形，可以推斷出其生成的原因。圖為西吉嶼的藍洞。

1

5 時間

時間，可以訴說地貌的變化。

澎湖的吉貝沙尾，幾年前比較筆直，這幾年因為海風、海浪、海流的影響，沙尾形狀從突出長條狀，變成彎曲。短短幾年，沙灘就產生改變。持續的觀察、記錄、比對，從中可探究改變樣貌的原因。

地質、地貌如果拉長時間觀察比對，可發現更加細微的改變。澎湖玄武岩地形中有很多洋蔥狀的石頭，顏色較淺者，比較靠近海、比較底層、位置較低，風化程度也較低；位置較高的洋蔥石，顏色較紅，剝落也較嚴重；再往上看，剝落的岩石跟地上泥土已經分不太出來了，因為已經土壤化。

用十年、二十年，甚至更長的時間角度來觀察玄武岩的風化，可以發現速度非常緩慢。不論是短時間或長時間的變化，

2

從岩層的排列方式，可以推斷玄武岩地景生成的原因。
1_ 洋蔥狀風化地形
2_ 澎湖吉貝沙尾
3_ 東吉嶼百褶裙狀柱狀玄武岩
4_ 澎湖大菓葉柱狀玄武岩

3

4

觀察地貌都有其不同意義。

地表形狀也可從玄武岩堆疊的方式來探究。有些是火山噴發時熔岩流的方向，其中包含了噴發的方向及次數。每一層堆疊中，代表不同時期的噴發對岩層造成的影響，經過幾千年風吹日晒雨淋，呈現出我們現在看到的樣貌。

1

6 日夜雲霧

臺灣一千多公尺的山區容易形成雲霧帶。阿里山的石棹茶區小街道，白天一片霧茫茫，看不出有什麼變化；當夜晚來臨，因為有燈光，使用曠時攝影拍攝數小時，受光的雲霧會呈現如琉璃光一般的景象，並隨著氣流方向湧動。

可以聯想到白天雲霧在晚上是如何移動的。這些雲霧上半夜也許從右邊山谷翻上來，下半夜也許從左邊山谷下湧上。從影片中發現，用日夜不同時間軸的視角，可看出雲霧帶水氣移動、氣流方向轉變背後的原因。

2

長時間在不同時段觀察日夜，可以看出雲霧的移動方向及變化。
1_ 馬祖日落
2_ 森林光束
3_ 阿里山石棹的琉璃光

3

1_ 赤嶼岩脈
2_ 澎湖石滬

四、如何讓影像動人

在拍攝自然生態影片時，面對大自然的態度、心態及做法很重要，必須內化在心中，並且把精神融合在影片中。謙卑的面對大自然，用不一樣的視角，才能創造出與眾不同的影像。

1 站著只能看到和別人一樣的景物

不同的視角會看到不一樣的景物，就像澎湖赤嶼前方的岩脈，如果是站著看，只是一條長長凸出地面的小土堤；而若彎下腰來或者蹲低身體，看到的是如長城般壯闊綿延的岩脈。這是火山噴發過程中的傑作，另一種形式的雄偉。

2 彎下腰來看見不一樣的世界

彎下腰來常常可以拍到一般人找不到的，很漂亮的景。人們習慣用俯視或平視角觀看景物，試著用低角度看這個世界，你將非常驚奇。

1

2

3
站在山頂上體悟自己的渺小

站在高山上看遠方，可以擴大視野心胸。在天地間感受自身渺小，會更謙卑的以大自然為師。

4
用尋找澎湖納斯卡線的心思，看見另一半的世界

潮來潮去，我們如何讀取前人的智慧？漲潮時，看到一半的澎湖；退潮後，海中呈現的石滬，讓我們用完全不同的視角，看見不一樣的世界。

5
人類的許多發明靈感來自於觀察自然

人類許多發明與靈感都來自觀察鳥類及各種生物行為。幽靈偵察機的設計就是學習游隼的飛行樣態。

6
站在清澈的溪流旁，體悟溪流本應如此

環境沒有被破壞之前，河水是清澈見底的。中下游的河水之所以汙濁，皆是人類的開發和汙染造成，後果將由人類承擔。

7
野花野草是大自然的藝術家

許多野花的顏色是調不出來的。花與植物的造型很難描繪，它們是大自然的傑作。

8
蹲下來才能聞到野花的清香

謙卑彎下腰來，才能聞到藏在野花裡的自然清香。各種花花草草的自然味道，人類無法製造出來。

1

9
腳底下的世界是另一個藝術的殿堂

人們常常只是往前看，而忽視了腳下的世界。在野柳地質公園第三區，許多岩石經過風化後留下紋理，那是人類無法畫出來的圖案，像是上帝的傑作。放慢腳步，經常會有意想不到的發現。

10
高山上許多植物其實是上帝的盆景

許多高山植物在非常惡劣的環境下，不管風吹日晒雨淋、土壤貧瘠，都能夠顯現出堅韌的生命力，像是玉山圓柏、高山杜鵑，它們歷經歲月的痕跡，塑造出美麗而堅韌的型態，讓人由衷感佩上帝在惡劣環境下創造自然的那一雙手。

11
停下腳步感受大自然的變化

當碰到雲霧時，快速通過，感覺到的只是一片霧茫茫。如果停下腳步細細觀察，可以發現雲的湧動，雲海的幻化，是自然的神奇演出。

12
嘗試走不一樣的路才會有新發現

每次走一樣的路，看到的東西永遠一樣；嘗試走不一樣的路，才會有新發現、新驚喜。

2

1_ 野柳燭臺石
2_ 玉山圓柏
3_ 雪山
4_ 紅毛杜鵑

每個人都是過客，向大自然學習

站在湖畔看到的倒影是一面鏡子。面對自己的影子，想想大地原是非常潔淨，如今人類要還給大地什麼呢？水流經之處，涵養了多少生命，我們能為這片土地做些什麼？百年之後，能還給這片大地什麼？

世界是一個地球村，動物在遷移過程中，每一段路程、每一個環節都異常艱辛，人類錯誤的行為往往會造成生物終身的遺憾。人類常因自身的貪婪，而剝奪了生物一輩子的幸福。

在自然界裡，每個人都是過客，大自然的一切只能欣賞、不可能擁有。就像秋天到七家灣溪河谷看楓，過了十年、甚或一百年，只要氣候條件合適，每到秋冬，它依然如是，依然在潺潺溪流旁呈現這樣的美麗景色。這是大自然所有，不會因為人類而存在。花開花落、四時變化，各種生物對應環境有其一套倫理，人類只能從旁觀察學習。

4

3

如何拍出好作品？實務操作極簡篇

好的作品和得獎的作品容易引起大眾關注，聚焦影片的議題，也讓觀賞者看見你想說的內心世界。筆者若干作品得到國際獎項，是希望讓世界看見臺灣，這是一種榮譽，也是一種壓力與責任，更是鞭策自己追求更好作品的一種無形動力。作品沒有最好，只有更好。拍攝許多有關大自然的影片，只是嘗試著為臺灣的生態找尋一條活路。

・器材

傳統的攝影機使用膠卷，須經過沖洗過程，拍片時特別重視亮度、彩度、曝光等技術，也要靠打光、測光表、濾色片等器材輔助。現今數位相機或攝影機大幅進步，基本門檻皆已設定，讓人們輕易突破技術障礙，因此，拍攝者要拍出一個能說故事的畫面，更要強化對鏡頭的詮釋能力，包括構圖以及對光影的掌控。

一般器材都有全自動設置，自動對焦甚至鳥眼對焦，還有滑軌等，但這些仍有程度差異以及技術門檻，包括知識、內容、構圖、運鏡，畫面張力、鏡頭的語言、影像詮釋能力等。

・光、影、距離的掌握

攝影最重要的要素中，第一個是光。沒有光，根本不會成像，沒有顏色，也沒有影像。光分為自然光跟人工光，光源的方向很重要。光的控制又可分成亮度跟色溫，清晨跟黃昏的色溫較低，大概 2000 多度左右；中午或雪地裡色溫較高，大約 5000 多度以上。色溫低會較偏紅黃色，色溫高較偏藍，在拍日出或日落的時候，照片都偏紅黃，因此，只要控制色溫，就可拍出需要的色調。

第二重要的是影，沒有影子，就沒有明暗，沒有轉折面，沒有中間色，就不會產生立體感。第三個是距離，距離遠近才能產生空間感，才會有景深。

光線的運用應順光拍、或是逆光拍？一般來說，不透明的物體例如山脈、岩石，較須使用順光；而葉子這類半透光的物體，用逆光拍更能夠顯色，呈現葉脈葉肉的紋理。

Nikon 數位相機

Leica 底片相機

16 釐米攝影機

Hasselblad 120 底片機

・生物與夜間攝影

進行生物與夜間攝影時，一定要事前做好功課，先設定光圈、速度、倍率鏡頭等，例如拍攝鳥類捕食時，若沒有預先設定，畫面稍縱即逝；特別是翠鳥衝水速度非常快，必須準備高速攝影機，並有預錄功能。翠鳥並不是每一次都有辦法咬到魚，預錄功能可以補足。

拍攝馬祖藍眼淚時，需要長時間曝光，測試好光圈、快門、曝光時間等，才能讓黑暗中的藍眼淚現象成像。此外，一定需要腳架，要懂得潮汐，要看當天藻類狀況，以及天候條件。拍攝夜間螢火蟲的活動也是如此。

・水中攝影

關於水中攝影，較特別的是要準備防水盒，選擇塑膠或是鋁合金的防水盒，端視現場需求而定。

塑膠防水盒輕便，但僅適合在淺水、流速慢，甚至不太漂動的地方；鋁合金殼子比較重，受浮力影響較小，畫面穩定性較強。此外，不同的題材也必須用不同的設備。例如，在七家灣溪拍攝櫻花鉤吻鮭的繁殖，必須先找到牠的產卵點何在？是早上、中午或下午的光線較適合拍攝？哪個月份、哪個時段會有繁殖行為？水流方向如何？若不留意水流，拍出來的畫面可能都是混濁的，必須在順流方向拍攝，這樣魚在攪動底層沙時，讓濁水往下流，才不致流到鏡頭前；攝影機的重量也要能夠抵抗溪流。

架設攝影機的位置前方，還是要有偽裝，布置得跟現場環境接近，可以讓魚群很快適應周邊環境的小變化，也可使魚群再回來的機率提高。

・小島海底攝影

臺灣四周離島的周遭海洋非常美麗，例如綠島、蘭嶼、澎湖南方四島、小琉球等，這些地點的海底攝影，必須考慮是在淺海或深海，深海考慮光線、海水浮力和攝影機重量；淺海則須考慮潮汐問題，因為海水湧動會影響攝影機的穩定性。最好的時間點是平潮。

360 度 8 顆鏡頭攝影機

工欲善其事，必先利其器。時代在進步，器材也日新月異，不同年代運用不同器材捕捉畫面，善用想法、設備和技術，就可成就想要的作品。

・空拍

空拍可以看到不一樣的視角。它可以貼水面、穿山洞，且有防撞罩，以及自動返航設備，安全性很高，成本也低廉。而傳統直升機的好處，是可以跨越山脈飛行數百公里。

・培養長期敏銳的觀察力

培養短時間以及長期敏銳的觀察力，是攝影者的基本素質。例如，五色鳥在育幼期餵食時，到底吃什麼？是肉食性、植食性還是雜食性？餵哪一隻？如何知道哪一隻吃飽了？當幼鳥長大時，牠們是一起離巢，還是一隻一隻離巢？這些是屬於短時間的觀察。長時間觀察則包括巢洞是否每年重複使用？使用者是原先那一對、還是新鳥？

・耐心等待

耐心等待是拍攝野生動物與自然環境必須具備的修養，動物不是演員，沒有辦法重來，因此拍攝者對生物習性要非常了解，對生物資訊的蒐集要完整，如此才能拍到想要的畫面。例如，在哪裡可以拍到牠？怎麼找到、靠近牠？要拍什麼樣的行為？

水下攝影機防水盒

數位攝影機

在自然中，每個人都是過客。面對古老大地，應心懷謙卑，向自然學習。圖為澎湖赤嶼。

06

讓海岸線自由：在海之濱．與海共生

／林宗儀

臺灣四面環海，生活在島嶼上的大多數人，都到過海邊，或站在突出的岩塊上海釣；或在夕陽西下時分，陪著情人與愛狗，浪漫走在沙灘上；或在某個漁港吊滿大型燈泡的漁船上，忙碌準備著夜晚的出航；抑或和三五好友，相聚餐廳，享受著獨有的海鮮美食。這就是「在海之濱」。我們的日常生活、生產和生命，都和海息息相關。

陸地與海洋的交界線稱為濱線，也就是一般我們所說的海岸線。臺灣本島的海岸線（不計離島）長約一千一百多公里，綿長蜿蜒，大致把臺灣島勾勒出一顆番薯形狀，這是在臺灣島形成的數百萬年歷史裡，此時此刻（當代）所呈現的海岸紋理；是在自然環境背景下，人類生活所留下來的社會印記；是地球的四大層圈——大氣圈、岩石圈、水圈和生物圈中的各種營力加上人為活動交會作用下，所呈現出的一種微妙平衡。因此，海岸是全球自然環境中，最容易變動的地方，任何微小的變動，都可能在此環境中，引發海岸系統內部的巨大效應，進而衝擊人類在海岸地區居住環境的安全。

北海岸老梅綠石槽。背後為突出的富貴角，岬角前散落的安山岩塊因受風砂磨蝕作用影響，有風稜石形成。

走過臺灣海岸，我們很容易注意到構成海岸的材料十分多樣，包括形成岬角、海崖、海蝕柱、海蝕平臺等地形的岩石海岸；形成沙灘、沙丘、沙洲島等地形的沙岸；以及珊瑚礁或藻礁等構成的生物礁岩海岸。

這些岩石、砂粒堆積或生物礁體各有其特殊材質、形成方式和年代；不同海岸段地質記錄下來的，即是整個臺灣島演育的歷史，刻劃的是臺灣島過去環境變動的歷史紋理。地質學家透過對這些歷史紋理的研究，建構出臺灣海岸的前世今生。

近三十年來，科學界已經確認全球氣候變遷對海岸可能造成的衝擊，例如全球海水面上升和更強大的風暴波浪等，這些將使海岸的侵蝕加劇（海岸濱線後退），海水入侵、海岸土壤鹽化，帶來更多海岸災害（例如颱風波浪、暴潮溢淹等所造成的破壞）。

面對這樣嚴峻的環境變動和人類生存的挑戰，我們該如何因應，以達到「**與海共生**」，海岸永續的目標呢？

1

2

1_ 宜蘭海岸，蘭陽平原與遠方朦朧的龜山島。
2_ 宜蘭北段岩岸的海蝕平臺，由砂頁岩互層地層傾斜加上褶皺作用所形成。
3_ 宜蘭外澳海灘，遊客享受衝浪樂趣。

3

一、臺灣海岸的前世今生

約在五百多萬年前，臺灣島由造山運動抬升隆起，逐漸露出水面。此後持續受到各種地球內、外營力的作用，演變出今日的山脈、丘陵、臺地、盆地和平原等多樣地形。島嶼周邊與海交界處的海岸線，因著各處不同的大地構造環境、地質特性及氣候條件等，發展出不同的地形演育過程和樣貌。例如臺灣東部海岸，因屬引領端的板塊碰撞環境，海岸多為岩岸、高聳的海崖、狹窄的陸棚，在離岸不遠處，水深就急遽下降至千公尺以下；而西部海岸，相對可視為尾隨端板塊的海岸環境，有較寬廣的陸棚，從陸地侵蝕下來的岩石風化碎屑物，可以在上面不斷地堆積成海岸沖積平原，地形坡度平緩。而在臨海交界處，常有連續的海灘地形發育，雖然一般稱為沙岸，但實際上在各地堆積下來的碎屑沉積物，會因其陸地來源區的岩石種類、風化方式、搬運作用過程或河流出海口附近海岸營力的差異等，而有泥灘、沙灘或礫灘等不同堆積環境。

臺灣北端、東部和南端的海岸雖概稱為岩岸，但各自海岸地質發育的過程大不相同，岩石種類、構造作用和環境演育過程也都有些差別。從淡水河口到宜蘭北段（三貂角）的海岸，沉積岩或輕度變質的沉積岩地層直接傾沒入海，海岸多海蝕平臺地形發育；但在部分有火山分布的海岸段，也有火山熔岩和火山噴發碎屑物的堆積岩體，和海水有直接接觸。

東部從宜蘭南段到花蓮之間的海岸，多變質岩構成的高聳海崖，以蘇花段海岸最為典型。花東海岸沿線地質以火山島弧的噴出岩體為主，中間夾有沉積岩層，地形上有各種不同高度

1

2

的海階崖發育，這類岩石海崖類型的海岸一直向南延伸到旭海、佳樂水一帶。進入恆春半島後，繞過鵝鑾鼻到西岸的楓港之間，則可見珊瑚裙礁發育良好，是屬生物礁岩海岸的一種。

1_ 蘇花公路清水斷崖
2_ 恆春半島龍坑海岸，珊瑚裙礁發育，礁體間多蝕溝。
3_ 臺中港潮差大，天氣良好時，貨輪常在南防波堤外等候，待漲潮時再進港作業。

二、當代海岸的變動因素：環境氣候變遷與人為開發

海岸環境容易變動又特別敏感，因此海岸的形貌、海岸線的位置常有各種不同時間尺度的變動。短、中時距（季節、年內、數年、數十年）的海岸形貌，容易受到波浪、海流、潮汐和風等外營力以及海岸沉積物供輸的影響而產生變動，例如季節風浪的差異或偶發的風暴（颱風）事件等所引起的海灘消長變化。而長時距（百年、千年以上）的海岸變化，則主要受到大地構造運動、全球海水面變動或地區性的地層下陷等因素所控制。除了這些內、外營力作用，氣候變遷、生物或人為活動的介入，也會使海岸形態產生變動，在海岸系統的範圍內中形成輪迴，彼此相互影響。

人為因素對沉積物供應的干擾，包括：河川上游興築水庫，阻斷海灘沉積物的河川來源；河川整治與廣築河堤，減少河川側向侵蝕所帶出來的沉積物供應；某些工程建設時，大量非法採集河川砂石，減少沉積物的供給量；在海岸前緣修築海堤，可能阻斷海岸侵蝕本身可

3

1_ 水庫攔砂，2015 年 5 月乾旱，石門水庫大壩下方，水庫底部淤積物出露。
2_ 包藏在臺中港防波堤內的北側梧棲漁港進港海堤

1

產生的海灘砂源；突出海岸之大型結構物，如突堤、防波堤、導流堤等，則阻撓沿岸輸砂，造成突堤效應，使沿岸流優勢方向的上游側淤積，下游側侵蝕等。這些人為工程設施對於自然沉積物供輸所產生的影響，一般屬短、中時距的效應，通常需要幾年至十幾年的時間，才能達到新的地形系統平衡。因此，當代海岸所面臨的挑戰，除了來自自然界全球氣候變遷的衝擊之外，更多是來自外部人為開發以及因開發所建置的防災設施等對於地形系統平衡所造成的干擾，這些都對環境帶來了極大的壓力。

2

《海岸管理法》與土地利用的歷史演變

過去世界各國政府基於海岸土地合理利用與災害防護管理的需求，長期對海岸地形及海岸地區的各種自然作用（潮、波、流、風等）進行監測，藉以掌握其侵淤變化的狀況與趨勢，期能訂出最佳的海岸經營管理策略，以兼顧海岸防護與環境生態保護的目的。

臺灣的海岸管理在 2015 年 2 月公布《海岸管理法》之前，因各種海岸利用屬性業務的考量，各有不同管理單位，以致海岸土地利用的管理事權不統一，同時缺乏長期負責海岸環境資料調查的專責單位，長年累積的海岸環境資料在時間上不連續，空間上也顯得零散，很難統整應用。各種海岸環境資料，往往在各事業單位有需求時，才會委託專業研究單位或工程顧問公司，對特定區位進行短期的海岸調查及水工模型試驗，並使用這些零星蒐集的短期資料及模型試驗結果，作為相關工程規劃設計數值模擬的基礎；因此，導致許多人為設施的工程建設在完工之後，因為後續管理規畫的不盡周全，反而造成海岸環境因為人為工程介入自然系統運作，導致局部海岸侵蝕的發生。

筆者曾在 2009-2012 年間，在某政府機構委託的研究調查案中，協助找出臺灣海岸的多處侵蝕熱點（指當時在短時間內有較大海岸侵蝕量的地段），包括桃園竹圍漁港以南至草漯沙丘一帶、新竹金城賞鳥區、苗栗通霄漁港附近、雲林茄子寮漁港外側沙洲、外傘頂洲、嘉義好美里八掌溪口的沙洲、臺南北門的王爺港汕、臺南七股網仔寮汕、頂頭額汕、臺南二仁溪口、宜蘭蘭陽溪南北兩側等地。侵蝕的原因，有些屬自然因素（例如連續的颱風波浪，造成沙灘或沙丘的持續侵蝕後退），然而大多數都和各種人為的工程建設和開發有關。

這樣的結果再度警惕我們，未來任何海岸工程開發（如港口建設、填海造陸工程）或防災建設（如海堤、突堤等設施），都必須慎思其對周遭環境，尤其是相鄰海岸段所造成的衝擊程度，並設法將衝擊減至最低，否則即使是原本設計來防災的工程設施，也可能反而造成鄰近岸段的災害問題。

這項研究成果在當時報章雜誌及電視媒體的多方報導下，再加上當時《看見臺灣》電影所引起的環境關懷風潮，也間接幫助催生了在立法院數度進出，並討論了四分之一世紀的《海岸管理法》。《海岸管理法》第一條即闡述了其立法宗旨，包括維繫自然系統，確保海岸零損失；因應氣候變遷，防治海岸災害與環境破壞；保護與復育海岸資源，推動海岸整合管理，促進海岸地區之永續發展等多重目標。其條文內容，大致著重在海岸地區範圍界定、擬定整體海岸管理計畫、資源保護與海岸防護，以及規範海岸地區的利用管理等事務上。

三、後退才是前進的守護！——海岸管理策略在氣候變遷下的適應與調節

海岸是人類生活環境中，最具生產力的生態系統，魚、蝦、蟹、貝、螺、花枝、烏賊、海帶、藻類等各種生命繁盛，也提供了人類豐富的食物來源。而海岸的自然環境，例如海灘、沙丘、海崖和離岸沙洲島等，都是抵抗海岸風暴帶來強風巨浪的最佳天然屏障，提供沿海居民安全的保障，同時成為人們尋求心靈解放、平靜的極佳休閒空間。

臺灣大部分人口集中在海岸地區，各大都會城市、貿易港口、海上交通、農漁生產、軍事防備等與人類生活、生存相關的基礎設施，都建置在海岸地帶。在全球氣候變遷（暖化）的情境下，對於海岸最直接的衝擊就是全球海水面的上升及極端天氣事件（風暴、颱風）發生的頻率增加，導致海岸侵蝕加劇，影響到居民的生活，甚至造成人命財產上的損失，致使近年海岸天然災害的規模，屢屢突破歷史紀錄。

對於海岸災害的防護對策，臺灣已經累積了幾十年的實務經驗，從最早的直立式海堤、護岸等人工結構物的建造，慢慢演進到斜坡式的或親水式的海堤，再到垂直海岸的突堤及平行海岸的離岸堤等結構物的形式，試圖阻攔沿岸漂砂或促進離岸堤後聚砂；再接續到晚近的複合式工法，例如應用人工岬灣（或稱岬頭控制）理論進行的人工養灘等，不斷地學習調整，希望在颱風帶來的強風巨浪中，能保護人民生命財產的安全，減少災損。

但這些以水泥為主體的工程結構物，通常會搭配拋置大量消波塊來防潮抗浪，而沿海居民長期以來也習慣了人定勝天的工程防護模式，漸漸輕忽大自然的破壞力，甚至忽略了工

1_ 彰濱工業區最外側海堤，堤下布放大量消波塊防護。
2_ 桃園大園區的北港海堤，設計成階梯狀親水式海堤，圖中顯示高潮位時，沙灘消失。

1

2

程結構物本身所帶來的負面影響與對生態環境的衝擊。傳統硬性工法均大量使用水泥和消波塊，主要設計思維是用位置固定的硬性結構物來抵擋波浪的侵襲，或促進沿岸漂砂的堆積，以緩和海岸的侵蝕。但在現今氣候變遷情境下，這種固定位置的硬性結構物，已無法滿足海岸防護的需求，因此對於氣候變遷下的海岸災害風險管理，必須要有一個新的思維。

在氣候變遷的衝擊下，過去設計的硬性工程結構物在抵抗颱風巨浪和暴潮侵襲時，常可看到其本身的功能性不足，也導致過去颱風期間，屢屢傳出堤防破堤或大量海水隨著波浪越過堤頂，導致堤內海水倒灌、海堤結構塌陷等災害。除了災後須編列大筆特別預算維修堤防結構之外，有時政府還會被人民提告未盡防災之責，要求國家賠償個人災損，造成國家財政上的負擔。而另一方面，在許多海岸現場，常可見這些硬性水泥結構物設施，因為結構體干擾了自然海岸地形系統的作用，導致相鄰地區的海灘發生侵蝕問題，產生和原先結構物設置時所期望防護海岸目標相反的結果。例如，在海堤前面的海灘，常在海堤完工後，很快就被侵蝕，導致海灘的自然生態系統因而消失。而在突堤或離岸堤的優勢沿岸流輸砂下游側，沙灘也常因突堤上游側積砂或離岸堤的堤後積砂而導致侵蝕消失，使該處因而失去自然消波緩衝的功能。那麼面對氣候變遷情境下的海岸侵蝕，有何新的防護策略，既能夠防護海岸地區人民的生命財產安全，同時也能兼顧生態環境保護的需求呢？

在筆者廣泛蒐集國外經驗，並深入研究之後，發現在面對氣候變遷、海水面上升所引發的海岸侵蝕問題時，各地不同種族或文化背景的人們，大概採取以下四種可能的策略：

一、**無保護措施：**讓海岸地區的各種營力自行作用，自然平衡、調適，最後可能導致棄守。也就是當海岸設施受到侵蝕威脅時，可以接受將其放棄，但人們則須逐漸往背後的陸地撤離，或搬到其他不會受災的地區；

二、**濱線保護措施：**利用傳統的海堤等硬性工程結構物設施來防護海岸，維持一條固定的海岸線，這也是目前包括臺灣在內，許多國家所採取的做法。但是正如前段所述，在未來氣候變遷的情境下，這些人工結構物本身都可能無法真正有效抵抗暴潮、強浪的襲擊，遑論防護海岸聚落設施的安全？而且結構物本身也可能因為海岸災害事件造成損壞，而須不斷投入維修成本，甚至位置不當，還可能導致鄰近地區的自然系統作用受到干擾，進而產生侵蝕問題；

三、**適應或調節**：例如提高海岸地區的地面或房舍高度，以防止暴潮溢淹，海水倒灌的災害發生；

四、**採用軟性工法措施或有規畫的後退撤離**：選擇比較契合自然作用的軟性工法來調適，例如養灘或重建沙丘等方式，以沙灘、沙丘上儲集的大量砂體來削減波能，可避免硬性工程結構物無法順應自然海灘動態特性的缺點。或以有規劃的後撤行動，來進行整體性的防災減災。

臺灣海岸的防災，長期信仰「人定勝天」的思維，一有重大災害發生，在各級民代的陳情要求下，政府相關機構都會增列各種特別預算，試圖修復或增建不同的硬式工程結構設施來加強海岸的防護，基本心態上總想用更強的堤防來抵擋步步進逼的海水。

然而，全島海岸線雖然布滿消波塊，人們就安心了嗎？氣候變遷所帶來的挑戰，更讓我們必須重新調整海岸防護策略。過去筆者的研究結論中，曾提出「**工程調適**」和「**非工程治理**」兩個面向的海岸防護新策略。

所謂「**工程調適**」，可以分成兩類：

一、**防護工程措施改採軟性（或稱柔性）工法**。例如人工養灘（以外來砂源回填到被侵蝕的區域）或沙丘的重建或保育（在曾有自然沙丘的地方，輔以人工堆砂或利用砂籬、植生方式來攔砂、聚砂），其設計的基本思維是希望在沙灘和沙丘環境，能夠補充或蓄積海岸防護所需的足量砂體，並以其鬆散堆積的砂體結構，來發揮削減波能的功用，藉以減輕災害的發生。

二、**棄守**。是指當海岸建築物或公共設施在受到波浪的破壞之後，不再採取工程手段進行原地修復。人們在體會氣候變遷下自然環境的演育趨勢（例如海岸線的向陸後退）之後，認知天災之不可敵，放棄繼續原地守護，人也主動避災，遷移離開易致災的危險海岸地區。也就是適時適度放棄硬體結構物的新增和維修，不再唯一選擇

1

1_ 2012 年臺南黃金海岸海堤塌陷，開始在附近設計突堤群（遠處），期望攔砂護岸。
2_ 2006 年，抽取七股潟湖泥砂，進行網仔寮汕的養灘防護。

以海堤來固定海岸濱線。在這樣的情境下，原本從海岸沖積平原上被侵蝕下來的沉積物，因為沒有海堤的阻擋，也就有機會成為新沙灘的砂源，海岸線雖然會隨著海水面的上升而往陸側後退，但海灘並不會因而消失。

「非工程治理」則是指將重要且有保存價值的建物或設施，在人類主動的意識下，隨著棄守海岸，往陸地方向後撤，搬遷到一個較安全的位置。這類的作為，政府可以在科學模式的評估下，推估一個海水面上升的情境，並以未來五十年或六十年內，易受海岸侵蝕威脅或暴潮溢淹的區域範圍，劃設為海岸災害緩衝帶（或稱後退帶），讓民眾認識此後退帶範圍內環境的易致災性，並從環境管理的角度，制定後退帶內土地的利用準則，例如不做高強度的土地開發和投資利用等原則，僅維持近自然的生態旅遊休閒活動，藉以減輕發生海岸災害時的生命財產損失，同時，後退帶內的環境生態與地景也可以保存，萬物生靈都將共同受益。

這些非傳統方式的工法及治理策略，其實在國外早有先例。例如，歐洲國家利用人造海岸沙丘來做防護，已有數百年的經驗；美國海岸建物因為侵蝕災害威脅而搬遷，也多有記載。以筆者曾見證過的「拯救北卡羅萊納州哈特勒斯角（Cape Hatteras）燈塔」的案例，在歷經多年不同方案的討論評估、無數的公聽會、電視辯論會、報章雜誌及期刊上的科學論戰之後，最終否決用海堤、護岸等把燈塔圍住，或增加新的突堤或離岸堤，甚至是人工養灘、植生固

2

1

右上角顯示哈特勒斯角燈塔歷年（1852 -1917-1962）海岸線後退情形，右下和主圖為學者專家提出的二種不同解決方案：海岸工程專家建議用蓋城堡的方式把燈塔圍起來防護，而海岸科學家建議順應自然作用，搭建鐵軌向後搬遷約 800 公尺，預留未來 150-200 年的濱線後退空間。

1_ 哈特勒斯角燈塔在 1999 年搬遷前的空照圖。海灘前暫用沙包堆出簡易突堤穩定海岸。
（圖片來源：©Wikipedia, https://en.wikipedia.org/wiki/Cape_Hatteras）
2_1999 年哈特勒斯角燈塔搬遷後的位置及空拍圖。
（圖片來源：©Wikipedia, https://en.wikipedia.org/wiki/Cape_Hatteras_National_Seashore）

2

砂等方式的建議；而是採取把這座有二百英尺高、二千八百噸重，具歷史意義的北美最高磚造燈塔，在一九九九年夏天，利用臨時架設的軌道，把整座燈塔向後搬遷至距海大約八百公尺的位置，免於繼續受到海岸侵蝕的威脅。整個後撤計畫，隨著海水面的上升來反應，同時也保留海灘和建築物本身，並節省了固定海岸線的龐大花費。

四、依循自然的未來生活

颱風（颶風或熱帶氣旋）的規模在氣候變遷的情境下，強度明顯增強，二〇〇五年侵襲墨西哥灣岸的卡崔娜（Katrina）颶風，二〇一二年侵襲美國東北各州的珊迪（Sandy）颶風，無論是傷亡失蹤的人數、房舍及公共設施的破壞與經濟上的損失等，都一再地創下新高，因此，這些被侵蝕的海岸、被破壞的房舍或設施，以及被傷害的區域經濟模式等，是否還要在原址修復，一直都是大眾爭論的焦點。

前面提到臺灣過去在面對海岸災害及海岸線後退的問題時，常選擇以大量的水泥工程結構及消波塊來硬抗，在工法上不但忽略了環境生態的保護，同時也犧牲了海岸休閒遊憩的品質。因此，未來面對氣候變遷所帶來的挑戰，我們要如何設計一個既能防護海岸安全，又能保護環境生態，同時還能提升旅遊品質、促進地方社區經濟的海岸永續發展策略呢？

承續前面筆者對氣候變遷下，海岸防護策略新思維的建議，顯然「順應自然」是一個比較好的選項。尊重海岸自然法則來生活，自能降低災害發生時的災損程度。近年在國際間為了調適和減輕氣候變遷所造成的危害與負面影響時，逐漸出現「與自然合作總比與自然對抗好」的思維趨勢，認為人無法勝天，所以不應單靠人為工程技術來解決問題，反倒可以利用自然環境本身的特性來設計解決方案，這種「基於自然的解決方案」（Nature-based Solutions, NbS），簡稱「自然解方」，在全球掀起熱議。

「自然解方」強調與自然合作，而不是抗衡，通常比人為工程解決方案更可持續；且自然解方並非單一解決方案，而是一個包容多種解決方案的大框架，可從諸多不同面向，為人類防止或減輕災害損失，幫助社會調適氣候變遷，減輕氣候變遷的影響，同時也為環境的生物多樣性帶來正面的利益。因此，只要順應自然變化，依循自然法則，再加上以正確、整合的方式來實施，必能提升環境本身抗災、防災的韌性，同時增強環境的生態系統服務，帶來多重利益。更重要的是，自然解方在推動及實施的過程中，充分與地方社區及各方權益關係人溝通，取得彼此之間的信任，這往往是解決方案成功與否的關鍵，也是基於自然解決方案被接受、被信任、能共同規劃設計及整合管理的基礎。

五、自然解方——沙丘之力

回看臺灣海岸，在氣候變遷、全球海水面上升的情境下，地形坡度相對和緩、人口密度相對較高的西部沙岸地區最易致災，但沙岸地區一般會有海灘和沙丘作為海陸之間的天然防護。海灘和沙丘都是由鬆散的砂粒堆積而成，能夠隨著環境波浪能量的變化而做出自我調適的反應。颱風或風暴期間的波浪，可能造成沙灘侵蝕，但在颱風過後，波浪恢復到正常天氣狀態時，沙灘砂量往往又會回復到一個長期平衡的狀態。

在海灘後側發育的海岸沙丘，平時儲存從海灘吹過來的砂源，使沙丘增高增廣；而在颱風暴潮高水位期間，沙丘本體可能因波浪的侵蝕而出現陡崖，但被侵蝕帶走的砂粒，正好能

草漯沙丘為海岸前列沙丘，具天然海岸防護功能。

夠回到海灘，補充海灘因波浪侵蝕而流失的砂。堆高起來的海岸沙丘同時也可當作天然的海岸防護堤，抵擋暴潮高水位對後側海岸低窪地區聚落可能造成的淹水災害，因此，發育良好且連續的前列沙丘可說是防護海岸的最佳柔性屏障。

然而，臺灣許多天然沙丘，在自然環境作用及人為活動的雙重壓力下，自然的防護功能已逐漸退（劣）化。以宜蘭海岸為例，海岸沙丘多處因為連續的颱風波浪侵蝕，而形成沙丘陡崖且持續後退，部分則因遭到波浪的越洗作用（指波浪越過沙丘頂，把沙丘的砂沖洗到沙丘後面，有時甚至造成連續沙丘的一個缺口）而降低高度；此外，人為開挖沙丘、建造新路或工業區、開闢魚塭及養鴨池等，均造成沙丘防護功能喪失。如果能夠針對這些遭到破壞的天然沙丘進行人工復育，使沙丘恢復其自然機能，不論是透過人工堆砂、圍籬聚砂或配合植生拓殖等手段，只要能持續積聚砂量，就能增強沙丘防護的能力。

以人工沙丘作為海岸防護的主要工法，在歐美地區行之有年，然而，過去最大的迷思就是把海岸沙丘當成人工海堤，而忽略其天然移動的特性。在全球海水面上升的趨勢下，以及極端天氣（風暴、颱風）事件頻繁發生的情境下，為了讓沙丘固定在原地守護海岸，就必須不斷投入維護的人力和經費，到最後還可能徒勞無功。

但事實上，如果在海岸地形自然演育的過程中，人類能主動讓出一個沙丘可以自由移動的空間，海灘和沙丘的位置會隨著海水面的上升而向陸地後側移動調整，這些由疏鬆砂粒堆積而成的海灘和沙丘不會消失，其天然防護的功能也就不會消失。因此，適當配合劃設一段海岸災害緩衝帶或人類居住空間的後退帶，讓自然作用在這個空間內不受人為干擾或破壞，沙丘自然地景自能維護，人類也可以遠離易致災的地帶，減少災害的損失。

越洗作用（Overwash）

颱風期間，若暴潮位加上較強較高的波浪，超過沙丘的高度時，稱作沙丘的越波（overtopping）現象。越過沙丘的海水會把砂子沖洗進到內陸側堆積下來，連續的越波，甚至可以在原本連續的前列沙丘衝破一個缺口；而被「洗」到沙丘內側的砂子，往往形成一個扇狀的堆積，稱為越洗扇（overwash fan），這整個過程就被稱為越洗作用（overwash）。

越洗作用發生在沙洲島上時，會使沙丘變低，而如果整體沙丘變低，又更容易發生越洗作用，因此越洗作用常會導致沙洲島上地形景觀發生變化。越洗扇的堆積會因連續的越洗作用而延伸到島的後側，進入後側的潟湖內。所以當砂子從沙洲島的向海側被搬運到島的陸側潟湖岸時，就會造成沙洲島的向陸遷移，臺南七股潟湖外側的網仔寮汕，就是藉由這樣的越洗作用，近三十幾年來持續向陸地移動，在不同位置的移動距離，可以從幾百公尺到一公里以上。

網仔寮汕人工防風林的北側，原本有高大連續沙丘。照片中所顯示的是近處這段沙丘被波浪越洗，出現缺口，大量漂流木也隨著越洗作用，被推到沙丘內部。（若沒有發生越洗作用，漂流木會堆積在沙丘前面的沙灘上。）

海岸沙丘小知識

在海岸地區，要形成沙丘基本上須具備幾個條件，首先要有強勁的向岸風來搬運砂粒，二要有寬闊的沙灘可以供應足夠的細砂，三則是在向岸方向有開闊的空間可供風砂堆積，若再有適當的植被覆蓋，更可幫助風砂堆積。（沒有植被，砂子在被搬動一段距離後，也會停下來。但有植被生長，可以幫助砂子積聚。）

海岸沙丘有哪些類型？依其發育先後和大小規模，可分為以下常見的幾類：

- **胚胎丘：**在沙灘的後灘，每日潮汐漲退淹不到的地方，灘砂乾燥，容易隨風移動，在碰到天然植物或阻礙物時，氣流受到干擾，而使風砂停積下來，形成一個隆起的小沙堆，常是孕育更大沙丘的起始樣貌，稱為胚胎丘。

胚胎丘

・**陰影丘：**倘若風向和風砂供給穩定，在天然植物或阻礙物的下風側，會漸漸堆積出一長條狀的沙丘，稱為陰影丘。反過來用陰影丘的排列方向，可判斷主要輸砂方向。若是剛開始發育的小陰影丘，同時也可以稱為胚胎丘，並無衝突。

陰影丘，植物長在迎風面，在下風方向堆出陰影丘。

・**饅頭丘：**倘若阻攔風砂的植被，快速向周邊堆積起來的小沙丘拓殖，而使得植物的生長逐漸布滿沙丘表面，讓整個沙丘呈現如圓饅頭一般的樣態，俗稱饅頭丘，學名則可依據植物的類別，稱之為灌叢丘或草叢丘。

饅頭丘（草叢丘）

・**前列沙丘：**最後這些胚胎丘、陰影丘或饅頭丘，因著風、砂和植物的互動，會慢慢延伸，增大增高，最終在沙灘的內側邊緣形成一道大致與海岸平行的前列沙丘，或稱第一排沙丘。而隨著長時間推移，在第一排沙丘的後面，只要空間足夠，還會有第二、三排沙丘出現。

前列沙丘（淡水沙崙）

1

1_ 社區民眾參與海岸巡檢及淨丘活動。
2_ 公民科學家培訓，在地協助沙丘地形監測。
3_ 濱線後退，瞭望崗哨傾圮；風在吹，砂在動，動態韌性沙丘的保育和地方守護，是實踐海岸永續的一帖自然解方。

2

師法自然，萬物受益

以筆者近年在桃園推動設立「草漯沙丘地質公園」為例，即是希望透過地質公園的設立，呼籲保育海岸沙丘地形系統，以維護其天然防護功能，使其可有效調適氣候變遷的衝擊，提升海岸防護抗災、減災的韌性，同時增強沙丘生態系統服務功能；並希望透過有效的環境管理，減少過多人為工程（例如設置海堤、砂籬、風機工程、維修道路、衛生掩埋場等）的干擾破壞。

此外，透過環境教育提升在地社區民眾的環境識覺，地景欣賞的美學素養，並以培訓解說服務志工，經營地景生態旅遊，促進地方經濟收入等活動，爭取地方社區更多的信任與支持，讓在地社區的民眾、企業、團體，更願意主動參與海岸沙丘地景及環境生態系統的維護，例如參與

3

公民科學家的地形監測與生態調查，固定時間的海岸巡檢、淨灘、淨丘等活動，都能回饋到增強海岸本身的防護功能，形成一個良善的循環。

幾年後回看「草漯沙丘地質公園」計畫，已經將地質公園的四大核心價值，完美契合轉換成氣候變遷下海岸環境治理的「自然解方」，包括沙丘地景保育、環境教育、生態地景旅遊及社區參與，呼應本文一再強調的「依循自然，與海共生」的永續精神。

最後，抄錄一段筆者十年前曾寫下對於永續海岸的期許，與讀者們相互勉勵。

師法自然是原則，永續保育是目標
防災要知後退，觀光旅遊注重生態
減少人為干預，維持自然作用過程
景觀自然保存，萬物生靈共同受益

PART 3

生物——躍動。

魚群、鳥類、植物。

位於全球兩大生物地理區的交會處，

島嶼交織出豐富的生態演化紋理。

鰕虎和字紋弓蟹在河海匯流處上演洄游生物奇觀，

候鳥從寒帶飛向熱帶，乘載著流轉的信息。

經歷漫長演化，

如今周遭植物仍隱藏著古老的地球密碼。

07

水族流動的紋理：臺灣河川生態特性與保育

／曾晴賢

喜歡自然生態的朋友應當會發現，地球上的環境或是生物分布，頗多有趣的脈絡值得我們探討。

為什麼有些生物只發現於某些地方（例如大熊貓只分布在中國）？兩個不同的地方為什麼有很相似的物種（分布在亞洲和非洲的駱駝是不同種）？這些問題有蛛絲馬跡可循，其中最有趣的答案，是生物的起源和適應隱含著規律，這可說是自然的紋理。而在所有的案例之中，島嶼生態學最為重要。

亞熱帶的臺灣位在地球兩大地理區（古北區和東洋區）的交會處，因此生物多樣性兼具這兩個不同地理區特有的內涵；加上有超過三千餘公尺的山脈，南北氣候和海拔落差大，從海岸到高山不同環境條件交織，形成極為多樣性的生態棲地。各種動植物的分布和特有的生態習性，訴說出一篇篇饒富趣味的故事。

臺灣河川基本上從脊梁山脈向四周奔流，獨特的生態環境孕育出淡水生物多樣性。濁水溪是臺灣最長的河川，也是北中部與南部魚類分布的重要分界。圖為濁水溪集集攔河堰下游。

一、孕育淡水生物多樣性的環境：亞熱帶高山島的自然特性與動物地理區系

1 既極端又豐富的自然環境

臺灣位於亞洲大陸棚邊緣，是一個以高峻山脈聞名的高山島。從島之最北端富貴角至最南的鵝鑾鼻，長約三百八十公里。中部之平均寬度，東起秀姑巒溪口，西至濁水溪口，約有一百四十公里。全島海岸線長達一一四四公里以上。雪山山脈與中央山脈是本島東西兩群河系之主要分水嶺，其走向略與本島主構造線方向並行，因此全境河川多為東西向，分別流入太平洋或是臺灣海峽。西部各河流域約占三分之二，東部各河流域約占三分之一。河流均短促，其中濁水溪最長，亦僅一百八十六公里，高屏溪次之，為一百七十公里。旱季水量甚缺，逢雨成澇，尤以颱風季節每每洪水為患。

雖然全年降雨量甚為豐富，但是約七八%之年雨量集中於五至十月之間，因此枯水期相當長。山脈多屬沉積岩及變質岩，風化情形甚嚴重。又因降雨強度大，水流速度快，土壤侵蝕嚴重，繼而影響到河川環境相當不穩定。

然而，處於這種不穩定的環境中，仍能孕育高達三百餘種以上的淡水魚類（其中包含河口感潮河段半淡鹹水的周緣級性魚類）和其他更多的淡水無脊椎動物。比較世界上其他類似的地區，臺灣淡水生物相的豐富程度相當高，顯示溪流環境仍屬優越。然而，因為許多種類

花蓮太魯閣立霧溪是東部洄游性魚類研究的重要河川

的生物生存危機越來越嚴峻，必須加以保護。

臺灣河川基本上從脊梁山脈向四周奔流，多數都呈現單獨入海的放射狀網路形態，大部分的河川都只有極少數的支流；因此，彼此間連結較少，每條河川都有其獨特的生態環境和生物相組成。

2 三種分布途徑的起源：海平面下降、內陸湖、襲奪

大部分的純淡水性魚類基本上無法自由來去兩個河系之間，除了一些起源於海洋、對於鹽度變化耐受性甚高的河海洄游魚類，以及出沒於感潮河段的河口型魚類。也唯有在三種情況下所產生的地理變動，純淡水性的魚類才有機會相互交流。其一，兩個河系因為海平面下降導致兩獨立水系有機會連結；二，內陸湖形成，使得獨立水系連結；三，兩接近的水系因為河川襲奪的關係，某一條原屬於甲水系的河川上游，突然變成乙水系的一條支流。因此，純淡水性的魚類分布就成為研究動物地理的最佳材料之一。

在上述三種淡水魚分布的途徑中，以海平面下降為例，目前的臺灣島和亞洲大陸遙遙相望，但是數萬年前因為海平面下降，島上的河流和對岸福建一帶的河流，曾經連結在一起，因此，亞洲大陸某些魚類就在當時擴散分布到臺灣島上來。

再以內陸湖為例，大臺北湖的形成導致基隆河、新店溪和大漢溪共同成為淡水河的三大支流，一些原本分布在各支流的淡水魚類，因此可能來往其他支流水系。而以河川襲奪案例來看，最著名的地點包括後龍溪襲奪中港溪、蘭陽溪襲奪大甲溪的上游（思源埡口附近）、大甲溪襲奪烏溪上游（登仙峽附近）、烏溪中游分別被大安溪、大甲溪和濁水溪所襲奪等，都導致水系之間淡水魚類組成變動。

因為地理事件所引發的生物分布變遷，不僅可以從比較物種分布組成的差異看出臺灣地理的紋理，更可藉由不同水系的物種遺傳差異，利用分子時鐘理論，更精確的推論出彼此水系間發生的變化是在多久以前，什麼原因產生隔離等。

大甲溪上游有勝溪

3 三個動物地理區系：山脈、氣候、地質作用造就

臺灣各河川間的魚類相存在極大差異，主要是受到島嶼形成過程的影響。中央山脈隆起，隔絕了東西二地，分隔了河川水系，加上南北氣候以及淡水魚起源等不同因子的影響，明顯區劃出三個動物地理區：

（1）**東部地區**：包括卑南大溪、秀姑巒溪、花蓮溪和立霧溪，主要魚類以臺東間爬岩鰍為代表。

（2）**南部地區**：包括濁水溪（不含）以南之曾文溪、高屏溪流域，以中間鰍鮀為代表。

（3）**北、中部地區**：包括濁水溪以北之北部及中部兩個亞區；其中北部亞區包括蘭陽溪、淡水河、頭前溪、後龍溪，魚種以扁圓吻鯝、長鰭馬口鱲、大眼華鯿、臺灣黃鯝魚、短吻小鰾鮈（鐮柄魚）、飯島氏銀鮈、纓口臺鰍、橙色黃顙魚、長黃顙魚、截尾鮠、紅鯝、棘鰍和小林氏棘鰍為代表；中部亞區包括大安溪、大甲溪、大肚溪及濁水溪，魚種以臺灣櫻花鉤吻鮭、日月潭鮠、粗唇鮠、南投鮠、臺灣鯝、陳氏鰍鮀、巴氏銀鮈和臺灣副細鯽（臺灣白魚）為代表。

資料來源：臺灣大學地理系地形研究室；方偉達著，
《臺灣濕地誌》（野人文化，2024 年）。

本省分布最廣的臺灣白甲魚又名臺灣鏟頷魚，俗稱鯝魚或苦花。

當然，有一些魚類的分布跨兩個地理區，甚至是全省性分布。例如臺灣白甲魚（臺灣鏟頷魚，鯝魚）屬全省性分布；臺灣鬚鱲、粗首馬口鱲、臺灣石𩼧等分布在西部的兩個地理區；高身白甲魚和何氏棘鲃分布在南部和東部地理區；埔里中華爬岩鰍分布在中部和南部地理區。

大部分淡水魚分布都有區域性，如高身白甲魚（臺灣鏟頷魚）和何氏棘鲃原本只分布在南部和東部地區（近年來被大量放流至中北部河川而成為入侵種）；埔里中華爬岩鰍和二種相近似的鰍鮀魚類只分布在中部和南部；纓口臺鰍和黃顙魚科魚類大部分只分布在濁水溪以北；臺灣副細鯽是中部特產，臺灣櫻花鉤吻鮭則只分布在大甲溪上游的一個小小範圍裡。這些有趣的分布現象都是用來討論臺灣島內各河川關係的最佳證據。

近年來，針對一些種類有更仔細的區分，例如曾文溪和高屏溪原本所稱的埔里中華爬岩鰍，被命名為新種南臺中華爬岩鰍；高屏溪以南原本被稱為粗首馬口鱲的溪哥，現在被命名為高屏馬口鱲，但是兩者有發現雜交情形；而在濁水溪支流水里溪發現的臺灣副細鯽被鑑定為是一種

特有的溪流細鯽等。以上再再顯示臺灣淡水魚的生物地理區隔現象極為明顯。

因為臺灣的淡水魚有南北兩個起源，因此從各種魚類的分布情形來看，明顯有由南北兩端往中部地區逐漸分布的現象，所以臺灣中部的河川生物多樣性最高，其中又以烏溪為最。

東部因河川環境條件較差，能夠留存的魚種較少，卻因和西部隔離時間頗長，產生一個特有的種類——臺東間爬岩鰍。相對地在中央山脈以西的河川中，卻另有一個相近種——臺灣間爬岩鰍，這種東西兩地各有相近似物種的現象，在鳥類（東部烏頭翁和西部白頭翁）、

2

1_ 只分布在大甲溪上游的臺灣櫻花鉤吻鮭
2_ 纓口臺鰍只分布在北部和中部的溪流裡，體色花紋變化非常大，中部常見全身體色灰黑者。
3_ 分布在中部的埔里中華爬岩鰍
4_ 分布在東部的臺東間爬岩鰍
5_ 分布在北、中部的粗首馬口鱲

3

5

4

蟹類（東部臺灣扁絨螯蟹和西部合浦絨螯蟹）也都有一樣的例子，這也說明地理屏障的確會影響各種不同類群生物的分布。

除了上述的純淡水性魚類之分布現象外，尚有一些河海洄游的魚類，包括鮭目、鰻鱺科、鰕虎亞目、湯鯉科等，亦有明顯的分布區劃現象。例如香魚的分布係以北回歸線以北為界（銀魚亦相同），而鱸鰻及白鰻之分布則略呈南北互為優勢的現象。

4 從獨一無二到原始棲地消失

臺灣沒有任何兩條溪流的魚類組成是相同的，雖然有些溪流在水利署（河川情勢調查）和其他單位[1]的努力下，已經有相當明確的魚類組成紀錄以及生態紀錄[2]，但仍有許多溪流魚種和生態區系的詳細資料需要再做整理。

近年來，臺灣各地都發生非常嚴重的不當放生和放流事件。許多外來種入侵，加上跨河系的放流行為，破壞了原始生態，譬如原本只分布在南部和東部的高身白甲魚和何氏棘鲃由於不當放流，已經廣泛分布在北、中部各大河系。原本不存在東部的粗首鱲、馬口鱲、臺灣石𩵚和粗糙沼蝦等西部原生物種，也因為不當引入，已經喧賓奪主成為東部河川的優勢魚種。

上述現象除了原有的特殊生態遭到嚴重破壞，更使得各地原始物種多樣性受到大幅擾動，研究動物地理的條件完全喪失了！

二、一魚知秋：臺灣河川的生態特色與指標物種

1 上游到下游，鱒魚到烏魚的五種分區

淡水魚的種類會因棲息環境而不同，這些環境包括地形、水溫、溶氧量、底質以及鹽分等。世界各國常依照各地之特有典型魚類，將每一條河川予以分區，以作為河川環境的指標。

臺灣許多主要河川的起源地都超過三千公尺，然而，有魚類棲息的河段，最高僅二千公尺左右，因此在各河川最上游大都沒有魚類生存。雖然高山地帶有為數不少的高山湖泊，目前尚未發現任何魚類棲息，其原因並非魚類不能生存於其間，可能是魚類的起源較晚。河川或湖泊形成之後，因上下游之間交通極為困難，因此魚類無法順利分布到較高海拔的地區。

然而，人為移植往往會改變魚類分布的界線。例如屏東縣政府在一九七九年將鯉魚放流到臺東縣境內的巴油池（小鬼湖），結果造成海拔二千公尺的巴油池中，鯉魚大量繁殖生長，將湖中的原生水草與罕見的海綿吃得精光。前幾年有一些登山客，將虹鱒放流到將近三千公尺高的七彩湖，目前現況尚未可知。我們曾經接到民眾從海拔三五二〇公尺的雪山翠池撈獲泥鰍標本，很顯然是民眾放生的物種。南投縣卡社溪中有數量頗多的虹鱒，也是經由人類放流後自然生長成為天然族群。這些都會影響原生魚類的天然分布狀況。主管機關曾經研究希望能夠找到有效的移除方法，但最後仍是無功而返。

在自然環境中，我們可以按照已有的魚類海拔分布，將一條河川的環境分成五區，由上游往下游依次如下：

第一區是鱒魚區：

水質清澈的環境條件，水溫通常低於攝氏十五度，溶氧量充足，水流較快，底質以石礫為主，水中營養較貧乏。在臺灣原本只有大甲溪上游海拔一千五百公尺以上的河段才有鱒魚棲息。雖然在同個區域裡，還有少數的臺灣白甲魚（臺灣鏟頜魚）和纓口臺鰍，但是這二種魚類適應力較強，可以分布到較低海拔的河段中。另外在濁水溪上游支流的卡社溪，海拔超過二千公尺的河段，棲息著人為放流的虹鱒，獨占這段沒有原生魚類的高山溪流。

第二區是臺灣白甲魚（臺灣鏟頜魚）區：

大約在海拔一千五百公尺以下的河段，最低海拔因為不同河段的水文特性而有所差別。臺灣白甲魚（臺灣鏟頜魚）雖然也能分布到鱒魚區，但是牠對於低溫的容忍能力尚不及鱒魚，因此，在冬季會下降到較低海拔之河段，待春天水溫回升後，再上溯到較上游地區。本區的環境特性是水流清澈且湍急，溶氧充足，石礫表面長滿附著性矽藻類，水溫通常在攝氏十五度到二十五度之間。由於本種是分布最廣的魚類，除了少數小型河川之外，大部分河川均可見其蹤跡。

以同一條河川而言，臺灣白甲魚（臺灣鏟頜魚）往往分布在較上游河段。然而有些河川因為流域較短，下游水流仍急湍，且水溫低，因此牠可以一直分布到相當低海拔之河段。例如立霧溪的支流砂卡礑溪下游，海拔約五十公尺，即有此魚之分布。新店溪之直潭壩水域中，冬天常可見其蹤影，甚至會下降至碧潭堰一帶。

夏季因水溫上升，所有的臺灣白甲魚（臺灣鏟頜魚）會上溯至較低水溫的中上游段，如果繼續生活在水溫過高的河段，魚體會越來越消瘦，所產的卵孵化率也會急劇降低。本區河川中尚有纓口臺鰍、臺灣間爬岩鰍、臺東間爬岩鰍等具有代表性的種類。

第三區為臺灣石𩼧區：

主要在河川中游，約海拔八百公尺至二百公尺左右之區域間，大部分河川尚未流出山區。在這些區域中，因兩岸地形尚未大量開發，水流量較大而稍緩，往往淵瀨交替，水溫較高，夏季約在攝氏二十度到二十五度左右。

水中營養鹽較豐富，各種藻類、水生昆蟲繁生。最具代表性的魚類是臺灣石𩼧。本區的典型魚類還有長鰭馬口鱲、外來種平頜鱲、粗首馬口鱲（粗首鱲）、何氏棘鲃、埔里中華爬岩鰍、臺灣鬚鱲（馬口魚）、沙鰍、中間鰍鮀和陳氏鰍鮀等。臺灣東部原本沒有石𩼧分布，目前少數地方有人為放流後的族群。

臺灣石𩼧俗稱石斑，中小型個體體側橫紋較明顯。原本只分布在臺灣西部的溪流中，近年來才被放流至臺灣東部河川。

1

2

3

第四區是鯉魚區：

河川流出山區到了平原之後，因為河床變寬、流速減緩，許多上游沖刷下來的泥砂開始沉積，水中浮游生物容易繁生，水色較混，溶氧量較低，生活於此間的魚類以濾食河底的有機物或水中之浮游生物為食，或是雜食為主。代表性的魚類是鯉魚。其他典型魚類還有鯽魚、翹嘴紅鮊、紅鰭鮊、羅漢魚、𩼧等，外來種的吳郭魚主要也分布在這一個區域裡。

1_ 鯉魚有各種不同的養殖品系，體型也有差異。
2_ 俗稱總統魚的翹嘴　，喜歡在河川下游或是湖庫中棲息。
3_ 俗稱尖嘴仔的羅漢魚（雄）體側鱗片黑斑明顯，因此又被稱之為麥穗魚。
4_ 鯽魚喜歡在水草茂密的緩流區，或是池沼中棲息。
5_ 俗稱苦槽仔的鰲，在河川下游或池沼中相當普遍。

4

5

第五區為河川最下段的烏魚區：

因為河川下游經常受到海水漲退之影響，鹽度變化極為劇烈，此段鹽度不穩定的區域稱為「半淡鹹水區」。在此區域生長的魚類對於鹽分變化的適應力頗強，稱之為「廣鹽性魚類」，例如大肚魚、吳郭魚（慈鯛和口孵魚）、烏魚類等，其中尤以鯔科的魚類最普遍。此區水流較緩，河底多沉積有機物，溶氧量也較少，混濁度較高，只有一些適應力較強的種類才能在此區域中存活。

1

2

1_ 海洋洄游中的烏魚
2_ 大肚魚（雄）
3_ 短吻小鰾鮈

2 從河川到湖沼，魚類的特殊適應機制

淡水魚類的棲息地主要有河川和湖沼之分，兩者因水的特性不同，會有不同底質、藻類、水草、無脊椎動物相、溶氧量、溫度變化等，連帶影響到生活於其間的魚類組成。

河川或湖沼因水流速度、溶氧量、pH值、溫度和食物供給狀況的差異，而生存著不同的魚類。以河川中游來看，雖然魚的種類相當多，但是仍可看到明顯的魚類分布差異，例如爬鰍科魚類一定棲息在急湍的瀨區，大眼華鯿喜歡在瀨區直下方的潭淵區活動，短吻小鰾鮈則喜好在石礫質的河底覓食，花鰍卻只見於潭邊水流緩慢又有泥砂沉積的底部活動。

河川的原始環境受到外界因素影響而變化後，水中的生

指標生物

由於某些魚類對於環境的選擇性極強，因此可以從河川裡所棲息的各種典型魚類得知河川環境的等級為何。同樣地，各種水生昆蟲、軟體動物、節肢動物（蝦、蟹）或是水生植物（大型的水草及小型的藻類），也都有相同的分布性差異。這些可以當作環境指標的生物，就叫做指標生物。

3

1

物相必然會有極大的改變。例如原來水流較湍急的河川中，溶氧極為充足，被築壩取水之後，水流量會減少，溶氧量也會降低，河川中的生物相隨即發生極大改變；從藻類、水生昆蟲的種類組成和族群數量變化，間接影響到生活於其間的魚類組成。

有時因某種汙染的發生（物理性、化學性或生物性），也會直接或間接影響生活於其間的生物組成。例如香魚只能生活在無汙染的清澈溪流中，如果河川受到汙染，就無法生存，我們只要察覺香魚分布的變化，就可以了解河川受到汙染的情形。

有些魚種特別能忍受汙染的水質，例如吳郭魚、大肚魚，在汙染嚴重的水域裡經常可找到牠們的蹤跡。然而極度嚴重的汙染水域，幾乎所有魚類都無法生存，例如在枯水期的淡水河下游、基隆河下游、中港溪、大肚溪、朴子溪、北港溪及二仁溪等河川下游，可能因工廠廢水，或因都市民生廢水的汙染，曾經有一段時間很少有魚類的蹤跡。近年來，大家重視河川汙染的整治，有些魚類才又慢慢地再回到這些地方來。

2

1_ 會呼吸空氣的蓋斑鬥魚
2_ 大彈塗魚（圖片來源：© opencage.info, via Wikimedia commons.）
3_ 臺灣馬口鱲
4_ 原本極為普遍的中華青鱂已經瀕臨絕種

除了因環境不同而影響魚類分布之外，各種魚類的特殊適應性構造亦是影響其分布的主因之一。例如在河口泥沼中，除了要忍受潮水周期性之漲退變化，還得適應汙泥和低溶氧的惡劣條件，因此只有像彈塗魚等魚類才能夠在這裡生存。牠們擁有許多特殊的能力，例如利用皮膚及溼潤的鰓腔呼吸，並且可藉著像手柄狀的胸鰭在地面爬行，甚至可利用腹鰭所特化的吸盤攀爬到樹幹或堤岸上。

縱使是在同個河段裡，也可看出不同魚類的適應習性。有些魚類喜歡在水表面附近活動棲息，如外來種大肚魚和原生的中華青鱂；有些喜歡在水體中到處游動，如粗首馬口鱲；有些在水底層四處穿梭自如者，如鰍鮀；喜歡底棲攀爬石頭上者，如爬鰍科和鰕虎科魚類等。

從牠們是否具有特別高聳的雙眼、流線型的身體、吸吮式的口部或是特殊的攀附性構造中，很容易看出其適應環境的特徵。不同的魚類還有各種不同的身體構造，能和環境融合得極好。

4

3

1

三、那些洄游魚群告訴我們的事

1 河川內洄游性魚類

我們所熟知的臺灣櫻花鉤吻鮭和島內最普遍的臺灣白甲魚（鏟頷魚），都是在河川內洄游的種類，因為牠們在產卵的季節，必須從平常水溫較高的河段，溯河到水溫較低的河川上游產卵。例如櫻花鉤吻鮭平常可以分布到水溫攝氏十七度左右的較下游水域，然而產卵地區的水溫則必須低於攝氏十二度，否則卵的孵化率就急遽降低。

一九九五年之前的七家灣溪，被十幾個防砂壩分割成好幾段，又沒有魚梯設施，當年的調查發現，許多分布在中下游的鮭魚無法洄溯到適當低水溫的上游，只好勉強擠在根本不適合繁殖的防砂壩下方

1_ 大甲溪七家灣溪匯流口以下
2_ 七家灣溪是臺灣特有的櫻花鉤吻鮭（亞種）的野生動物保護區

2

臺灣洄游魚分類

近幾年來，臺灣在淡水魚類分類和生態的研究上，成績斐然。[註]由於臺灣是一個海島，許多魚類都具有洄游習性，以往這方面研究較少，在此簡略說明。

洄游魚的分類（摘自後藤等，1996）

I. 洄游性魚類

A. 降海洄游魚（Catadromous fish），例如鰻魚。

B. 溯河洄游魚（Anadromous fish）

❶ 溯河洄游型個體群（Anadromous population），例如鮭魚。

降海型（Sea-run form）

殘留型（Resident form）

❷ 河川型個體群（Fluvial population），例如臺灣的櫻花鉤吻鮭。

❸ 河川、湖沼型個體群（Fluvial-lacustrine population），例如河鱒。

降湖型（Lake-run form）

殘留型（Resident form）

❹ 湖沼型個體（Lacustrine population），例如湖鱒。

C. 兩側洄游魚（Amphidromous fish）

❶ 兩側洄游型個體群（Amphidromous population），例如香魚、吻鰕虎、杜父魚。

❷ 河川、湖沼型個體群（Fluvial-lacustrine population），例如湖香魚。

❸ 湖沼型個體群（Lacustrine population），例如湖產杜父魚、扁圓吻鯝。

II. 非洄游性魚類（Non-diadromous fish）

❶ 河川魚（Fluvial fish），例如臺灣白甲魚（鏟頷魚）、鯉魚、鯽魚。

❷ 河川、湖沼魚（Fluvial-lacustrine fish），例如大眼華鯿。

❸ 湖沼魚（Lacustrine fish），例如鯽魚。

❹ 汽水魚（半淡鹹水魚，Brackish water fish），例如烏魚、鱸魚。

❺ 海水魚（Marine fish），例如鯖魚、旗魚。

註：例如農業部生物多樣性研究所的人員，相當認真且有系統的研究臺灣各地的淡水魚類，其他諸如農業部林務署、農水署、水保署、經濟部水利署、國家公園、國家風景區管理處和一些縣市政府等許多單位的努力投入，都讓臺灣淡水魚類生態的研究建立了相當的基礎。

產卵，結果全軍覆沒！幸而有些防砂壩自然崩毀，雪霸國家公園管理處也陸續主導了五處關鍵的下游防砂壩拆除工作，使得櫻花鉤吻鮭得以順利上溯產卵。

另一種常見的臺灣白甲魚（臺灣鏟頷魚），平常是在水溫攝氏二十五度左右的溪流中廣泛分布，然而在產卵季節裡，成魚會千方百計溯到水溫低於攝氏十七度到二十度以下的河段產卵，因此每年春夏兩季都可發現牠們的成魚在溯河。

目前北部地區幾個水庫（翡翠水庫和石門水庫）裡的香魚和一些溪哥（粗首馬口鱲、長鰭馬口鱲和外來種的平頜鱲）幼苗，大都在水庫區域裡繁殖成長。每年到了梅雨季節，牠們會成群往河川上游溯河，主要是尋求更好的覓食場所。因此，這段時間可見許多小型魚苗溯河，特別在一些急湍附近，經常可看到蹦蹦跳跳的小魚，一些沿岸居民就會擺出籮筐在急流附近，等待小魚自動跳進來。

不同的季節裡，生物們會在河川中上上下下的游動，主要的運動模式都是以跳躍為主。這部分的生態研究，還需要更多人參與，例如每個地方洄游的種類為何？洄游時的魚類游泳速度有多快？能夠跳多高？基礎資料的建立仍有必要繼續加強。

2 河海交會處的洄游性生物

臺灣的河海洄游性生物大概有一百種左右的魚類，三十種左右的蝦蟹類，其中某些是降海產卵的種類，例如鱸鰻、白鰻、東西兩岸的兩種毛蟹，以及大部分的沼蝦和米蝦都屬於此類型。

臺灣河川環境特殊，每條河川中的洄游性生物種類組成與洄游生態都不完全一樣。本文主要以東部秀姑巒溪的洄游性生物生態為例；至於其他地區的同一物種，則會因緯度不同以及地理環境因素（例如雨季）不同而有差異，皆須加以修正。

・秀姑巒溪的鰕虎奇觀

鮭魚是溫帶地區的洄游性魚類，經濟價值高，更因其洄游過程歷經各種艱辛與困難，而廣為世人所熟知。而在亞熱帶氣候的臺灣，卻有著與鮭魚同等地位的洄游性生物——鰕虎科魚類。

1_ 秀姑巒溪魚苗上溯
2_ 秀姑巒溪口
3_ 大吻鰕虎
4_ 短吻紅斑吻鰕虎
5_ 斑帶吻鰕虎

1

3

4

5

2

鰕虎經濟價值低、體型小，因此常被忽略；然而，此科魚類卻是亞熱帶地區河海兩側洄游性的代表性魚類，牠的洄游行為所形成的生物奇觀和生物學上所具的意義，卻絕不亞於屬溫帶地區的鮭科魚類！

臺灣洄游性的鰕虎類可能有十餘種，大部分都在淡水河中上游的石頭底部產卵。親魚會選擇適當的扁平石頭為產卵場，並將石頭底部的底沙清除，用嘴挖出一個小洞穴，再將卵塊黏附在石頭底部。幼魚在數天之後孵化，並於一至二天之內隨水流入海中，在海洋中度過一段「浮游時期」。這段海洋生活時期的長短因魚種不同而異，例如日本禿頭鯊在海洋中約度過六到七個月，而大吻鰕虎則只度過一個月。

經過一段海洋的浮游時期之後，這些幼魚便集體從海洋上溯到淡水河川內，進入河口後，鰕虎便進入了一個截然不同的生命階段。這些魚苗通常是成群活動，因為物種間的生存競爭和外在環境的壓力，使得大部分魚苗繼續往上游河段遷徙，這和鮭魚為了產卵而上溯的目的是不同的，卻同樣形成了洄游的生物奇觀。

洄游性鰕虎的溯河活動從早上開始，中午是高峰期，直到天黑才結束。由於鰕虎都是集體運動，因此短短幾小時便可捕獲超過十萬尾以上，大部分是大吻鰕虎和日本禿頭鯊。尾隨這些遷徙性鰕虎之後的是一些較大型的掠食性魚類，如棕塘鱧也會一同被捕捉。鰻苗和蝦苗則是在夜間遷徙，捕捉到的鰻苗以鱸鰻居多，白鰻在河川內較少，而在冬季河口的撈捕則較多。蝦蟹苗在數量多的時候，也可見成群結隊的上溯情形。

大吻鰕虎開始大量溯河的時間主要從農曆三月底開始，持續至六月底。上溯魚苗大部分在農曆月底的大潮左右數天和農曆月中時，利用漲潮時機進入秀姑巒溪。魚苗皆利用潮水從低潮回漲到高潮的時機溯河，約在當天第二次漲潮的最高潮前後約五小時中進行。就在這短短幾個小時中，魚苗數量約在數萬隻到十幾萬隻不等，其壯觀程度可想而知！

進入河口後的大吻鰕虎會先在河口區域，也就是秀姑巒溪長虹橋以下到入海口的廣大流域，滯留一段時間。依大吻鰕虎耳石（魚類左右兩側內耳的三對平衡用礦物結晶）觀察輪數的結果得知，其停留時間分為兩種：大量族群溯河之前，會有少數魚苗先行進入河口，也就是在二、三月時溯入秀姑巒溪，停留在河口約一個月；主要族群大量集體溯河則於四、五、六月，停留在河口時間較短，約僅十天左右。

為何有這種停留時間的差異？可能是因水溫和溯河數量的多寡而有所不同。二、三月時水溫尚低，魚苗活動力較弱，溯河數量極少，生存競爭的壓力較小，故造成遷移的動力也較弱。四、五、六月時水溫回升，上溯魚苗數量從數萬隻到十幾萬隻，生存壓力巨大，迫使魚苗必須早日繼續溯河。

經過河口區域的停留之後，透明的大吻鰕虎苗從全長一．八公分成長到二．三公分左右，隨即集體往上游遷徙。上溯行為皆發生在白晝，夜間則在岸邊緩流或淺流處休息。魚苗上溯時，若數量極多，會排成約二十公分寬的帶狀；若數量較少，則成分散的小群體，沿著岸邊約一公尺以內的距離往上游游去。游泳速度約每秒〇．二到〇．二五公尺。如果水流速度過快，則會以腹部吸盤吸附在急流邊的淺水區或是溼潤壁上，慢慢地攀爬上去。

・日本禿頭鯊、鰻、蟹、蝦的生命故事

目前在秀姑巒溪記錄到的洄游性魚類約有十五種，以大吻鰕虎數量最多，日本禿頭鯊次之，其餘尚包括一些珍貴稀有的鰕虎科魚類、湯鯉科、塘鱧科、鯔科等魚類和富經濟價值的鰻苗等。從耳石的技術我們可以清楚知道，這些魚苗的仔稚魚在太平洋沿海度過一段時期之後，便會進入河川，進行另一階段的生活史。以大吻鰕虎和日本禿頭鯊為例，各自在海洋中約度過一個月和七個月才進入秀姑巒溪，之後依各物種的游泳能力、攀爬能力以及生活環境條件要求差異，分布於不同的河段。

日本禿頭鯊

在秀姑巒溪中，另一種主要的洄游性鰕虎是日本禿頭鯊，這也是當地居民最喜愛的吻仔魚。在海洋中約度過六到七個月的浮游時期之後，牠們分批集體溯入秀姑巒溪。

根據我們的研究調查，已知大吻鰕虎和日本禿頭鯊可以洄游至玉山國家公園境內的拉庫拉庫溪中下游，距河口約八十公里之遠，尤其日本禿頭鯊竟能爬過十幾公尺高的瀑布進入黃麻溪，其溯河能力實在是蔚為奇觀！

1

1_ 日本禿頭鯊
2_ 日本禿頭鯊幼魚和洄游性蝦苗夜間溯河的情形

日本禿頭鯊第一次大規模集體溯河是在農曆年左右，一直到颱風季節之前都還持續著。數量最多的季節在二到五月之間。來到河口處的日本禿頭鯊全長約三．五公分，不但體型約為大吻鰕虎的兩倍，游泳能力也比大吻鰕虎強。在出海口處以及長虹橋上游的溯河行為和大吻鰕虎類似，就連前進的路徑都一樣，但是在河口區域的停留時間較短，約一至二天之後便集體上溯。

鰻

在魚類之中，鱸鰻和白鰻是臺灣最珍貴的兩種洄游性魚類，河川中則以鱸鰻數量較多。白鰻主要棲息於北部河川下游和河口地區，南部和河川中上游河段則較少。鰻魚的洄游行為至今仍未完全了解。以白鰻為例，成鰻大多在秋冬之際下海，游到東南方數千公里外的馬里亞納群島附近（北緯十四到十六度，東經一三四到一四三度）的太平洋中產卵，每尾成鰻可產出約七百到八百萬粒的卵。卵孵化後是扁平狀的柳葉狀幼體，體長約七到十五公分。歷經半年以上的漂流變態，在每年冬季時游至海岸河口附近，體長約五到六公分，身體已變態呈細長的透明狀。

這些鰻苗大都先棲息於河口感潮河段的泥地中，一直到初夏時才逆流而上，在河川中、上游成長，可達數公斤重，經濟價值極高。

2

1_ 可以活數十年和長到數十公斤的鱸鰻
2_ 牙籤大小的鰻苗是在深海裡出生之後，經過半年的漂流才來到臺灣沿岸。
3_ 鱸鰻苗爬水邊的岩壁

鱸鰻的鰻苗終年在各地溪口都可以發現，以夏季五、六月之間最多。透明的鱸鰻鰻苗雖然目前仍不清楚其出生地，但由耳石的日輪（每天沉積一輪）分析可看出已經出生五個月左右了。這些鱸鰻鰻苗毫不停留、繼續往河川上游溯河。根據我們的觀察，鰻苗需要在河口半淡鹹水區停留半年左右，長到大約十五公分左右才會繼續上溯。但是因為臺灣大部分河口環境汙染較為嚴重，只有極少數的鰻苗可以度過這段時期，繼續往河川上游洄游長大，成為大型鱸鰻。

鰻苗溯河時都以蛇狀的擺動和黏貼方式鑽行於淺水邊，因此在設計魚道時，必須有特別的鰻魚道，或是在一般魚道內附設可供鰻魚攀爬的繩索，才能夠讓鰻魚順利上溯。

1

2

3

4_ 字紋弓蟹大眼幼蟲溯河
5_ 字紋弓蟹大眼幼蟲

4

#蟹與蝦

根據經年在秀姑巒溪畔活動的居民們告知，夏季時，偶爾會看到許多小螃蟹成千上萬的爬行在急流的水邊，或是直接爬到石頭上，企圖越過湍急的河段。這種小螃蟹是字紋弓蟹的大眼幼蟲。牠們驚人的集體洄游現象，以往僅在印度和斐濟兩地有過報導，臺灣尚未有人發表過如此壯觀的生態景象。

字紋弓蟹在秀姑巒溪上溯的季節似乎相

5

當長，甚至在冬季十一或十二月間仍有相當數量的大眼幼蟲自海中溯入河川之內。根據觀察，這些冬季溯河的大眼幼蟲會先在河口棲息一段相當長的時間，變態成為幼蟹之後數月，才於隔年四月間繼續上溯河川中游。相反地，在夏季裡溯河的大眼幼蟲很可能在大水過後大量出現，並直接溯河進入河川，不停留直接往上游溯河。因此，在許多魚苗陷阱的地方可以觀察到數量頗多的大眼幼蟲和剛變態的幼蟹。

秀姑巒溪以往以盛產大螃蟹著稱，目前也有不少以捕捉蝦蟹為樂的業餘村民，以及捕捉毛蟹與溪蝦維生的職業漁民，以臺灣（直額）扁絨螯蟹為主要捕捉對象，金神沼蝦和臺灣沼蝦則為輔。目前臺灣扁絨螯蟹的數量雖然已經不如以往豐富，但是在許多急流區附近的礁石灘，仍有相當多的數量。職業漁民通常會先觀看水底或是河岸的石頭上，是否有毛蟹雙螯刮食附

1

1_ 只分布在臺灣東部的臺灣扁絨螯蟹遷移中
2_ 俗稱過山蝦的貪食沼蝦，可以長得相當大，屬河海洄游蝦類。

著性藻類所留下來的痕跡，決定是否放蟹籠捕捉。

臺灣扁絨螯蟹是一種僅分布於臺灣東部的特有種洄游性生物，幼蟹在河川中成長約兩年即可成熟，生殖季節的降海洄游期為一到五月之間（臺灣西部的合浦絨螯蟹是在九到十二月之間）。此時成蟹會順流而下，在河口或內灣的海域產卵，抱卵數約為八萬九千到二十八萬九千粒之多。產卵期在三到七月之間，以六到七月為盛產期。親蟹在繁殖過後就會死亡，不會回到河川中，因此本種壽命僅約二到三年而已。受精卵在海水中孵化後，經過數度變態，大約十六天後可以變態成為甲寬約為一・五五公釐的大眼幼蟲，隨即成群上溯至淡水河川中繼續成長。此時也有許多字紋弓蟹的大眼幼蟲一併上溯，後者體型較大，甲寬約三・八七公釐。

每年六至八月之間，可在河口附近採

2

1

集到臺灣扁絨螯蟹的大眼幼蟲，然而卻不容易看到成群大眼幼蟲上溯的情形，只有在某些特定的日子（可能只有幾天）才可看到。以上都僅止於原住民的描述，還需要更多科學性的調查紀錄加以證實。

關於這兩種蟹類分布情形的初步了解，毛蟹會上溯到數十公里之遙的中央山脈山區，在小山澗之中成長；字紋弓蟹則僅分布在下游數公里的各主支流地區。

這兩種蟹類都是雜食性且成長快速的淡水蟹，是河川中的清道夫。臺灣扁絨螯蟹體型頗大，可至八到十公分，約二百至六百公克以上，一直是人們喜好的食物對象。字紋弓蟹雖然數量

1_ 臺灣西部的合浦絨螯蟹幼蟹夏季溯河的情形
2_ 沿著攀爬繩往上溯的小毛蟹和靠著腹部吸盤爬牆壁的日本禿頭鯊

亦相當多，由於比較兇猛而且體型比毛蟹稍小，一般人較不喜歡捕捉。近年來由於天然環境改變以及人為大量捕捉，這些珍貴的蟹類數量有減少的情形。

除了蟹類之外，洄游性淡水蝦類資源亦相當可觀，牠們的洄游習性非常特別，也可能有許多前所未知的生態習性。

根據我們以往的野外觀察發現，東部的淡水蝦類在冬季（農曆年之前）會成群結隊降海，降海的蝦子以剛交配過後的母蝦為主，都是趁白天時順流而下，在河口附近即可看到抱卵的母蝦。蝦苗在海洋中成長一段時間之後，會在夜間漲潮的時間成群結隊上溯，每年五、六月之間在河邊可以看到密密麻麻的溯河蝦苗，蔚為奇觀。然而詳細的資源調查報告尚待更多研究與累積。

2

四、水中危機——淡水魚面臨的困境

臺灣河川中的生物多樣性極高，各種生物的生態習性極為特殊與迷人，這些故事彷如神話一般精采，然而，要看到此種景象實在非常不容易。主要是近年來整體河川的環境劣化得相當嚴重，要看到文中所說的生態奇觀相當困難。所幸過往從事調查的時候，還留有一些紀錄影像，得以證明這樣的生態曾經存在過。

目前臺灣淡水魚類面臨諸多危機，原因大致如下：

1 水資源短缺或極度不均

臺灣多高山，許多河川的中上游集水區均係山地，流短而急促。季節降雨量變化大，而有旱澇兩季之分，例如中南部冬季大半是乾旱時期，夏季則常有颱風及雷雨。以往臺灣山地森林茂密，保水力極強，縱使數月未曾下雨，因森林蓄水量充足，也可確保下游河川有充沛水流。

近數十年來，高山森林遭受超限砍伐，無法涵蓄雨水。雨季帶來的豐沛雨水，往往快速流失，不僅在多雨季節造成水災頻傳，亦在枯水時期形成乾河慘象。

臺灣的天然水源因為雨量分配不均，造成水資源的利用不便，因此，政府在各地廣建水壩、水庫以便調節用水。如此一來，對於水庫以下的河段生態便造成相當大的影響。以新店

濁水溪集集攔河堰是臺灣水資源開發的重大案例之一

溪為例，近年來常常在天旱的季節裡，上游堰壩偶爾關了閘門，下游秀朗橋到福和橋一帶，就會因清水稀釋量減少，溶氧量減低，汙染濃度相對提高，發生魚類大量暴斃的情形。相信住在臺北的人，每年都會看到幾次這樣的新聞報導。

這種現象普遍發生在臺灣各地的河川中，所以住在河川中下游的生物得要忍受旱澇異常極端的環境變化，實在可憐。雖然政府對於水資源開發，大都訂有生態基流量的規定，希望藉由排放可以讓生物度過乾旱季節的危機，但是有些管理單位搶水甚兇，那些不會講話的水族就成為犧牲品了。

1

2 水汙染

臺灣河川之中，唯有東部少數溪流較少遭受汙染的破壞，其餘大部分河川的中、下游均已有某種程度汙染，有些地區（如大甲溪）甚至連上游都遭受嚴重汙染。原因不僅是工業（如中港溪、後龍溪、大肚溪、曾文溪、二仁溪、花蓮溪等）、都市（新店溪、淡水河、南崁溪、大漢溪、頭前溪、大里溪等）汙染，農業汙染也頗嚴重（蘭陽溪、冬山河、大甲溪、濁水溪、高屏溪等）。農藥等急性化學物質所產生的危害，各種過高濃度有機廢物的大量排放，都會造成河水溶氧不足，水質優養化或水質惡化等情形，導致魚類大量死亡，或者無法生存下去。

3 人類濫捕與永續的思索

臺灣各地風景名勝經常可見小吃店或餐廳裡擺著各種溪魚待售，這些魚類大部分是電捕或用刺網捕捉，且由一些職業漁民經年累月供應。前幾年，各地鄉村早市也常有村民販售電捕或網捉的溪魚，尤其是一些靠近河川的市鎮，諸如新店、三峽、坪林、竹東、苗栗、卓蘭、東勢、草屯、埔里、竹山、玉井、甲仙、六龜、美濃、旗山、宜蘭和羅東等地特別多。這幾年來卻越來越不容易看到這類市集了。

許多人以為一般野生的溪魚比養殖魚類好吃，且能補身，其實不然。養殖魚原本也是野生種，前人歷經千百年的經驗和育種挑選，才培選出最適合我們養殖和食用的種類。因此，養殖魚比起一般的野生魚相對好吃。如果我們了解，應該就能接受不吃一般溪魚的建議了。

1_ 烏來老街的小吃有溪蝦和溪魚（圖片來源：阿道，via Wikimedia Commons）
2_ 南投風景名勝日月潭

2

平心而論，河川中魚蝦之經濟利益，如果只想到吃的用途，其價值並不高。若能知曉其在生態系中所扮演的生態系統服務的價值，就更能重視這些生物在自然界中扮演的重要角色。例如如果在河川中看不到蝦蟹類，是否可能顯示水中有過多的殺蟲劑等農藥？這種警示意義相當重要。此外，臺灣有很多賞魚步道（如新北市坪林區金瓜寮溪、苗栗縣南庄鄉蓬萊溪、嘉義縣阿里山鄉達娜伊谷），之所以吸引遊客的原因，是因為溪裡的魚。如果這些小溪的魚都進入山產店，就無法為當地帶來永續的旅遊經濟收入了。

4 外來種與魚類放流問題

臺灣各地溪流或是池沼湖庫中，充斥各種外來種魚類，最早引進的大都是中國大陸產的養殖性鯉科魚類，如鯉魚、青草鰱鱅等四大家魚，之後則是為了滅蚊使用的大肚魚和觀賞用的帆鰭胎生鱂魚（立帆魔利）、孔雀魚、毛足鬥魚（三星攀鱸）等。外來種中，最多的是慈鯛科魚類，從早年引自非洲的吳郭魚、尼羅魚和吉利慈鯛，近年有更多中南美洲的慈鯛科魚類，如巴西珠母麗魚、副尼麗魚、花身副麗魚。其次是甲鯰科魚類，包括幾種琵琶鼠（異甲鯰）、大鬍子異形（長鰭鉤鯰）。其中危害相當嚴重的鱧科魚類，包括俗稱魚虎的小盾鱧、線鱧（泰國鱧）。

近年來，各縣市政府和民間團體積極放流魚類，除了放流香魚、鰻魚之外，也有一些養殖性魚類。可惜尚無法利用原生種魚類進行繁殖、養殖及魚苗放流。

有的地區因為引進外來種魚類（包括不同河川魚類的移植），已造成相當程度的生態破壞。例如東部地區引進西部地區極為常見的粗首馬口鱲和臺灣石𩼧，危害到該地珍貴的高身白甲魚等種類；而原本只分布在臺灣東部和南部的高身白甲魚和何氏棘䰾，近年來被廣泛的放流到中北部河川中，結果適應能力超強，威脅到當地的生態。檢驗濁水溪的何氏棘䰾的胃內涵物，發現大部分是當地小型的底棲魚類（如陳氏鰍鮀）和蝦類，該種魚類的成長體型超大，顯示其威脅性不容小覷。

北部淡水河水系、頭前溪、中港溪和中部大甲溪等地，有越來越多原本只分布在宜蘭龍潭湖的扁圓吻鯝大量繁生的情形。新北市雙溪因為引進肉食性的唇鮹，使當地盛產的溪蝦越來越少。

越域放流的問題相當嚴重，雖然所放流的物種是臺灣原生種類，然而放流結果破壞了原本生物自然分布的情形，想再進一步用淡水魚類的分布去分析臺灣的動物地理關係，已經變得不再可行。

花蓮海岸山脈的溪流（九岸溪）到處都有防砂壩

我們對於河川的生態應採取尊重自然的態度，然而，在過渡期或是不得已的情況下，也得要採取必要的放流工作來做補償。例如一條河川的中下游，如果因為乾涸斷流、生物廊道中斷（例如興建了固床工、防砂壩或堰堤而缺少適當的魚道）、水質汙染等問題，導致河海洄游的物種無法自然往來，須採取一些補救措施，其終極目標仍是解決上述問題。

花蓮溪河口是眾所皆知的高度汙染的河段，其中上游的河段物種多樣性較差，在還未能解決汙染之前，是否可考慮將其他河川之豐富河海生物資源，放流到花蓮溪的中上游？在一些堰壩阻隔的河段，也可考慮將下游無法自然上溯的魚蝦蟹類，以人為方式採捕搬運到上游。類似案例在國外比比皆是。

五、讓生態活回來

臺灣淡水魚保育的工作，近二、三十年來如雨後春筍般展開。

1 保育基石

・溪流魚分類調查

魚類分類基礎建立在日治時代以前，光復後很長一段時間斷層，直至一九七〇年代才又開始恢復以形態為主的分類學研究，當時的研究以臺灣魚類相調查為主。

一九九〇年代，開始以分子系統分類技術探討臺灣

立霧溪口

淡水魚類相的形成與演化等問題，成果極為突出，例如淡水魚類之族群遺傳結構與生物學的研究等。此外，尚有利用分子技術進行族群間與種間的類緣關係研究，將臺灣淡水魚類的研究水平往前推進。

・特有種與瀕危物種

針對淡水魚類的生態調查，以臺灣櫻花鉤吻鮭的研究最早、持續最久、最具有代表性。包括棲地特性、族群分布狀況、生態習性和全域集水區的生態環境調查，以及保護區劃定、

淡水魚的研究調查及執行歷程

淡水魚類的分布和生態環境調查工作，早年以經濟部水資會為主，其在各地河川所做的長期調查成績，最為可觀。1990 年代，臺灣省特有生物保育研究中心（現改為農業部生物多樣性研究所）開始進行全省各地廣泛的調查與研究。2000 年代初期，經濟部水利署有鑒於河川情勢調查的重要性，開始從東部幾條溪流開展全臺灣主要河川的情勢調查，目前已執行第二輪。

本計畫所累積的豐富調查成果，對於臺灣淡水魚類分布的了解，建立了相當可靠和完整的基礎。林務局（現稱林業及自然保育署）的全省森林溪流魚類調查工作，各國家公園對於轄區內的溪流生態調查，水保局（現稱農村發展及水土保持署）各分署對轄區內的生態調查，以及其他中央（如北區水源特定區管理分署）及縣市政府等地方主管機關，也有相當多河川生態調查的資料，充分彌補過往對於各河川魚類分布調查不足的遺憾。

人工繁殖、河川棲地改善、防砂壩改修和補設魚道等保育工作，這些都已進行長達十餘年。實際工作陸續達到預期目標，生態學基礎調查和研究也均臻完成。其中尤以成功的人工復育和歷史溪流放流工作，最值得讚許，至今更以長期生態系變遷的研究為核心。

雖然臺灣各地已有從事特定物種或是局部地區持續進行淡水魚類生態研究，然規模仍有限，針對重要的河海洄游生物研究，仍屬空白。筆者與清華大學研究團隊在東部秀姑巒溪、立霧溪、東北角的雙溪、新竹的頭前溪等地的河口與中上游地區，進行長期洄游性魚類生態之調查，應該最具有代表性。

一九九〇年代，政府公布的第一批珍貴稀有保育類淡水魚，包括高身白甲魚、蓋斑鬥魚、鱸鰻等物種。二〇〇八年間這些物種已有相關生物學基礎研究，同時對於其棲息地和族群數量的相關研究和保育工作，也都有很好的成果，因此已從保育類名錄中解除。

・建立完善的漁業法令

關於《漁業法》，漁政單位二十多年來持續討論需要修正，惟目前並無考慮淡水魚類的保護法令。相形之下，某些縣市、鄉鎮的基層單位所制定的區域性規定（封溪護漁河段、禁漁期）反而更積極並且具有實際效益。此外，目前有一些相關條文協助辦理河川生態保育工作，例如《野生動物保育利用法》、《水利法》、《國家公園法》等，有相當程度的輔助功能。

新竹上坪溪上坪攔河堰所引的水是新竹工業園區的命脈。雖然法令明文規定河川要有生態基流量，但是若無確實執行，形同虛設。

生態基礎流量

廣義來說，生態基礎流量應是維護河川生態環境的放流量。

訂定水資源開發時，為了滿足河川生物生存的最低需求流量，也必須要考慮維持河川生態系統的穩定與生態機能。例如濁水溪的水利開發，除了要排放可以讓下游河段魚蝦蟹類安全生活的流量之外，可能也要考慮下游河口段的揚塵抑制和防止鹽害問題。

頭前溪上游水庫的生態基流量除了要考慮下游魚類的需求，也要考慮汙染稀釋問題，否則大新竹地區的民眾有可能飲用到不夠乾淨的水源。

訂定生態基流量的標準雖相當困難，管理單位有無確實落實執行排放生態基礎流量，可能更為關鍵。

2 生態保育成果與工程案例

・建立河川生態保護區

一九九〇年，國內第一件河川生態保育區之籌設工作正式展開，促使相關團體陸續設立。南投縣鹿谷鄉清水溝溪河川魚蝦生態保育區榮生會，千辛萬苦成立之後，帶動其他諸如臺中市大甲溪生態環境維護協會、新北市愛魚協會、高雄三民鄉（現稱那瑪夏區）楠梓仙溪生態保育協會和嘉義縣阿里山鄉山美村等團體的保育工作。由於優越成效受到肯定，新北市烏來鄉桶后溪、臺東縣海端鄉新武呂溪等地的保育工作，也都積極展開，且獲得不錯的成果。近年來，因為各級政府積極推動封溪護漁工作，全國已有八十餘處封溪護漁河段，對於河川生態的保育幫助甚大。

・生態工程的推展

早年因為缺乏河川環境的相關生態資訊，

大甲溪馬鞍壩是台灣電力公司所建的近代第一座大型複合式魚道

許多河川工事在規劃之初就缺少保育的構想，因此對於河川環境產生諸多不友善的作為；只有極少數的工程，有考慮到生態保育的需求。

日治時代台灣電力公司的前身，在開發新店溪的水力發電時，就考慮到新店溪的香魚是很重要的水產資源，同時香魚又是著名的河海洄游生物，因此在興建粗坑壩（舊稱屈尺堰）時，設計了當時對全日本來說都算是相當先進的魚道，用來保護香魚的洄游。這項河川生態工程的效益，一直持續到一九六八年，因下游河段汙染嚴重，和中上游新建堰壩缺乏魚道設計，香魚就此絕跡。

1

2

農業部生物多樣性研究所（二十餘年前的臺灣省特有生物保育研究中心）和水利規劃試驗所（現改為分署），推動相關魚道基礎研究十餘年；近幾年來，在生態學者的倡議之下，許多工程單位已經將生態保育的概念與工程結合，例如林務署、水保署、水利署、國家公園署和台電公司等所做的防砂壩和堰堤工程，逐漸附設魚道設施。

1_ 2023 年整建完成的新店溪碧潭堰附設魚道設施
2_ 大甲溪石岡壩鳥瞰，魚道位於水壩的左側（右岸）。
3_ 大安溪支流烏石坑溪的防砂壩附設魚道，被暱稱為棉堡。
4_ 頭前溪中游的隆恩堰魚道

3

4

1

1_ 頭前溪溯河爬牆的毛蟹
2_ 坪林北勢溪魚道
3_ 桃園大溪的中庄堰魚道
4_ 石岡壩鳥瞰（攝於 2024 年 11 月）

3

2

4

此外，親水性河濱公園與近自然河川工法的河川整治模式，陸續在宜蘭、臺北、臺中、南投、臺南、高雄和臺東等地展開，且看到具體成果。河川工程的普及，更可促進國內河川保育工作的推展。

台灣電力公司曾在新店溪興建全臺第一座魚道，一九九〇年代亦引進新的魚道設計技術，在大甲溪馬鞍壩興建兩座新型魚道，可說是河川生態保育工作成功的典範。其背後扎實的生態調查基礎資料，以及一代代生態研究人員的投入，都是不可磨滅的貢獻。

一九七二年起，新店溪陸續興建三個堰壩，因為都沒有考慮到生態保育的需求，致使河川洄游生物被阻絕於壩下，無法繼續上溯，所以新店溪的生態越來越差。

二〇一八年，新北市政府水利局為了改建碧潭堰，主管機關有鑒於生態保育的重要性，特別要求將魚道納入工程設計當中。筆者有幸受邀協助魚道設計，參考過往此地的生態調查資料和個人長年在此地研究經驗，更受教於日本魚道設計專家的指導心得，設計出一個新的魚道案例。此一魚道係根據本地多樣性魚類的生態條件，找出最適合的水理條件（需要或快或慢的水流速度），並根據所有的魚類洄游習性（游泳或攀爬），設計有較寬廣流速範圍的流場，提供各種生物都能使用。

二〇二三年七月碧潭堰魚道啟用之後，從現地調查和水下監視攝影的紀錄來看，已經發現有超過五十種的魚蝦蟹類會使用本魚道，整體生態保育效益得到證實。接下來在新店溪上游的各個堰壩，也陸續在辦理魚道改善和增設的研究工作，所以這是一個影響相當深遠的案例。

河川生態保育工作除了生物廊道的維護之外，棲地多樣性的創造和保護也非常重要。臺灣曾在九二一地震後推動過一段時間的生態工法政策，其中有些河川工程因此屏棄慣用的水泥工法，改採較為友善的生態工法。

事實上，很多河川生態工法是學習老祖宗的智慧，加上現代化的工程技術而成；也就是從了解自然、尊重自然和善用自然的力量中，幫助我們進行工程。筆者在二〇〇五年曾經參與臺中高鐵站前的筏子溪中和堤防，運用生態工法執行復建工程，採用了柳枝工、階梯護岸、箱籠和蛇籠等傳統工法，完工後經過十幾年自然的考驗，如今幾乎看不到工程的痕跡，且生態狀況良好，備受讚賞，成為大眾討論的焦點。是一個生態工法的代表作。

臺中高鐵站前的筏子溪中和堤防
是運用生態工法重要的示範案例

七家灣溪

奧祕無窮，研究不輟

為了維護河川生態的基本生存條件，「生態基礎流量」的研究和實施極具重要性，尤其是某些高度被利用的河川水資源，或是河川地與周邊環境大量被開發的地區，應及早開始研究。

日前世界各地針對河川生態基礎流量的研究工作，除了少數地區因生態資料較為齊全，而能產生較多相關分析研究之外，大部分國家都處於起步階段，資料也偏向試驗性質。然足見國際間對此問題的重視。

國內相關生態基本流量的學術性研究並不多[3]，至今仍缺乏一套可應用於臺灣相關溪流的標準模式或是方法，因此仍有待努力。許多河川生態保育的工作都需要再加強，包括保育的基礎觀念、技術和管理等，應提升至更高的水準。

我們不過是走過歷史的一小步。筆者有幸看到臺灣河川生態之美，參與過一些個案工作，但面對許許多多生態的奧祕、實務的保育工作，始終走在路上，更待探索與落實。一如洄游的櫻花鉤吻鮭和鰕虎，只要更多人願意參與投入，相信臺灣的河川生態會越來越好。

註釋

1 林務署、水保署、觀光署、國家公園署、農水署、縣市政府

2 例如蘭陽溪、淡水河、鳳山溪、頭前溪、中港溪、後龍溪、大安溪、大甲溪、烏溪、濁水溪、八掌溪、北港溪、二仁溪、曾文溪、高屏溪、和平溪、立霧溪、花蓮溪、秀姑巒溪、卑南溪，以及其他獨立出海的中小型溪流，如雙溪、大溪川、磺溪、瑪鋉溪、八連溪、大屯溪、老街溪、東港溪、林邊溪、枋山溪、楓港溪、六重溪、大武溪、大竹溪、金崙溪、太麻里溪、知本溪、利嘉溪、馬武窟溪與南澳溪等。

3 見諸文字的報告，以台電公司馬鞍水力發電計畫之魚道設計與生態維護放水量研究，以及雙溪河川環境生態基準流量評估的報告，是為兩項較早的基礎性研究。雖然水利署等相關單位後續有進行多項相關的放流量標準之訂定原則或是考量方法研究，也收集甚多各國相關研究案例，但是至今仍無最客觀的標準。

08

臺灣鳥類的紋理：飛羽間的時空之軸

／丁宗蘇

當一隻鳥掠過天空，牠的飛行軌跡彷彿在無形中繪製出一條線，交織成臺灣這片島嶼的生命紋理。這些紋理不僅代表著鳥類的演化軌跡，也映照出臺灣地理環境與生態系統的獨特變遷。

每個地方的自然與生物群集都有其特色，臺灣的鳥類也不例外。鳥類的形態、羽色、鳴聲與遷徙，構成一幅動態的生物畫布。從信天翁的遠洋翱翔到畫眉鳥的婉轉鳴唱，每一種鳥類都攜帶著其生存策略與環境適應的痕跡。高山與平原、溼地與森林，共同塑造出鳥類多樣的棲息場域，使臺灣成為全球生物多樣性的重要交會點。

臺灣位於東亞—澳大利西亞遷徙路線的樞紐，每年數萬計的候鳥經過此地，形成時空交錯的壯觀景象。牠們的翅膀承載著季節流轉的信息，從寒帶飛向熱帶，串聯起全球生態系統。

鳥類的飛行路徑、色彩與鳴聲，不僅展現了生命的適應與變遷，也提醒我們這片土地的珍貴與脆弱。

透過觀察這些羽翼間的紋理，我們更能深入理解臺灣的自然歷史，並思考如何守護這些跨越時空的生命印記。

群鳥掠過天空，不僅代表鳥類的演化軌跡，也繪製出臺灣生態環境的紋理。（攝影：林麗琪）

一、外形與功能：展現多樣性與適應性

全球鳥類的多樣性是自然界中令人驚嘆的一部分。從外形到功能，鳥類展示了極端的多樣性和適應能力，這些特徵都經過長期的演化和適應，以滿足各種生存需求和生態角色。全世界的鳥類，如果以隻數計算，大約是一千億到四千億隻個體；物種則約一萬多種，分為三萬多個亞種。最大的與最高的鳥，都比我們人類更大、更高，能飛的鳥最重的只有二十公斤，雙翅最寬的鳥有三百五十公分。一個類群可以有如此大的變化，非常令人驚異。

•嘴喙：食性和獵食方式

鳥類作為生物多樣性中的重要組成部分，其外形與功能展現了自然界適應力和長期演化的精華。全球鳥類擁有豐富的外形變異，不僅反映了生物進化的過程，更深刻展示每種形態如何適應其生存環境。

常見鳥喙形態變化簡圖

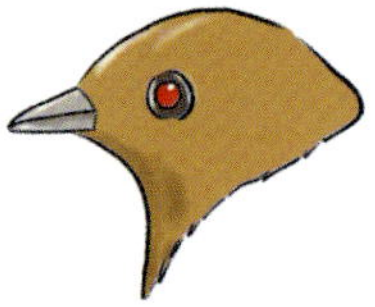

食昆蟲的鳥喙（Insect catching），尖而細長，方便從窄縫中把昆蟲抽出。

食穀類或種子的鳥喙（Grain eating）

食蜜的鳥喙（Nectar feeding）

天擇（natural selection）是生物外形及構造的主要驅動力。鳥類的身形、嘴型、羽色和其他生理結構的變化，無不經過長期演化和對環境的適應。例如，嘴的形狀和大小直接決定了鳥類的食物來源和食物獲取方式，精巧而多樣的嘴部結構，為牠們的生存和獵食策略提供

食果實鳥喙（Fruit eating），粗短成圓錐形，方便把堅硬的果子咬破。

反嘴鴴向上翹起的喙（Scything），可在泥灘或淺水域掃動覓食。

啄木鳥喙（Chiseling）又硬又直，能撬開樹皮或者在樹幹上啄洞。

抄網捕撈的鵜鶘喙（Dip netting）下有一個可以自由伸縮的大皮囊，用來儲存食物。

食魚的鳥喙（Aerial fishing）尖長銳利，方便叉住游動的魚。

食肉的鷹鷲有粗壯、帶鉤的喙（Raptorial），非常鋒利，方便捕殺及撕開獵物。

1

了關鍵支持。長而尖的嘴可能適合捕捉昆蟲或魚類；而厚實且強壯的嘴則可能適合砸開堅果或啄穿果皮；勾形嘴巴適合捕捉魚類，因其形狀能有效地固定在魚體上，魚身的鱗片和光滑表面難以逃脫，這種設計也延伸至猛禽的上顎，用來捕捉其他小型獵物。

1_ 鷹斑鷸嘴喙適合灘地覓食（攝影：陳明芫）
2_ 斑文鳥嘴喙適合吃種子（攝影：陳明芫）
3_ 白鵜鶘嘴部特化喉囊適合撈魚（攝影：陳明芫）
4_ 綠簑鷺匕首形嘴喙適合抓魚（攝影：陳明芫）
5_ 鳳頭燕鷗翅形及嘴喙（攝影：陳明芫）

2

4

5

3

1

3

2

1_ 小水鴨扁平嘴喙濾食（攝影：陳明芫）
2_ 太陽鳥嘴喙適合深入花筒吸食花蜜（攝影：陳明芫）
3_ 黑鳶勾形嘴喙適合捕捉小生物（資料來源：©Wikimedia commons, by Johnsonwang6688）
4_ 翠鳥的嘴喙直而尖，適合捉魚。（攝影：鄧文斌）

與此相反，翠鳥擁有直而尖銳的嘴部結構，這種設計使其能夠快速而精確地捕捉水中的小魚，就像是使用筷子夾取物品一般。鵜鶘擁有像袋子般的嘴部，能夠將小魚圍攏在一起，再利用其嘴部迅速捕食。另一方面，琵嘴鴨則透過其特殊的嘴部結構進行濾食，其嘴上的篩板可以有效過濾水中的細小藻類和水草，這類嘴部設計對於處理不同類型的食物具有重要的功能性幫助。此外，像臺灣的家燕或夜鷹等鳥類，擁有非常大的嘴喙，這使牠們能夠在飛行中張開嘴，彷彿攔截昆蟲的網，這種特殊的捕食技術可有效捕捉空中飛行的獵物。觀察鳥類的嘴部特徵，皆能直接揭示牠們的食性和獵食方式。

4

・足部

鳥類的足部結構展示了類群間和物種間的多樣性和對環境的適應性。一般而言，大多數鳥類的足部構造為前三趾後一趾的排列，這種布局有助於在各種地形上行走和站立。然而，像啄木鳥這樣的物種則具有前二趾後二趾的足部結構，使牠們能夠靈活地在樹幹上攀爬移動，幫助其更有效地挖掘食物或建造巢穴。

鳥類足部的每一個特徵都有其獨特的功能和進化背景。例如，水雉雖然體型不大，但其特長的趾頭，能夠穩固地站在像菱角葉子這樣不穩定的表面上，趾頭的長度和平均分散的結構有助於分散體重，增加穩定性。猛禽的足趾頭則因其粗糙的皮膚與砂紙相比更有抓握力，能夠捕捉和固定獵物。

此外，一些擁有蹼的鳥類，進一步擴

鳥類的足部形態變化簡圖

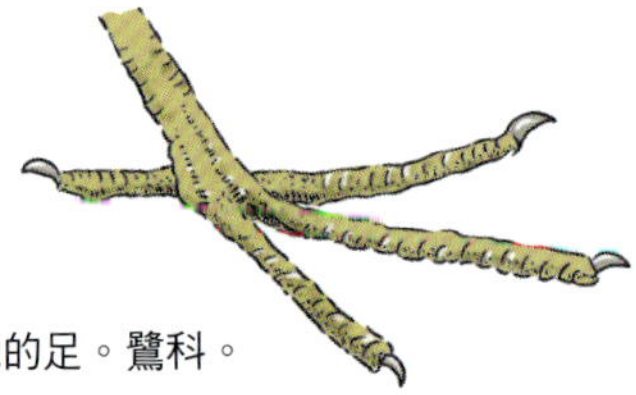
適合泥地的足。鷺科。

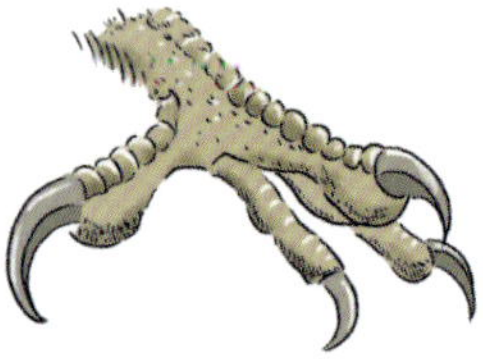
適合抓取獵物的足。鷲鷹科。

適合停棲的足。麻雀。

適合跳躍並抓住樹枝的足。鳩鴿科。

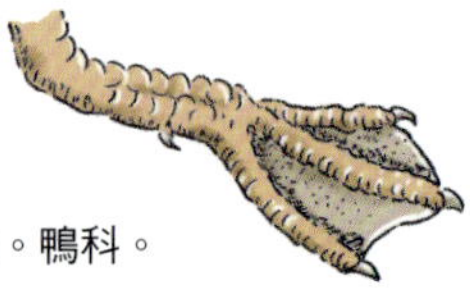
適合水上行走的足。鴨科。

1_ 魚鷹腳爪特化適合抓魚（攝影：陳明芫）
2_ 猛禽的足趾頭有抓握力，能夠捕捉和固定獵物。（攝影：陳明芫）

1

2

展了牠們的生態角色和生活方式。蹼的形態可以是半蹼、瓣蹼或全蹼，全蹼指的是四個趾頭之間都有蹼，這種特化使得這些鳥類能夠在水中更靈活地游泳或捕食。例如，鷸鴴類中的部分物種具有瓣蹼，能夠在水面上輕盈地滑行，有助於捕捉水中的昆蟲或小魚。

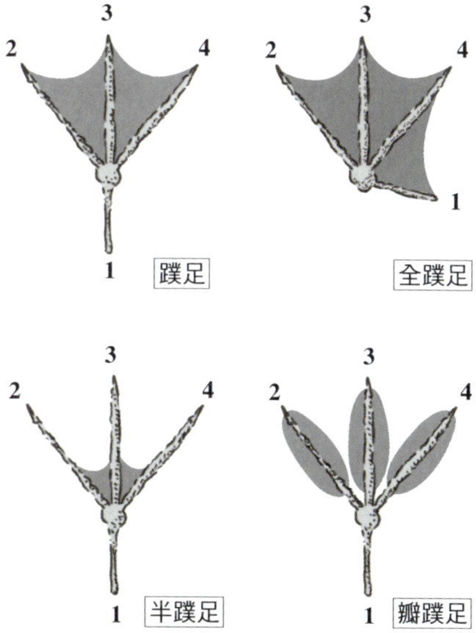

・翅膀

鳥類是空中飛行的大師，翅膀形狀對飛行有決定性的影響。依據翼形特徵，可以將鳥類分為幾個主要類別：

首先是翼形寬、方、長且指叉深的類型。這類翅膀設計適合在熱氣流中盤旋，能夠省力地進行低速飛行和低迴旋。此特徵使得一些大型猛禽能夠在空中長時間滯留，有效地捕捉獵物。典型的日行性猛禽會利用上升氣流的策略，以最省力的方式進行長時間飛行。牠們會找到適合的上升氣流，並慢慢繞著它迴旋，輕鬆提升高度。當達到適當高度後，會利用前進的動量，尋找下一個上升氣流，再度逐步上升。

其次是翼形長、窄、尖的類型。

鳥類的翅膀形態變化

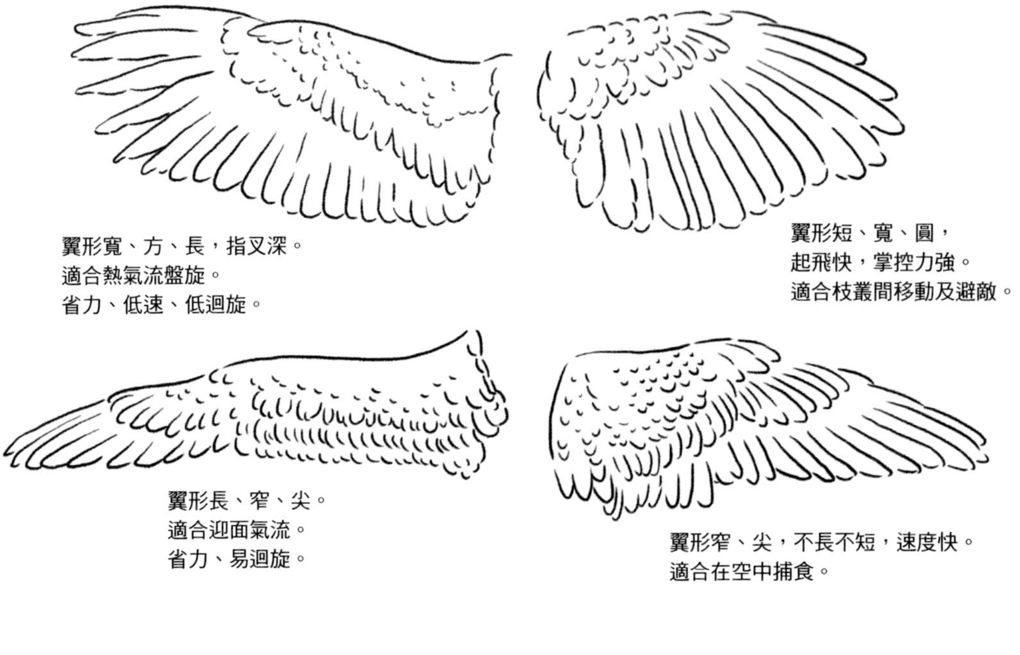

翼形寬、方、長，指叉深。
適合熱氣流盤旋。
省力、低速、低迴旋。
翼形短、寬、圓，
起飛快，掌控力強。
適合枝叢間移動及避敵。
翼形長、窄、尖。
適合迎面氣流。
省力、易迴旋。
翼形窄、尖，不長不短，速度快。
適合在空中捕食。

林鵰翅膀指叉幫助穩定氣流（攝影：陳明芫）

這類鳥類能夠利用迎面的氣流進行長距離飛行，且在轉換飛行方向時幾乎無須拍動翅膀。例如，信天翁就是一個典型的例子，牠每年可以繞行全球多周，幾乎不須進行額外的翅膀拍動。此翼形設計使其能夠在長距離的海上環境中生活和移動。

第三類是短、寬、圓翼的鳥類。這種翅膀設計使其具有快速起飛和優越的操控能力，但飛行距離較短。這類鳥類通常適合在密集的森林中穿梭移動，能夠靈活應對複雜的樹冠環境。

最後是窄、尖翼的類型。這類翅膀結構能夠提供高速飛行的能力，非常適合在空中追逐和捕食獵物，例如蜂虎就擁有這樣的飛行特徵，使其能夠在空中精準捕捉昆蟲。

1

2

1_ 東方蜂鷹的猛禽翼形寬長，適合翱翔。（攝影：陳明芫）
2_ 漂泊信天翁翅形狹長適合長期飛行（攝影：陳明芫）
3_ 長尾水薙鳥翅形適合長時海上飛行（攝影：陳明芫）

3

・尾巴

幾乎所有鳥類都擁有尾巴，這不僅是牠們飛行中的舵，還能幫助其改變飛行方向；對於飛行姿勢的穩定和方向的調整，同樣至關重要。一些擁有長尾巴的鳥類，例如長尾鳥，其回轉半徑非常小，能夠迅速轉向而無須大範圍飛行轉彎，這使牠們在森林密林中獵食時，具有顯著的優勢。另以大卷尾（閩南語稱烏秋）為例，這種小型黑色鳥類能夠追著大型猛禽，主要靠著特有的長而彎曲的尾巴，能夠快速轉彎並緊跟在獵物後方。這類尾巴的設計能增強空中機動性，適合追逐戰鬥般的空中爭鬥；然而由於飛行速度較慢，存在一定的限制。

長尾食蜜鳥（Cape Sugarbird）裝飾用長尾羽（攝影：陳明芫）

・外形的性別差異

一般來說，根據性別的不同，對後代的投資也有所不同。外形較為鮮豔的性別通常對後代的直接投資較少，而在雌雄單型（sexual monomorphism）的物種中，雄性與雌性的外形無法分辨，牠們對於後代的投入則較為平衡。例如在一些鳥類中，若雄性鳥類外表非常豔麗，雌性鳥類相對樸素，這往往意味著該物種的雄性傾向於追求多個配偶，是一夫多妻制，且對後代的養育責任較少，從而形成我們俗稱的「渣男」現象。

性擇（sexual selection）

除了天擇以外，性擇（sexual selection）是另一個影響鳥類外形的原因。性擇有時會導致某些特徵出現，這些特徵表面上看起來「似乎」對生存不利，因為可能使個體更容易被捕獲或受到掠食者的威脅。然而，這些特徵之所以存在，是因其在吸引異性方面具有特殊的優勢。例如，青鸞或天堂鳥的雄性通常會展現出非常獨特的性徵或行為，在某種程度上成為吸引雌性的重要工具，這種現象可以解釋為「累贅證明能力」的概念，即這些看似累贅的特徵，實際上卻是一種顯示個體優越性的信號。當一種生物的性擇利益超過了天擇所帶來的風險時，這些特徵便會更加顯著，並且更容易形成所謂雌雄二型性（sexual dimorphism），也就是雄性和雌性在外觀上存在明顯的差異。

・繁殖

鳥類中，雛鳥的發育方式通常可以分為晚熟型和早熟型兩類。晚熟型的雛鳥在剛孵化時無法獨立生活，需要父母提供較多的照顧和投資，尤其是雄鳥。相對而言，早熟型的雛鳥在孵化後很快便能自理，因此雄鳥對後代的投資較少，這類鳥類較容易形成一夫多妻制。一般來說，外表較為豔麗的雄鳥多數傾向於一夫多妻制，並且常會出現偶外交配（extra pair copulation, EPC）的現象。而在少數雌鳥中，如彩鷸和水雉，牠們的羽色也較為鮮豔，這些物種往往會形成一妻多夫制，反映出不同性別在繁殖策略上的差異。

這些差異可追溯至親代投資理論中的性別衝突，即所謂的「兩性戰爭」。繁殖對於生物來說是一項高度投資且充滿風險的行為，子代的數量不僅取決於可獲得的資源，還與配偶的數量密切相關。在人類中，我們也能觀察到類似的現象。例如，青春期的女生傾向於將食物轉化為脂肪，這是為了未來的繁殖做準備；而男生則更多地將食物轉化為肌肉和肝醣，以適應體力勞動的需求。在生物學的基本原則中，對子代投資多的性別更重視質量；而對子代投資少的性別則傾向於重視數量。這些策略反映了生物在生存和繁衍上的權衡取捨，從而形成了各種不同的適應性行為。

彩鷸為一妻多夫制（攝影：陳明芫）

1

二、鳴聲與意義：唱的都是歌嗎？

鳥類的鳴聲不僅是詩人墨客的靈感來源，更具有重要的生物學意義。古代詩人如李白、王令等人常以鳥鳴入詩，描繪如子規鳥、鷓鴣等鳥類的叫聲。這些描述展現了文人對自然的敏感，也反映了鳥類鳴聲在人類文化中的地位。

在中國古代，相傳孔子的弟子公冶長能解鳥語。這個傳說其實暗示了鳥類語言的相對簡單性。全世界約有一萬多種鳥類，幾乎都能發出聲音；這些聲音雖然式樣繁多，但原則上可以分為兩大類：歌聲（song）和叫聲（call）。歌聲較複雜多變，就像是唱歌一樣，主要有兩種功能：建立領域和吸引異性。叫聲則相對簡單短促，像是喊叫，主要用於個體聯絡，包括定位和警戒等功能。

鳥類雖然外表溫和可愛，但牠們之間也存在激烈的競爭。不同種類的鳥會為了領域而競爭，但同種之間的競爭更為激烈，這就是歌聲的重要功能之一：用來展示實力，嚇阻競爭對手。例如，深山鶯的歌聲會逐漸升高，直到達到最高音後再降下來，然後重複這個過程。畫眉鳥因其動聽的歌聲而廣受歡迎，但也因此遭到過度捕獵。

歌聲在鳥類的求偶過程中扮演著關鍵角色。許多鳥類會通過歌聲

1_ 深山鶯
（圖片來源：© Wikimedia commons, by Horornis_acanthizoides_40117918 Jerome Ko, www.inaturalist.orgphotos40117918）
2_ 臺灣朱雀
（圖片來源：© Wikimedia commons, by www.flickr.comphotos16942101@N06503 1611123inphotostream）
3_ 臺灣山鷓鴣
（圖片來源：© Wikimedia commons, by www.flickr.comphotosfrancesco_veronesi）

來吸引異性，尤其是雀形目。有趣的是，在美國曾有一些鶯類發展出與眾不同的歌聲，結果不僅成功找到配偶，其後代也偏好這種特殊的歌聲；長期下來，甚至可能導致生殖隔離，形成新的物種。

一般來說，唱得好或曲目豐富的公鳥更受雌鳥青睞；相比之下，只會唱一兩首「代表作」的公鳥往往較不受歡迎。不過，也有例外。例如臺灣朱雀主要靠鮮豔的羽色而非歌聲來吸引異性。某些鳥類會進行雌雄合唱，如臺灣的藪鳥、小彎嘴畫眉和臺灣山鷓鴣。這種二重唱不僅能增進配對關係，還能向潛在競爭者展示夫妻同心的團結。

2

3

1

除了歌聲，鳥類的叫聲也有重要作用，其中一個關鍵功能是警戒。在臺灣原住民文化中，鳥占扮演重要角色。雖然不同部落對鳥占的解讀可能有所不同，但一般來說，悠緩的歌聲被視為吉兆，而急促的警戒聲則被視為凶兆。這種解讀可能與原住民的生存技能有關。在狩獵或出草時，如果能不驚動鳥類，就意味著隱身成功，增加了行動的成功率；反之，如果驚動了鳥類發出警戒聲，不僅可能打草驚蛇，還被視為不祥之兆。

鳥類的警戒叫聲通常具有特殊的聲學特性，如高頻或淡入淡出的效果，這有助於避免被天敵精確定位。例如，臺灣紫嘯鶇的警戒聲像是剎車聲，而白耳畫眉則是一連串的「噠噠」聲，都具有淡入淡出的特性。另一種特殊的叫聲是「mobbing call」，即集體防禦聲。當發現天敵如猛禽時，小鳥會發出這種聲音召集同伴，共同對抗入侵者，通常急促且頻寬較寬，容易被定位，有利於快速集結同伴。

有些鳥類具有模仿其他鳥類聲音的能力。在美洲，嘲鶇（mockingbird）就以此聞名。在臺灣，小卷尾和松鴉會模仿松雀鷹的叫聲，這可能是一種「狐假虎威」的策略，利用猛禽的

1_ 紅寡婦鳥鳴唱吸引配偶（攝影：陳明芫）
2_ 紅頭山雀（攝影：陳明芫）

聲音來嚇阻潛在的威脅。

地理隔離也會導致鳥類方言的形成。研究發現，臺灣中央山脈兩側的藪鳥，其歌聲存在明顯差異。距離較近的鳥群，其聲音更為相似，而被山脈分隔的族群則發展出截然不同的「方言」。

在人類文化中，鳥類的歌聲一直是重要的元素。許多國家曾有鳥鬥的傳統，如在公園中比較畫眉鳥或綠繡眼的歌聲。雖然這種做法在臺灣已較為少見，但它反映了人類對鳥類歌聲的欣賞。鳥類的鳴聲遠不止是美妙的自然之音，更是生存和繁衍的重要工具，反映了複雜的生態關係和長期的演化過程。通過研究鳥類的聲音，不僅可以更好地理解自然界的奧祕，還能深入探索聲音通訊在動物行為中的重要性；同時，鳥類鳴聲與人類文化緊密聯繫，也為我們提供了一個獨特的視角，思考人與自然的關係。

2

三、來源與依戀：為何留駐？為何遠行？

臺灣的鳥類，依據其停留在島上的時間及來源，可以分為留鳥、候鳥、過境鳥、迷鳥及海鳥。留鳥是一年四季都會在這裡出現的鳥類；夏候鳥於夏天來臺灣繁殖，秋冬會離開；冬候鳥是冬天會在臺灣，到了春夏就會離開。臺灣的夏候鳥比較少，大概只有十幾種；冬候鳥則約有一百多種。

過境鳥指在遷徙過程中會短暫經過臺灣，但不會長期停留的鳥類，其繁殖地和越冬地分別在不同地方，臺灣大約有一百多種。所謂迷鳥，就是走錯路的鳥，牠們不應該在臺灣出現，這裡並非牠們正常分布的地方，但就是出現了。可能是其定位系統出了問題。海鳥是指幾乎不會接近陸地，只在海洋飄蕩的鳥類。這類鳥在臺灣雖不多見，但也越來越多被觀察到。除此之外，臺灣還有很多外來種和籠中逸鳥。

臺灣鳥類的來源多數來自於亞洲大陸。臺灣本質上是一個大陸島，臺灣海峽的地理特徵印證了這一點。海峽深度相對淺，最多不到一百公尺，海平面下降至大約七十公尺時，臺灣不再是一個島嶼，而是與亞洲大陸相連的一個半島。

相比之下，臺灣東部的海域則深不可測，形成了截然不同的地理環境。這狀況可以用金門的建功嶼作為類比。建功嶼是一個典型的潮汐島嶼，在一天中的某些時刻，因潮汐變化，會與金門本島相連。若以更長的時間尺度來看，臺灣的地理狀態類似於一個大型的建功嶼，有時是獨立的島嶼，有時則是與大陸相連的半島。

建功嶼地理位置簡圖

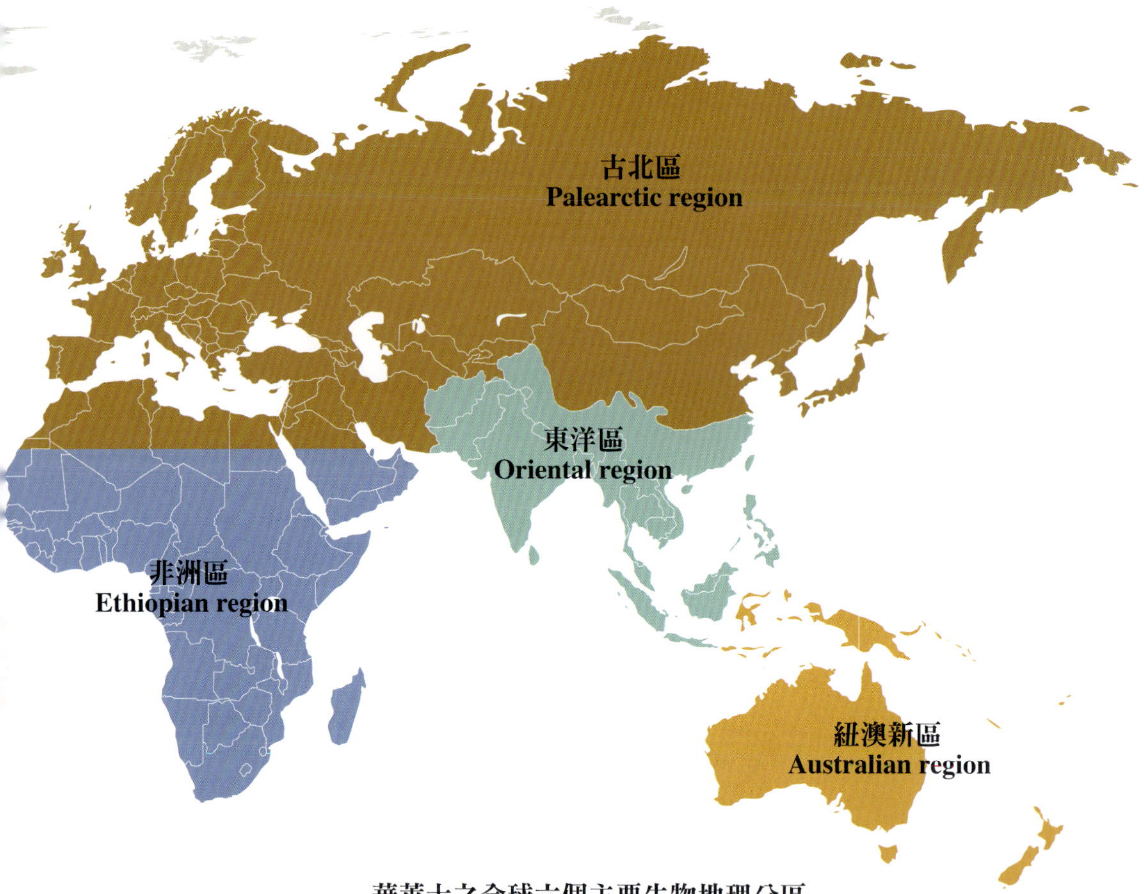

華萊士之全球六個主要生物地理分區

透過對海平面變動的觀察，可以理解臺灣在地質歷史中的變遷。當前的海平面處於較高水位，氣溫也相對較高；但如果我們以七十公尺的深度為基準，畫出一條假想的界線，便可推算出過去十三萬年中，臺灣有六〇%的時間是一個獨立存在的島嶼，而在四〇%的時間裡，與大陸相連，成為一個半島。因此，臺灣的地理形態在漫長的歷史中不斷變化。（海平面變化資料來源：Siddall et al. 2003. Sea-level fluctuations during the last glacial cycle. Nature 423(6942):853-858.）

臺灣不僅是一個大陸島，更是一個獨特的高山島嶼，擁有從極寒到極熱的多樣氣候環境，這使得不同來源的鳥類來到臺灣時，能夠在這裡找到適合其生存的棲息地。例如，在臺灣與大陸相連的冰河時

期，氣候變冷，一些鳥類便遷徙到臺灣；隨後，氣候轉暖和海平面上升後，臺灣成為一個孤立的島嶼，這些鳥類便被「困」在島上。然而，因為臺灣擁有高山，這些鳥類可以遷移至較高的山區，找到適宜的涼爽環境，從而得以延續其物種。這解釋了為何臺灣保留了許多源自遙遠地區的鳥類。華南地區在氣候暖化時，由於缺乏足夠的高山，這些鳥類無法適應，最終消失。

臺灣由海平面至海拔四千公尺的環境差異，使其成為全球海拔梯度最寬的島嶼之一。儘管夏威夷、神山（Mountain Kinabalu）和新幾內亞的山脈也相當高，但若只考慮大陸島的話，臺灣的海拔梯度仍然是最為顯著的。這一獨特的地理特徵，為臺灣鳥類的多樣性提供了豐富的生態環境。

臺灣的鳥類相，包括了古北區、東洋區和澳紐新區。全球主要的生物地理分區由著名的生物地理學家羅素・華萊士（Russell Wallace）提出，他是與達爾文共同提出進化論的重要科學家。華萊士在東南亞長期生活與研究，並將全世界劃分為六個動物地理分區：新北區、新熱帶區、古北區、非洲區、東洋區和澳紐新區。雖然理論上臺灣屬於東洋區，但臺灣的生物多樣性卻深受古北區以及部分澳紐新區元素的影響，這使得臺灣的生物地理特徵顯得十分獨特。臺灣的鳥類來自多個來源，包括北方的古北區、西方的喜馬拉雅山區、熱帶的中南半島，以及南島地區的物種。

古北區的鳥類元素主要是在臺灣與大陸相連、氣候寒冷時期遷徙而來。隨著氣候變暖，這些鳥類多數選擇留在臺灣的高山上生存，例如大赤啄木鳥便是如此，其在臺灣的分布區域為全球最南端，這些鳥類也成為了臺灣高山地區的重要物種。喜馬拉雅山區的鳥類也呈現出類似的傳播模式。當氣候寒冷、臺灣與大陸相連時，這些鳥類遷移至臺灣，隨後氣候轉暖，便留在臺灣的中高海拔地區生存。與此相對，在華南地區，由於缺乏足夠的高山，這些古北區及喜馬拉雅山區的鳥類無法適應變暖的氣候，導致其無法在當地生存。中南半島的鳥類元素則多在氣候變暖時北上進入臺灣。然而，當這些鳥類北上時，臺灣往往已經成為孤立的島嶼，因此只有那些飛行能力較強的物種能夠成功到達臺灣並在此定居。

南島地區的鳥類在臺灣較為稀少，主要分布在蘭嶼及周邊島嶼。以蘭嶼的長尾鳩為例，牠的全球分布範圍僅限於蘭嶼及附近的少數島嶼。蘭嶼的生物群體與菲律賓的更為相似，而與臺灣本島的生物差異較大。

若進一步分析臺灣鳥類的來源組成，可以發現，古北區的鳥類主要分布在高海拔地區，尤其是在海拔三千公尺以上。早在日治時期，日本學者蜂須賀正氏和羽田川龍男便提

大赤啄木（資料來源：©Wikimedia commons, by Alastair Rae）

出了這一觀點。喜馬拉雅元素的鳥類多分布在中海拔區域；而中南半島的鳥類則大多分布在低海拔地區。當然，這些地區的生物元素之間也會出現一定的混合與交融現象。至於南島地區的元素，主要分布在蘭嶼、綠島，以及臺東和花蓮一帶。

總體而言，臺灣鳥類中最多的是中南半島元素，其次是喜馬拉雅元素，再其次是古北區元素，而南島元素則最為稀少。由於臺灣是一個島嶼，其鳥類的繁殖鳥種總數少於亞洲大陸，這是因為島嶼環境相對孤立，更容易發生生物種滅絕的緣故。

儘管臺灣的物種總數不及亞洲大陸，但擁有相當高比例的特有種，使得生物多樣性具有獨特的價值。臺灣是一個相對隔離的島嶼，物種總數雖然不多，但在漫長的地質時間中，這種隔離促進了遺傳變異的累積，最終導致多種特有物種的形成。截至目前，臺灣已記錄到三十二種特有鳥類，這一數字在未來會繼續增加。特有鳥種大多分布於中高海拔地區，主要是陸鳥，並且其飛行能力相對較差，這進一步加速了其特有種的形成。

此外，臺灣還擁有大量的過境鳥和迷鳥，這也是構成鳥類多樣性的重要特徵之一。這一現象與臺灣特殊的地理位置密切相關。臺灣位於海洋和大陸之間，介於溫帶和熱帶的過渡地帶，且剛好位於北回歸線上，因此，生態系統中既包含了熱帶物種，也涵蓋了溫帶物種。雖然寒帶物種並不常年棲息於此，但每年冬季，許多寒帶鳥類會遷徙至臺灣過冬。位處世界最大陸塊與最大海洋的交界處，使得臺灣氣候兼具海洋性和大陸性的雙重特徵，為各種鳥類提供了豐富多樣的棲息環境，也凸顯臺灣在生物地理學上具有的特殊意義。

臺灣獨特的地理位置、地形以及氣候，賦予其豐富且多樣的鳥類資源。深刻認識並珍視生物多樣性，我們必須肩負起保護這些寶貴物種的責任，確保其未來的延續與繁榮。

古北區的鳥類元素多分布在臺灣高海拔，喜馬拉雅元素多在中海拔，中南半島元素多在低海拔，南島元素多在蘭嶼與綠島。
（底圖資料來源：全球地質圖 https://geologicdata.com/gds-world-maps/）

臺灣留鳥的來源組成

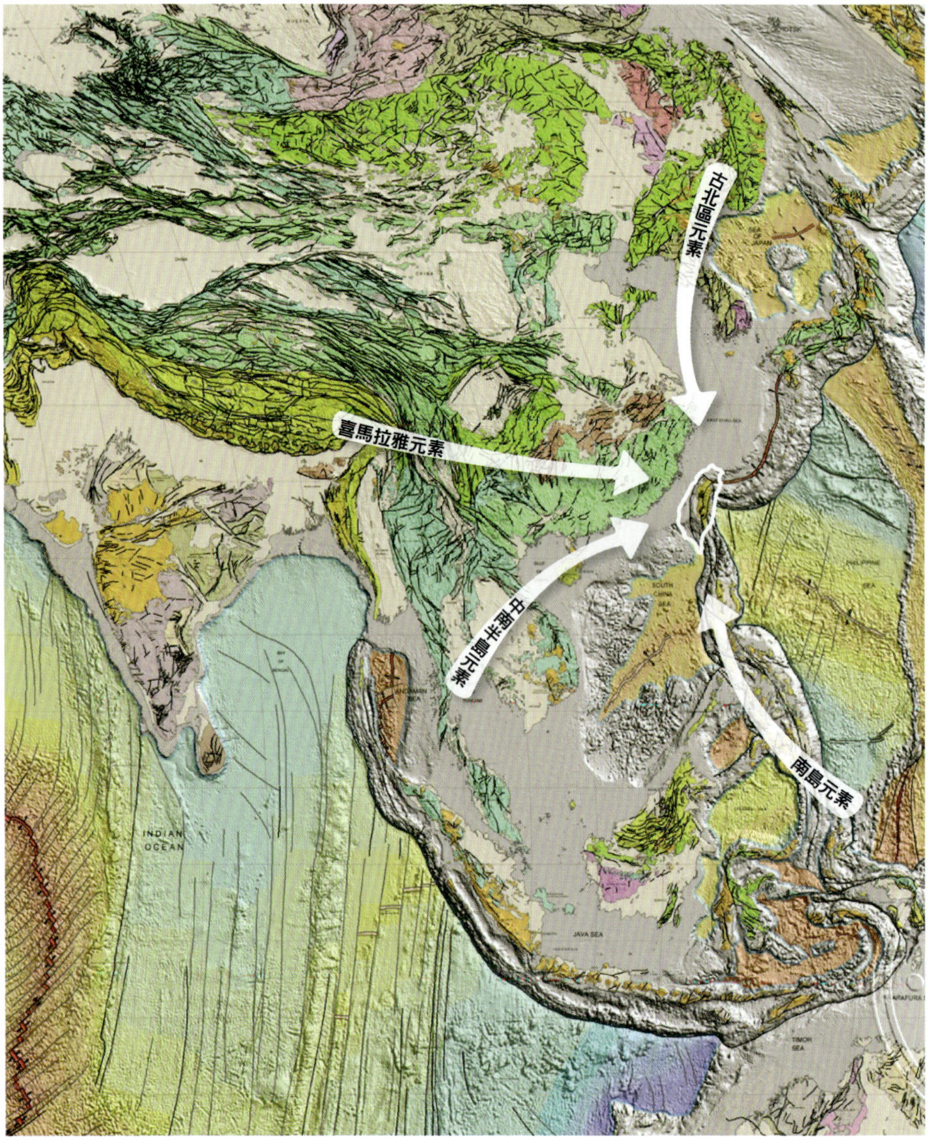

四、節氣與遷徙：大自然中的壯舉

如上所述，臺灣是過境鳥和迷鳥的重要停留地點。在東亞，許多候鳥沿著東亞大陸海岸線飛行，有些則選擇沿著勘察加群島到澳洲的島弧線前進。候鳥常常在這兩條遷徙路線之間相互轉換，臺灣正是最便利、距離最短的轉換點。若候鳥在遷徙過程中偏離了原定路線，臺灣提供了理想的中途停留場所，使候鳥們得以重新定位和調整方向。

全球鳥類的遷徙現象，堪稱自然界的一大奇蹟。試想，這些鳥類平時並不經常長距離飛行，卻在遷徙季節必須飛越幾百甚至幾千公里，許多時候還必須不間斷地飛行，特別是在跨越海洋時更是如此。一旦在飛行途中停下來，牠們可能就會墜入海中喪命。這種遷徙旅程的壓力和風險之大，令人不禁感到驚嘆。即便不需要跨海，對於鳥類來說，長途遷徙也像是我們人類在陌生的城市中迷路一樣，是一種極具挑戰性的經歷。正因如此，臺灣成為許多迷鳥的重要聚集地。從遷徙線的角度來看，臺灣是很多鳥類的必經之地。現今臺灣的鳥類記錄數量接近七百種，其中常年留居的留鳥數量並不多，有超過一半的鳥種是遷徙性鳥類。這一現象顯示出臺灣在全球鳥類遷徙網絡中的重要地位。

有人可能會問：為什麼鳥類要遷徙這麼遠，甚至從北極圈飛到南半球？如果你曾經長時間待在溫帶或寒帶地區，一定能深刻體會其中的原因。夏季的溫帶和寒帶地區，如同人間天堂，花開鳥鳴，景色宜人。然而，一旦冬季來臨，這些地方便變得極其嚴酷，宛如地獄。尤其是在高緯度地區，季節變化更加劇烈，夏季美如畫卷，而冬季則是生存的考驗。許多動

臺灣落在東亞－澳大利西亞遷徙線的中心位置

全球鳥類八大遷徙線簡圖

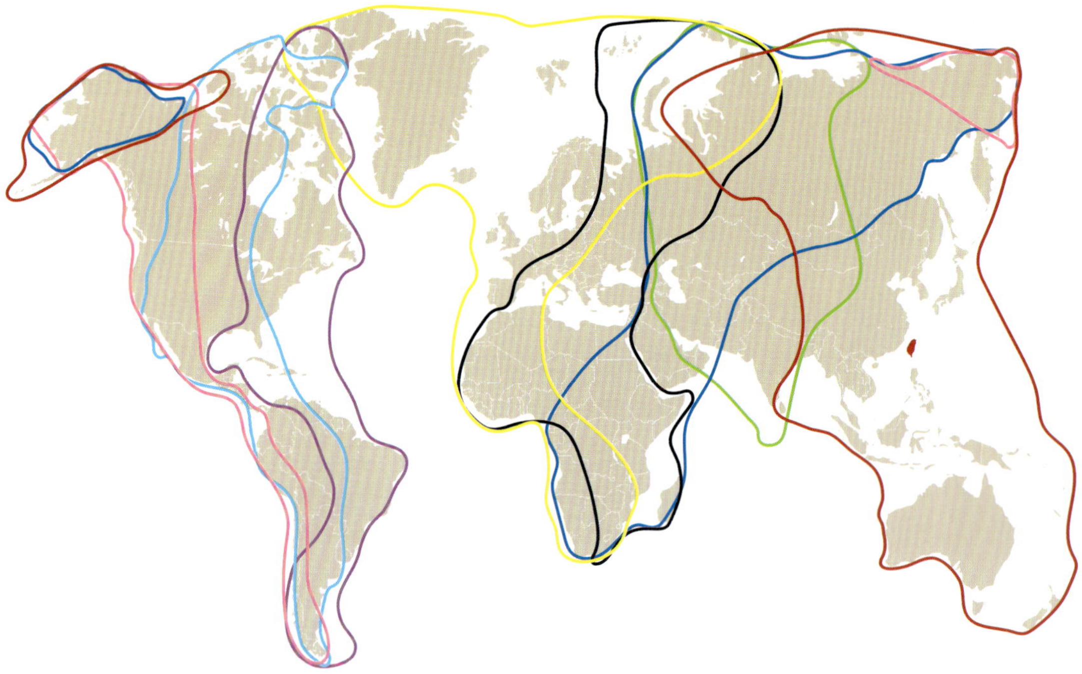

圖例

- 太平洋美洲（Pacific Americas）
- 中美洲（Central Americas）
- 大西洋美洲（Atlantic Americas）
- 東大西洋（East Atlantic）
- 黑海－地中海（Black Sea/ Mediterranean）
- 亞洲－東非（East Asia/ East Africa）
- 中亞（Central Asia）
- 東亞－澳大利西亞（East Asia/ Australasia）

（參考資料來源：BirdLife International；重繪：吳貞儒）

鳥類遷徙是大自然的生物壯舉（攝影：林麗琪）

物選擇在冬季進入休眠狀態，或是拚命努力求生存。鳥類由於擁有飛行的能力，可以在嚴冬來臨之前選擇「逃離」，前往氣候溫暖的地區，這也解釋了為什麼牠們會進行如此遠距離的遷徙。

對於鳥類來說，遷徙並非僅僅是為了生存，更是應對自然環境變化的一種適應策略。這種本能性的行為，展現了鳥類在進化過程中所形成的高度智慧和適應力，也是大自然中無數生物壯舉之一。

09

隨時收藏身邊的風景——臺灣的植物紋理

／簡龍祥

自然的紋理無處不在，植物紋理就在你我生活周遭。

地球生命的起源，由水中誕生了單細胞生物，再一步一步從水中拓展上了陸地。植物離不開水的環境，直到慢慢演化出維管束組織，才開始可生活在離水遠一點的環境；有了維管束幫忙輸送水分及其他養分，長得比苔蘚植物更高大、更強壯！植物演化史上，最早具有維管束的是蕨類植物，在那個古老時期，蕨類應該是最高大強壯的植物了。

用孢子來繁衍下一代的苔蘚植物或蕨類植物，在開疆闢地的過程中，就像是上前線作戰卻沒帶乾糧或便當的兵士，以長期來看，處於劣勢；而裸子植物或是被子植物的種子具有營養，在繁衍過程中，若遇上惡劣環境，不論是溫度過冷或過熱、水分太溼或太乾，相較於苔蘚植物或是蕨類植物，較占有優勢。孢子萌發或是種子萌發時，皆處於最脆弱的狀況，若幼苗帶有養分，存活率就高。

植物擂臺爭鬥的結果，演化成為今天我們看到的植物景觀。

苔蘚植物

一、巨石上，一片枯枝訴說的故事

一片植物的枯枝，朝右傾斜生長，著生在東北角水湳洞的一處巨石上。這塊巨石，長滿了許多植物，它訴說著什麼樣的故事？又暗藏了什麼奧祕？

原來是風，風讓枯枝有了如此的姿態。風從海面吹拂而來，挾帶著海水的鹽分，鹽分附著在植物體上，產生了脫水現象；葉子脫落，枝條也因脫水而乾枯。植物迎風的這一面會呈現脫水的現象，而背風的那一面，少了海風的逆境，植物的生長相對較好，外形會像一面旗子，因此這種樹形有旗形樹或風剪樹之名。

東北季風對北臺灣植物產生了風剪與風壓作用，形成此幅精采的植物紋理。

《教育百科》對紋理的解釋：「紋理是物體表面呈現的線形花紋。」大自然中，岩石有岩石的紋理，植物有植物的紋理，地層及雲朵，甚至淡水河泥灘地上，都呈現不同的紋理風貌。透過植物暗藏的奧祕，將能細細地讀出風、水、動物，以及地球與人們的故事。

東北角水湳洞的巨石

二、一枚葉子，一片森林

根據英國邱園統計，植物界現存約四十五萬種物種，是地球最常見的生命型態之一，更是地球循環和能量流動的重要生態系統。植物界多樣性大致可分開花植物（Angiosperms）和非開花植物（Gymnosperms）兩類，非開花植物如蕨類、松樹、針葉樹等，是透過孢子或毬果繁殖；開花植物則以花朵使自身具備更好的傳播與繁衍。

植物上陸後，具有維管束組織的植物猶如擁有了生存利器。蕨類曾是一方霸主；演化來到種子植物，一類是有明顯的花構造的被子植物，以子葉數分為單子葉植物和雙子葉植物；另一類是有胚珠、沒有被子房保護的裸子植物，它具有像花粉的「小孢子」和留在胚珠裡的「大孢子」，結合之後就可以發展成為種子。

裸子植物毬果鱗片排列的螺旋紋理、銀杏葉脈上的紋理，以及被子植物繽紛多樣的根、莖、葉、花、果實和種子紋理，皆是大自然展現的奇觀。

蕨類植物不開花，靠孢子傳宗接代；而根莖不明顯，以葉子為主體的蕨類植物，其葉子的分化、葉形、葉脈和孢子囊等，彷彿一則則默默隱藏在我們生活周遭的古老侏羅紀故事。

1

1_ 蕨類的嫩芽
2_ 銀杏
3_ 裸子植物毬果鱗片排列的螺旋紋理
4_ 傅氏鳳尾蕨

4

2

3

・蕨

常民眼中的植物紋理，可能很細微，也可能是巨觀的。以傅氏鳳尾蕨為例，沿著細微尺度的羽軸，仔細觀察它的小葉、孢子囊群。一般在觀察蕨類植物的孢子囊群時，會先注意到有沒有孢膜，傅氏鳳尾蕨明顯看到有孢膜。接著看看，它是真孢膜還是假孢膜呢？所謂真假孢膜，就是一般俗稱的孢子囊群有沒有蓋被子。如果孢子囊群的孢膜是長在葉子的邊緣，大都是由葉緣反捲覆蓋過來的假孢膜；而由葉片

1

的表皮細胞發育產生的孢膜，才是蕨類植物的真孢膜。因此，傅氏鳳尾蕨的孢膜是假孢膜，它蓋的被子是假的。

蕨類植物的嫩芽呈現捲旋狀，這是辨識蕨類很重要的依據。有一個很重要的遺傳因子，稱為**二叉特性**，以雙扇蕨為例，其嫩葉是一個問號的捲旋狀，慢慢成長之後，葉柄上兩大片扇形葉不斷二叉分化，因此，雙扇蕨顧名思義就是有兩片扇形葉子。閩南話的雙扇蕨叫做「破雨傘」，因為它的外形像極了一把破掉的傘，葉柄就像傘柄，上頭不斷二叉的葉片組合，則像是破掉的傘面。

有些蕨類會模仿二叉特性這種古老的遺傳因子，例如裡白科的芒萁，其嫩葉捲旋有假二叉，是指分枝中間有一個休眠芽，當植株受到機械性傷害時，休眠芽可以補位，讓外形看起來有二叉的樣貌。

蕨類葉子的分化，葉柄上長出一片葉子，叫做單葉；三片葉子以上，則是複葉，

1_ 雙扇蕨
2_ 芒萁
3_ 鬼桫欏
4_ 筆筒樹

3

4

複葉又分為一回、二回及三回羽狀複葉。

臺灣低海拔常見樹木狀的蕨類，依其羽狀複葉的分化程度，簡單分成三種：第一種是二回羽狀複葉、生長在森林內，是鬼桫欏；第二種是三回羽狀複葉，葉柄掉落得很乾淨，生長在森林外，是筆筒樹。由於其莖上有明顯的葉痕像蛇皮，又叫蛇木；第三種是三回羽狀複葉，葉柄掉落不乾淨、會留在植物體上像穿草裙舞般，是臺灣桫欏。三者除了外形，生長環境亦不同，可以清楚分辨。

2

1_ 臺灣桫欏
2_ 碗公狀外形的中間可保存水和養分
3_ 崖薑蕨
4_ 著生在樹幹上的山蘇

2

3

4

有些著生型的蕨類植物，外形如碗公狀，例如山蘇花或是崖薑蕨，這是因為它們著生在樹幹上，缺乏土壤和水，要生存只好自力救濟。碗公狀的葉子可以攔截枯枝落葉，以及下雨時的逕流水，如此一來，水和養分都有了。因生存機制所形成的植物紋理，也是很重要的觀察重點。

1

三、開花植物

1 根與莖

開花植物的根，一般來說可分為定根與不定根，**定根**是植物的種子發芽時，長出來的第一個胚根；如果不是從植物的種子長出來的根，不論是從莖或是葉長出來，則稱為**不定根**。因此，榕樹的氣生根就是不定根。

軸根是種子發芽後，其胚根一直長大，最後長成一條明顯的主根和一些較細的側根，稱為軸根系。**鬚根**則是單子葉植物種子發芽後，胚根停止生長或是死亡，在原胚根周圍長出很多不定根，幾乎一樣粗，即所謂鬚根系。

植物的根或是莖長在土裡時，非常相似。如何分辨是根或地下莖？一般來說，莖會有節，節上有芽，這樣的紋理可以幫助我們分辨。以薑或是芋頭為例，它們長在土壤裡的地下莖，挖出來

2

1_ 薑的地下莖有分節
2_ 榕樹氣生根是不定根
3_ 年輪
4_ 菊花木的莖切片擁有美麗的紋理
5_ 黃藤的鉤刺

4

3

5

後洗乾淨，會看到分節，因此屬於植物的莖。

莖除了節，還有一個很特殊的紋理，就是附屬物，稱為**刺**。以黃藤來說，它是藤本植物，長在森林內或是邊緣，因長得不夠高，為了想爭取充足的陽光來行光合作用，就利用莖或是葉上的鉤刺，搭在別的植物身上，奮力往上爬，以達到目的。鉤刺是它一種非常有利的生存機制。

深入莖的內部，木質藤本的菊花木擁有非常精美的紋理。生長數十年的莖，由於切片紋理細緻美麗，深獲大眾喜愛，是臺灣早期外銷相當普遍的杯墊商品。

木本植物與草本植物最大的差異，在於木本植物有形成層，形成層往內形成木質部，向外形成韌皮部。逐年生長後，形成一圈圈的木材，稱為**年輪**。年輪紋路的疏或密，代表植物莖向陽或背陽的方向。植物木質部往內形成木材，韌皮部往外推就是樹皮。在高緯度國家，因為一年當中幾乎有半年看不到木本植物的葉子，因此發展出樹皮分類學，藉由樹皮來辨識不同的植物。

1

臺灣地處熱帶到副熱帶之間，很少用樹皮來辨識植物，但我們仍可試試，在臺灣這麼多植物當中，樹皮有哪些特徵？樹皮的紋理是有趣且值得深入探索的題材。

2 葉

山櫻花的葉子有鳥趾狀的托葉，在葉柄和葉身交接處，可以看到兩顆腺體，會分泌汁液吸引螞蟻來吸食。一般來說，具有托葉、葉柄及葉身三部分，稱為**完全葉**；如果缺少其中任何一部分，就叫**不完全葉**。

很多植物在葉柄接連葉身附近，會有明顯的**三出脈**，樟科植物多具此種特徵。臺灣土肉桂除了適合觀察葉脈，還可以品嘗，感受一下香、甜以及辣的滋味。

有一些植物具有特別葉形，如盾形葉，典型代表是血

2

1_ 樹皮的紋理千變萬化，可辨識出樹種。上為光蠟樹，下為樟樹。
2_ 山櫻花的托葉與腺體
3_ 臺灣土肉桂明顯的三出脈
4_ 血桐的盾形葉

3

桐。一般植物葉柄是連接在葉身的邊緣，但血桐的葉柄長在葉身的中間，它的枝條如果受到傷害，會流出汁液，慢慢變成血紅色的樹脂，像是流血一般，所以有血桐的稱呼。

4

桐的秘密

命名為桐的植物，有一個共同特徵，即是它的枝幹中心容易形成空洞。在觀察血桐、油桐或泡桐、草海桐等植物的枝條時，會發現它的髓心是軟的或空的，閩南話的「冇」，也就是鬆軟不結實的意思。

1

在野外初級演替或次級演替的區域，最常看到的陽性木本植物代表是血桐、構樹以及山黃麻。因為要爭取陽光進行光合作用，它們的樹形會長得像一把撐開的傘，葉片會想盡辦法爭取到最多陽光照射。

臺灣的低海拔大都屬於常綠闊葉植物，然而在非秋冬季節，有時在校園或郊山附近，會看到地面有紅葉飄落，一方面感到有些詩意，一方面又覺得怪異。為什麼會有這樣的現象？原來臺灣某些樹種，老葉會變黃或變紅。以北臺灣為例，杜英、薯豆及大頭茶的老葉，會明顯變紅，然後飄落，這是樹木準備換新葉的正常生理現象。

・一樣斑點，兩樣意義

有些植物葉面上有紋理或斑點，這是由於葉子上有無法製造葉綠體的異常情形。無法製造葉綠素的異常葉子，原本應會被大自然淘汰，但這些斑點或花紋卻給人清新愉悅的印象，因此被視為是園藝界的珍寶。

在人類的喜好下而保留至今的園藝植物，綠色部分只剩下一點點，然而，如果植物所有的葉子都變成了白色，不能進行光合作用，就無法存活了。在園藝世界裡，觀葉型植物大都是嵌合體斑的類型（產生斑葉的狀況大多發生在部分枝條的葉片，而且呈現不穩定的狀態稱之），這是因為突變而失去葉綠素的白色細胞排列在一起，形成了有邊框或是不規則的條紋。另一種類型則是像火炭母草的斑紋，此與突變無關，而是葉子原本就具有的花紋，這種類型我們稱之為定型斑。

1_ 杜英的老葉變紅
2_ 斑葉六月雪
3_ 斑葉印度橡膠樹
4_ 火炭母草的定型斑

2

4

3

最有價值的斑葉植物

園藝植物中的斑葉植物，是異於一般植物的常綠植物，很受大眾喜愛。其中的「達摩」大概是最具有故事性的主角。

「達摩」屬蘭科植物，原產於臺東大武山區，大約 1969 到 1970 年左右，職業採蘭人採到了一株少見的矮葉報歲蘭，轉賣給北投陳國仕。當時的養蘭人士對於這種「沒有線藝」的綠葉矮種型報歲蘭，並無特別關注。當陳國仕收到大武山區這株奇葉矮種報歲蘭之後，刻意栽培，從此開啟了臺灣國蘭「達摩」的風潮。

和一般綠葉型的報歲蘭相比，在葉藝（型態可分斑、縞、爪、冠、錦、鶴及銀，再配合藝色及明暗的表現模式加以排列、變化及組合）上若有特別的線條或斑紋，會顯得格外美麗，讓人喜愛，因此當時一株可賣到百萬元以上的天價。這或許是植物紋理最有「價值」的部分。

•附屬物：芒草的鋸齒為何容易割傷人？

植物的葉子上，有時會有一些附屬物。上植物野外課時，老師通常會要求學生穿長袖長褲，最主要的原因是常會碰到陽性的草本植物。地殼中含量最高的元素是氧，第二高的元素是矽，這兩者結合之後成為二氧化矽。陽性草本植物中的代表植物是芒草，它是植物生態演替中的先驅者，芒草會吸收土壤裡的二氧化矽，累積出玻璃質的二氧化矽，就是葉子邊緣半透明狀的鋸齒。因為玻璃質的二氧化矽在莫氏硬度表的數值是七，而我們的皮膚數值不到四，所以在野外考察被割傷，是正常現象。

此外，咬人貓葉子的附屬物，是它的針狀焮毛，人的皮膚如果不小心碰觸到，會有刺痛的感覺。

1

1_ 芒草葉緣的鋸齒容易割傷人
2_ 將茶花由外而內一瓣一瓣剝下的有趣觀察

2

3 花：花序、顏色——演化的想像

開花植物的根、莖、葉是營養器官，花、果實、種子是繁殖器官。那麼，花是怎麼演化出來的呢？

植物演化歷史學家認為，花其實是密生的短枝條，我們可以把一朵茶花從花萼、花瓣到花蕊一一拆解。花萼是綠色的，由外而內一瓣一瓣剝下來，慢慢地會看到紅色的花瓣；一瓣一瓣剝下來，最後會剝到花蕊的部分，剩下的就是一截很明顯的短枝條。

一朵重瓣的山櫻花，花朵內部的花瓣上長有雄蕊及花粉。很多重瓣花卉的花蕊都轉化為花瓣，變成不育性的花，不會結果，要依賴無性繁殖扦插的方法來繁殖。因此可以說，花萼、花瓣及花蕊應該就都是由葉子演化而來的。

日常生活中還有個明顯的例子，就是白鶴芋。天南星科的花有明顯的白色佛焰苞，花開一段時間之後，白色佛焰苞會慢慢由白黃轉綠，這時就會發現，這個佛焰苞跟葉子長得非常相似，更能印證花是由葉子演化來的。

2

1

1_ 重瓣山櫻花
2_ 白鶴芋的白色佛焰苞慢慢由白黃轉綠
3_ 觀察榕樹和鳳凰木豆莢與蕨類孢子囊的想像

3

若你能慢慢接受花是由葉子演化而來，那麼果實是不是也可能由葉子演化而來呢？如果花蕊是由葉子演化而來，那麼由子房發育而成的果實，自然也是由葉子演化而來。

首先，拿一片榕樹的葉子，沿著中肋對折，呈現一個半月形，再比較一下鳳凰木的豆莢，想像一下，如果榕樹的葉子是一片成熟的蕨類葉子，那麼它應該可以長出孢子囊群；假設我們可以把孢子囊群生長的情形畫在半月形的榕樹葉子上，再把它攤開來看，當你再一次看到鳳凰木的豆莢時，是不是有種似曾相識的感覺？覺得鳳凰木的豆莢好像是一片長滿孢子囊群的蕨葉？

試著把豌豆小心地橫切開來看，攤開來的豌豆就像一片葉子，再把豆子想像成是孢子囊群，是不是像極了蕨類的樣式？因此，我們大概可以說，豆莢這樣的果實是由一片葉子演化而來的。

由花序組成的植物紋理，以穗花棋盤腳為例，它在傍晚到夜間盛開，主要靠夜行性動物幫忙授粉。在眾多白色花蕊當中，有一根較為突出的紅色花蕊，那是雌蕊，這樣的好處是可

1

2

1_ 觀察豌豆與蕨類孢子囊的想像
2_ 穗花棋盤腳
3_ 綬草

3

以避免自花授粉。花序是由上而下延伸，在夜裡觀賞這一串串花朵，就如黑夜中綻放的煙火，非常吸引人。

綬草的花序，猶如廟宇前的龍柱般盤旋而上，加上這種地生蘭的肉質根具有藥效，所以民間稱為盤龍蔘，它的花期大約在清明節前後，在臺灣又有清明草的別稱。

1

有兩種長得非常相似的花，田代氏石斑木和厚葉石斑木，它們都在春季盛開白色花朵，花瓣白色，老葉會變紅。該如何分辨？首先要觀察葉子的差異。田代氏石斑木的葉緣有鋸齒，厚葉石斑木的葉緣幾乎全緣。伸手觸摸葉子的質感，厚葉石斑木顧名思義，葉子比田代氏石斑木來得厚。透過植物紋理的觀察，可以分辨出植物的相似種。

1_ 田代氏石斑木葉緣有鋸齒（上）。厚葉石斑木葉子較厚，葉緣幾乎全緣（下）。
2_ 百合科植物花被瓣一直往後延伸（上）。石蒜科植物可看到一顆凸出的子房外形（下）。

2

花形相似的花，例如百合科植物和石蒜科植物。這兩類植物的花形都是喇叭狀，因此，須從外形上仔細辨識。子房生長的位置很重要，百合科的花被瓣一直往後延伸，看不到子房的蹤影；而石蒜科植物，往後延伸可看到一顆凸出的子房外形，此為辨識植物時常見的子房上位跟子房下位的差異。

1

2

秋海棠的花跟人一樣，有分公母，雌花有傳宗接代孕育種子的子房，柱頭彎彎曲曲，類似螺絲的紋路；雄花少了子房的構造，雄蕊多數聚成一叢。植物的雄花、雌花都長在同一株植物體上，叫做雌雄同株。除了秋海棠這一類植物外，葫蘆科植物、也就是我們常吃的瓜類，都是雌雄同株，但雌雄異花，有公花母花的區別。這樣的植物紋理是否相當人性化呢！

有一些非常有趣的花，它們在授粉之後會慢慢變色，例如金銀花。金銀花的花色有黃色、白色，因為黃色像金，白色像銀，故有金銀花的美名。剛綻放的花朵顏色是白色，一旦授粉成功，花瓣顏色會慢慢轉成黃色，雄蕊也會下垂，如此可以向傳粉的昆蟲傳達一個授粉成功的訊息，讓昆蟲去幫其他的花朵授粉。這是白堊紀之後，昆蟲和植物共同演化的有趣例子，非常聰明，而且不會讓昆蟲做白工。

春天北海岸的沙灘上，可以看到花朵綻放成傘狀的繖形科植物——濱防風，它的外形長得很像海裡的珊瑚蟲，因此，另一個名字叫作珊瑚菜，這是一種超乎想像的植物紋理。

3

1_ 秋海棠雌雄同株，上朵為雄花，下朵為雌花。
2_ 金銀花授粉成功後，花瓣會轉成黃色，而且雄蕊會下垂。
3_ 濱防風外形像珊瑚蟲
4_ 酢漿草是臺灣原生植物，會結果；紫花酢漿草則不會結果。

4

在一般空曠地，很容易看到開黃花和開紫紅色花的酢漿草。黃花酢漿草是臺灣原生的植物，會結果，成熟的果實不小心被碰觸到的話，會像機關槍掃射一樣把種子彈射出來；紫紅色則是外來種，會開花但不會結果，雖然沒有種子，但它們可以利用無性繁殖的球莖繁殖與分株繁殖。

1

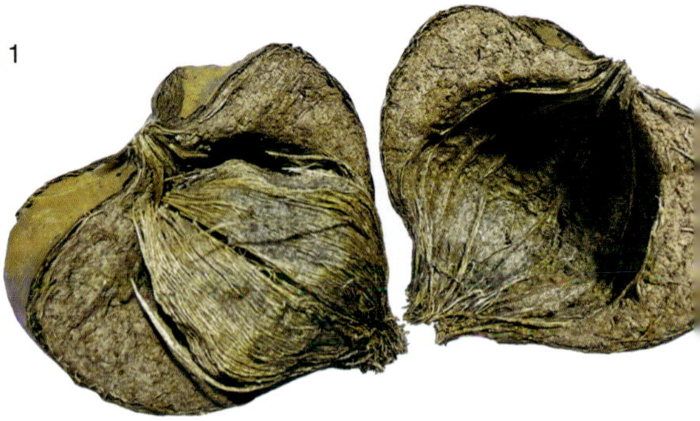

4 果實與種子

在果實和種子的紋理中，鮮豔亮麗的孔雀豆莢果開裂後，會螺旋扭曲，將種子釋放出來。棋盤腳外形像肉粽（有「墾丁肉粽」的稱號），當我們把果實剖開來後，會發現中間有一枚種子，外部包裹著非常厚的纖維質，這種構造便於它藉由海流的漂流，達到種子傳播的目的，是非常有名的海漂植物。

除了靠水傳播種子，也有靠風幫忙的植物，例如薯蕷類及槭樹科的翅果。它們具有薄翅，可以順著氣流飛到更高更遠的地方，達到拓展族群領域的使命。另外像唐棉、臺灣欒樹也是靠風力來傳播種子。唐棉的種子包裹著棉絮，可以輕飄飄的翱翔；臺灣欒樹果實呈氣囊狀，

2

3

4

1_ 棋盤腳的果實
2_ 孔雀豆
3_ 槭樹科的翅果
4_ 殼斗科果實
5_ 海桐果實

風力吹送可抵達遠方。

此外，動物也會幫忙植物傳播。殼斗科植物的果實富含養分，是動物的最愛，齧齒類動物有儲存食物的習慣，但忘性超強，總是藏完之後卻忘了藏在哪兒，於是，就幫了殼斗科植物種子傳播的大忙。

海岸邊的海桐，果實成熟時，開裂露出紅色的種子，富有黏性，吸引鳥類覓食時容易沾黏在羽毛上，當鳥類振翅飛翔後，就可傳播到遠方了。

5

1

2

植物請動物幫忙傳播種子，都會給予相當的報酬，使雙方都得利；但也有一些植物搭便車是不給錢的，像搭乘所謂的免費公車，例如鄉間常見的羊帶來。它的果實上布滿鉤刺，早期因為容易鉤在羊的身上，所以有此稱號；現在則可藉由各式「毛小孩」的攜帶，四處環遊了。

抹草是一種民間非常普遍的植物，又叫做小槐花，果實為莢果，密被鉤毛，莢果扁平有分節，很容易黏附在衣服或褲子上。因為莢果有節，當你想從衣服或褲子上拔除時，它就一節一節脫落，達到傳播的目的。

隨時收藏身邊的風景

常民生活當中，透過觀察植物的紋理，將會開展出全然不同的方式，

3

1_ 抹草莢果
2_ 羊帶來的果實上布滿鉤刺
3、4、5_ 巨觀的植物紋理，例如茶園以及梯田。

看待你眼前的世界與周圍環境，至少與之前你所認知的有些不同。

一個原本不可見的世界、不被注意的世界，一旦被看見了，從全然陌生到驚奇讚嘆，讓人感官都跟著打開。

植物紋理可以極微細，也可以極寬闊。一片茶園中，可看到一排一排美麗有序的茶樹紋理，也可以看到遠方竹林跟茶園所形成的大自然紋理。因此，景觀也是紋理，我們看到的梯田，沿著等高線一畦一畦排列的畫面，是大自然中美麗的巨觀紋理。

探索這些大自然有趣的議題之後，也許你應該看看身邊最近的植物。除了徜徉於自然世界，更可以隨時收藏身邊風景，並享受其中無窮的觀察樂趣。

5

4

PART 4

紀錄——變遷。

復返中央山脈與島嶼的路徑。

山脈、海岸、平野、溼地，

因自然與人為力量，不斷變遷，

新的地貌和生命形式被創造，

人們的心靈與生活亦隨之改變。

土地塑造了我們的命運軌跡。

不論在山峰或谷底，是傷痕或贈禮，

持善前行，即是希望之徑。

10

閱讀大地的指紋——畫出自我心靈地圖

／楊守義

土地塑造了我們的命運軌跡。

遙望島嶼山脈。我常想：「這片土地如何塑造了我們？」接受大山的滋養，呼吸著這片空氣，食用森林中的果實，並從土地中汲取力量。山脈、森林與河流，構成了你我成長的背景，我們的血脈與山川大地，緊密相連。

山的等高線，看似大地的指紋；每一條山脈，每一道等高線，都是數百萬年來板塊運動和風雨侵蝕下刻畫出的痕跡。

我們的身體也有等高線，那就是指紋，如同山脈的等高線，獨特而不可複製。指紋隱含每個人的生命軌跡，一如山川的等高線，不僅描繪出山岳的形狀，也塑造我們的內心世界。透過閱讀大地的指紋，可以映射出自我心靈地圖，探尋自身如何在這片山川大地找到屬於自己的道路，並不斷汲取前行的力量。

中央山脈景觀壯麗，它教會我們勇敢冒險與堅持前行。探索巍峨的山脈，思考人生的起伏，這一切都融入《赤心巔峰》中的每一座山峰和谷底，激勵我們產生內在力量，更畫出屬於自己的心靈地圖。

赤心巔峰

我導演的電影《赤心巔峰》於 2023 年推出。這部電影以中央山脈為背景，講述攀登臺灣高峰的挑戰與內心掙扎，不僅是對登山者體能的考驗，也是對心靈和性格的鍛鍊。電影中的主角們勇敢地迎向極限挑戰，不僅要面對險峻的山路、惡劣的氣候，還要應對內心深處的恐懼與迷茫。我試圖在這部電影中，將中央山脈的自然壯麗與人類精神的頑強堅韌，結合在一起，展現出人生充滿起伏的真實故事。

1

一、高山獨特的環境與生物多樣性——依存風、雨、氣流

若將島嶼喻為一本攤開的書，高山便是最磅礴的篇章。僅三萬六千平方公里的土地上，竟聳立著兩百餘座三千公尺巨峰，彷彿大地在此收攏了全世界的壯麗。

這些山嶽是板塊碰撞寫下的狂草—菲律賓海板塊與歐亞板塊的角力，讓岩漿在擠壓中淬鍊成一個堅韌的心臟—玉山；中央山脈如龍脊般貫穿南北，將島嶼劈成東西兩半的壯闊劇場。島嶼的身軀不僅充滿獨特的地理景觀，更孕育了多樣化的生態系統和豐富的文化內涵。

臺灣百岳中，中央山脈擁有多座重要山峰，如南湖大山、秀姑巒山、馬博拉斯山等，海拔多在三千公尺以上，各具特色，成為登山愛好者的重要目標。

高山氣候系統與地形地貌緊密相連，這種獨特的組合造就了豐富的水文特徵和生態樣貌。臺灣氣候帶有濃厚的海洋性特徵，且因其位於北緯二十二至二十五度之間，深受季風影響，每年秋冬季節（大約十一月至次年三月），東北季風會將海上的水氣帶到臺灣，碰到中央山脈時，溼潤的空氣被抬升，形成地形雨，滋養了茂密的森林和豐富的河流網絡。中南部山區則位於背風側，冬季較乾燥。

1_ 高山杜鵑
2_ 能高瀑布
3_ 北一段南湖圈谷地形

2

3

1

1_ 南湖山椒魚
2_ 羽扇豆
3_ 阿里山龍膽
4_ 玉山薄雪草

1

2

3

4

夏季時節（大約六月至九月），西南氣流從南海和印度洋帶來溫暖且潮溼的空氣，形成梅雨季節和夏季午後雷陣雨。當西南氣流遇到中央山脈時，容易在山區大量降雨，尤其在南部和中南部山區。這段期間是臺灣的主要雨季，背風面（東部山區）則相對較乾。

來到高山，氣溫比平地低很多，冬季有時會出現降雪現象，例如雪山主峰、南湖群峰以及合歡群峰上的積雪。由於海拔高度的差異，使臺灣山區呈現從熱帶到寒帶的完整植被譜系，

5_ 赤心巔峰主角
巧遇長鬃山羊
6_ 七彩湖旁盛開
的馬醉木

5

6

1_ 南一段稜線上的臺灣雲杉
2_ 能高安東軍稜線
3_ 臺灣高山意象
4_ 太平溪源營地（溪源地形）

3

包括低海拔的熱帶闊葉林、中海拔的溫帶針葉林，以及高海拔的高山草原和寒原植物群落，不同高度孕育出獨特的植物和動物物種。

高山地區的植物和動物都對於季節性降雨有適應性。例如，高山植物在夏季雨季時進入生長旺季，許多草本植物和樹木會在這段期間開花結果；同時，充足的水分也促進高山湖泊和溪流生態系統的繁榮，為各種生物提供了重要的棲息地。

季風、颱風、降雨和氣流在高山間交互作用，形成了多樣的氣候帶和水文環境；高山的河流、湖泊、森林和草原則構成一個複雜且動態的生態系統，展現出高山地區的獨特魅力以及生物多樣性。

4

二、山脈韌性來自變動，生命亦如是

臺灣的地質非常年輕，意味著它正處於活躍的變動期。中央山脈緊鄰太平洋，年復一年面對颱風、豪雨、季風甚至地震等多重自然擾動的洗禮。然而，這些頻繁的擾動並未削弱這片山脈的力量，反而使它成為一個充滿生命力和多樣性的生態系統。

年輕的地質在面對各種自然擾動時，往往擁有適應和改變的彈性，並且在不斷的變動中創造出新的地貌、新的生態系統和生命形式，造就極高的多樣性和創造性。

這不禁讓我思考。「生命如山，風雨中成長。」每個人都會遇到風雨，甚至是狂風暴雨，這些可能是生活中的挫折、失敗，或是來自內心的掙扎與不安。當我們面對這些擾動時，或許第一反應是希望遠

1

1_ 登山過程往往會遇到風雨險阻，一如生命的挫折打擊，然而此時正是我們成長茁壯的機會。圖為南三段的烏拉孟斷崖塔。
2_ 危崖稜線

離它們，尋找安穩，避免波折。然而，中央山脈告訴我們，也許不該害怕，正是這些擾動帶來的養分，能夠幫助我們成長、壯大，甚至發掘出生命中不曾想像的多樣性和豐富性。

・颱風

颱風帶來猛烈的風雨，會摧毀樹木、沖刷土壤，對山脈造成重大改變。風暴過後，大地卻迎來了全新的水源，幫助植物重新生長。儘管颱風對生態系統造成短期的破壞，但它也可能增加多樣性。倒木區域和新的裸露土壤為不同的植物和動物提供了棲息地，從長遠看，有助於維持生態系統的動態平衡。

人生中面臨重大變故時，往往會深刻地打擊我們，也許是突如其來的失敗或挫折，也許是失去。如果我們能夠迎難而上，

2

在風暴過後重新站起來，心靈便會注入全新的力量，一如大地從風暴中獲得水源，從困難中得到成長的養分。

・豪雨

豪雨會導致山洪、土石流，沖刷地表，卻也滋養了河川和溪流，使水源得以循環，生態更為繁榮。

人生中的壓力有時如同豪雨，長期下來可能讓我們感到疲憊，甚至能量耗盡。然而，壓力也可以成為滋養的源泉，讓我們學會調整自己，找到內心的平衡。面對壓力時的韌性，使心靈之河更加充盈，增強對未來挑戰的承受力。

・季風

東北季風帶來寒冷，挑戰山脈中動植物

1

1_ 前往奇萊北峰路途遇上大雨
2_ 身心疲累
3_ 面對自然，找回內心的支持力量。圖為能高南峰。

2

的生存耐力。季風代表著人生中的低潮期，可能是長期的等待、不確定的前景，或是情感中的孤獨時刻。這段時期我們感到寒冷和孤單。

季風教會我們如何在寒冷中找到內心的溫暖，幫助我們培養韌性。經歷過低潮，才懂得珍惜生命中的溫暖與支持，也更能面對未來的挑戰。

3

1_ 經歷風雨洗禮後的希望。圖為南一段關山遠眺日出。
2_ 中央山脈北三段能高安東軍

・地震

地震帶來劇烈的震動，可能造成山崩，改變地貌；像人生中的劇變，包括家庭的變故、親友的離世或重大轉折，足以撼動內心，帶來巨大的痛苦。

然而，這些迫使我們重新審視生命的意義。地震提醒我們，重組內心的架構，找到新的方向，讓我們對生命更加珍惜堅定。地震後的地貌雖然改變，也因此擁有了新的樣貌。

年輕時，我們或許還不穩定，但正是這些風雨、擾動讓我們學會適應，成就出多樣而豐富的生命。當我們勇敢面對風雨，不再逃避，就能像這片年輕的土地，擁有源源不絕的創造力，彩繪自我生命。

中央山脈的故事，讓我們看見擾動如何成為成長的養分。最豐富多彩的生命，往往是那些經歷過風雨洗禮的生命。

臺灣近代登山文化與人們的精神追尋：中央山脈的壯闊山景激勵了我們，更形塑內在力量

高山見證了臺灣近現代史的重要事件。

戰後，登山活動逐漸普及，許多人開始探索高山的壯麗景觀。1970 年代，臺灣登山熱潮興起，中央山脈縱走等挑戰成為登山愛好者的夢想之旅。高山不僅是一個自然空間，也成為許多人追求自由、探索未知的象徵。

登山者被高山的壯麗所吸引，也被其中蘊含的挑戰精神所激勵。對於許多登山者而言，攀登高山是一種自我突破和心靈淨化的過程。在山中，他們體驗到大自然的偉大與自身的渺小，感受生命的脆弱與堅韌。在高山中心靈得到洗禮，使得登山成為一種社會文化行為與現象。

臺灣高山的挑戰性來自多樣地形和氣候條件。中央山脈縱走的漫長跋涉，以及攀登玉山主峰觀看震撼的壯麗日出，都需要體能和技術，以及勇氣和毅力。登山者學會如何與大自然共處，理解人類在大自然前的渺小，培養出對生命和環境的尊重。

登山文化也帶動了臺灣環境保護意識的興起。隨著越來越多人進入山林，登山者開始倡導「無痕山林」的理念，強調在山中活動時要尊重自然、減少對環境的影響。這成為臺灣登山文化的重要素養，也體現現代社會對自然生態的關注與責任。

三、登山與冒險教育的塑造

作為一名紀錄片導演，我有幸記錄了許多領域卓越人物的故事，無論是實業家、科學家還是建築師，他們身上都展現出共同的性格特徵：興趣、熱情、堅持與冒險。這四種特質在他們成功的路上同時發生，並相互影響與形塑，使他們能在不確定的環境中持續前進。

並非一開始就有完美的計畫或充分資源，勇於冒險與接受挑戰的精神，才是讓他們在風險中找到機會、在挑戰中發現解決之道、邁向成功的要素。

• 興趣、熱情、堅持與冒險如何相互形塑

興趣是人們探索世界的起點，它驅動我們去了解未知，深入學習。然而，興趣必須轉化為熱情，熱情成為推動力，才能讓我們全身心投入喜

1

1_ 登山可塑造堅持的毅力。圖為赤心巔峰團隊在北一段死亡稜線。
2_ 登山培養冒險勇氣。圖為赤心巔峰的周青和古大哥。

愛的事物中，並且在面對困難時不輕言放棄，堅持下去。

堅持，幫助我們度過低谷和挫折，在困難面前保持專注和毅力。然而，堅持本身也需要有方向與目標，這就是冒險精神的價值所在。冒險讓我們不再局限於安全的舒適區，驅使我們敢於面對風險和挑戰，並通過不斷的嘗試找到新的機會和突破點。

興趣是起點，熱情是推動力，堅持是毅力，而冒險則是開創未來的關鍵。願意冒險的人，往往能夠在瞬息萬變的世界中抓住機會，為自己創造出更多的可能性。

・冒險教育

我們在培養孩子學習成長的過程中，經常只強調興趣、熱情與堅持，卻忽略了冒險的價值。這種過於保護的教育方式，雖然讓孩子能在熟悉的環境中發展興趣、追求熱情，並且努力堅持，

2

但缺乏冒險精神，往往在面對未來的不確定性和挑戰時，無法產生應對的勇氣與決斷力。

高山環境是山林教育和冒險教育很好的實踐場域。孩子們面臨各種不可預測的狀況時，需要學會靈活應變，並在過程中體會冒險的快樂與成長。透過不斷的挑戰，不僅培養出自信與勇氣，還學會如何在風險中找到解決問題的方案，這是現代社會中極其重要的技能。

臺灣高山不僅是自然景觀的瑰寶，由於其特殊的地理條件和豐富的生態環境，成為冒險教育的理想場所。冒險教育強調透過戶外活動挑戰個人體能極限、培養解決問題能力、團隊合作精神，以及向大自然學習、對自然敬畏與保護的意識精神。無論是挑戰高山攀登，還是探索原始山林，臺灣的高山都提供了體能上的挑戰，以及讓參與者在自然中學習成長的機會。

四、重新定義成功：人生不可或缺的是「下坡」

我們常常以「上坡」和「向上」來比喻一個人成功的旅程，這樣的價值觀在社會中被普遍接受。成功被定義為不斷進取、努力向上、爬到某個高峰；因此我們從小被教導如何不斷「向上攀登」——努力學習、克服困難、達到更高的目標。這存在一個潛在問題：我們是否忽略了「下坡的智慧與勇氣」？

事實上，這樣的成功觀可能過於片面。「人生不僅僅是爬一座山，而是跨越許多座山峰與山谷的過程。」因此，「下坡」也是不可或缺的一部分，甚至在某些時候，掌握「下坡」

面對下坡是成功的必經之途。
圖為作者踩到結冰石頭、滑落邊坡受傷。

的技巧比「爬坡」更為重要。

・人生是跨越一系列山峰與山谷的旅程

登山是冒險的一部分，但山頂不是終點。登上高峰後，我們需要再次下坡，去迎接新的挑戰，進入下一段旅程。人生中的成功也並不僅是達到某一個頂點，而是不斷跨越山峰與山谷的過程。爬上不同的高峰後，會走下坡，這樣的循環才能讓我們不斷成長，重新審視目標並蓄積更多的智慧。

・下坡的勇氣：應對人生中的轉折與低谷

大多數人對「下坡」是心懷畏懼的，由高處往下看，從高崖向下走，需要極強大的「心理素質」。這在我們的教育中，極少被教導，因為「人生無須學習下坡」。

只習慣於「爬坡」、認為向上才是唯一的成功方向，這使得人們無法應對下坡所帶來的挑戰。當走到「下坡」階段，無論是事業的轉變、生活的低谷，或是無法避免的失敗，更需要足夠的勇氣和智慧，而非逃避或僅將其視為消極的挫折。

「下坡的勇氣」意味著能夠面對人生轉折，接受自己並不總是走在上坡路上。這種勇氣

使我們在面臨逆境或轉變時，能夠以平和的心態接受現實，並找到走出困境的路徑。

「下坡」可能是我們重新思考目標、反思過去、積累經驗的重要機會。它讓我們學會謙遜，明白自己的局限，從而為下一次的攀登做好準備。

在高山上，下坡經常比上坡更具挑戰。坡度的急劇變化、地面的不穩定，都使得下坡更需要謹慎與冷靜。與其說下坡是一種「退步」，不如說是一種智慧的選擇。這樣的思維同樣適用於人生：當我們面臨不確定或挫折時，敢於承認當下的狀況，並勇於調整前進方向，是通往長遠成功的必經之路。

保持積極的心態，並且相信，每一段下坡都為下一個上坡鋪平了道路。

下坡不是失敗，而是蓄力的過程，是為下一次成功的突破而儲備能量。

・勇敢面對下坡：培養孩子成功路上的必經之途

教導孩子「下坡的勇氣」與「上坡的技巧」同等重要。成功不應僅以是否達到某個頂峰來衡量，而是看我們在過程中的表現，無論是向上還是向下。

能夠勇敢面對人生中的低谷與下坡，從中學習並找到新的機會，就真正具備了全面的成功素質。成功人士的經驗告訴我們，當他們走到下坡路時，並未視為失敗，敏銳的洞察力和勇敢的心態，讓他們在低谷中找到新的機會和方向。

在臺灣的山林教育中，孩子們不僅可以學會如何攀登高峰，也學會如何在艱難的下坡路段保持平衡、謹慎前行。這種過程中的耐心、對環境的洞察，正是我們在面對人生轉折點時在上坡與下坡的交替中，不斷學習、成長與前行。
圖為赤心巔峰兩位跑者在南湖東峰與北一段死亡稜線。

所需要的特質。

身為父母、教育者或領導者，我們需要教會孩子如何優雅、謹慎地走下坡，在不斷上下起伏的過程中積累經驗、提升自我；這樣在未來人生旅途中，才能更加從容、自信地迎接挑戰。

中央山脈的旅程教會我們，成功是如何在上坡與下坡的交替中，不斷學習、成長與前行。

2

1

3

4

5

五、從《赤心巔峰》電影看中央山脈峰值與你我起伏的人生故事

《赤心巔峰》的主角周青是臺灣知名的越野跑選手，他有懼高症，每次在訓練的過程中，特別是進入中央山脈北一段與北二段的破碎地形時，似乎擊潰他的信心，他的心被恐懼占領了。

1_ 赤心巔峰團隊與主角任務路線沙盤推演
2_ 兵推
3_ 控制中心
4_ 團隊演練討論
5_ 無限發報器，每五分鐘回報主角位置。
6_ 挑戰前夕打包
7_ 補給隊伍
8_ 我以懸吊懸崖拍攝

6

7

8

1

在北一段的死亡稜線、北二段的魔鬼斷崖，以及北三段的卡羅樓斷崖訓練時，周青都是膽顫心驚的緩慢度過，直到正式挑戰的碼表啟動時，他對鏡頭說：「至今我依然怕高，但我已經學會翻越這些險峻斷崖的技巧。」周青面對恐懼，沒有閃躲的權利，這是他要踏上國際選手之路必須輾壓過的荊棘。面對「與生俱來」的懼高症，他選擇直球對決，自我突破。

我印象非常深刻，當周青與古明政大哥以驚人之姿，三天走完中央山脈的北段時，真是鼓舞人心。但長時間的體能輸出，心理素質正在崩解中。第四天迷途在摩即草山後，古明政大哥與周青兩人的信賴感已經被摧毀。

第五天凌晨四點三十分左右，他們在六順山的山麓大吵一架，幾乎決裂，這次的任務也將告吹。但畢竟是

2

1_ 周青與古明政大哥在摩即草山迷路
2_ 怕高的周青
3_ 第五天兩人在南三段丹大山，剛剛吵完架和好。
4_ 第九天古周卑南主山，完成最後一座百岳。
5_ 見證終點線的時刻

3

訓練三年的精英選手，他們很快從迷失的關係中清醒過來。兩個像野獸般的粗爆男人，在三千公尺的無人山徑，用他們自己的方式和解，並把三年來對彼此的埋怨與不解，統統宣洩而出。

這時南三段的雲霧散去，前方的路顯出光亮，在疲憊的第五天竟像兩頭雄獅直奔補給點，這讓管理中心的我們直呼「神開展」。我非常敬佩他們能在極度低潮、心理素質將要瓦解時，重新找回初衷，與夥伴和好，並重新滿血，完成目標。這奠定了此後八天半的佳績。

能夠在低谷中找到力量、保持堅定信念的人，往往會在下一次挑戰中脫穎而出。

5

4

1

2

我們的心靈地圖是如何被描繪的？當我們站在臺灣的山脈前，閱讀大地的指紋，看到的不僅是大自然的壯麗，還有心靈中的起伏與變遷。正如每一條等高線勾勒出大地的輪廓，我們的心靈地圖也正由我們所經歷與挑戰的一切所描繪。

1_ 南一段關山上的日出雲海
2_ 我在七彩湖畔
3_ 北三段塔羅樓斷崖智南華山路段

3

11

大地的記憶：臺灣環境變遷四十年全紀錄

／柯金源

旅行、探索自然環境是我年少的夢想，以影像美學表現風土樣貌，則是我的興趣。將夢想與興趣結合為一項專業，成為我長年的工作與生活重心。我的人生歲月與島嶼山海紋理的脈動緊緊相繫，記錄臺灣自然生態與環境變遷議題，已超過了四十年。

將長期採集的環境資訊與自我生命歷程，經過轉譯、製作、傳播，以促成社會溝通，帶來進步的力量，這是我的期待，也是我努力堅持的志業。

我的人生歲月與島嶼山海紋理脈動緊緊相繫。圖為 2003 年外傘頂洲西岸的燈塔。

1

2

1_ 天空之鏡
2_ 大霸尖山
3_ 粉彩雲系

一、美的背後，是環境傷痕的紋理——環境影像紀錄轉折路

・自然地景的探索

美的追尋、視覺藝術創作，是我進入影像工作領域的起點；自然地景風貌則是我早期探索的目標。早晨海水低潮之際，利用靜謐的片刻按下快門，呈現了極簡漁舟光影之美的「天空之鏡」，這是彰化廣闊泥灘地獨有的風情，媲美玻利維亞的名勝。「粉彩雲系」是颱風來臨前夕的黃昏，於合歡山區記錄天空雲霧翻滾湧動的過程中，留下剎那的定格。颱風前的雲彩變化特別魔幻迷人，至今自己仍相當喜歡。「大霸尖山」是一九八〇年代我的第一張參展作品，獨特突出的桶狀山形，高達三四九二公尺，我在另一側制高點等待，當登山者走向臺灣古老的沉積岩時，留下了壯闊山體與渺小人形對比的構圖。由於山體稜線日漸遭受風化侵

3

1

蝕，目前此景已難再現。大自然的季節變換、天光地景，曾經是年少輕狂追尋光影的焦點，但部分自然美景因為天然或人為因素，已逐漸褪色，這一張張照片，成為不捨的記憶。

・紀錄視角的轉換

四十幾年來，因為媒體環境、傳播工具的演進，我也求新求變，但都沒有離開環境紀錄、守護土地這個領域。自一九八〇年代開始，我以相機記錄臺灣的自然風貌、山川水色，當時追求感受性的，或者是意象形式的視覺美學，希望完成自我內在世界觀的極致表現。從事媒體工作之後，親身經歷各種公民運動，見證經濟、產業轉型以及政治改革、全球化浪潮。在民主化的過程中，處處可見政黨競爭，或民眾與公部門之間的衝撞、談判、進步的歷程；令人氣餒的是當開發與環境保護出現對撞的時候，弱勢族群與環境往往被犧牲了。這促使我必須扮演「環境報馬仔」的角色。

除了拍攝平面照片、撰寫田野調查報導，自一九九〇年代起，我開始以電影、電子攝影機拍攝動態影像，製作影音報導及紀錄片，嘗試用不同的媒介，擴大傳播力道。審視臺灣媒體

1_ 2014 年 12 月抗議工業搶水
2_1991 年 7 月 15 日台塑六輕設廠計畫。當時台塑六輕受到部分雲林人的歡迎，並以舞龍舞獅、放鞭炮等廟會規格來迎接。
3_2002 年雪山山脈千年扁柏林調查

2

演進，從少數主流媒體大眾傳播的年代，到現今已進入自媒體，各家爭鳴的小眾、分眾時代，我觀察到環境資訊常被龐雜、紛亂的各種訊息給淹沒；不過另一方面，這也可能是一種機會，每個人都可以主動將環境問題曝光，並且直接與閱聽受眾雙向交流，只是在傳遞過程中，如何更細緻的討論與對話？如何在眾多網路訊息中突破重圍？如何跨越同溫層，引起社會關注？皆須仰賴資訊傳遞者的創意與拓展能力。這是我歷經四十餘年，觀看各類型資訊、各家媒體平臺興衰之後的想法。

3

2006 年海洋保育志工進行水下軟絲守護。由於海洋中的垃圾與廢漁網等影響軟絲仔幼生孵化率，導致魚群數逐年下降，一群軟絲志工無私奉獻，研究人工產房，從材料選擇到不同海域的嘗試，幫助軟絲們完成子代的繁衍。當我們因了解而行動，就有可能讓環境變得更好。

・傳播正確資訊：環境田野紀錄的核心價值

自然生態與環境紀錄、科普轉譯、資訊傳遞，是我繼「美的追求」之後，長期來堅持的志業。環境變遷紀錄的核心價值，是提供與傳遞正確的環境資訊，當閱聽受眾了解議題之後，才有可能關心、在意；當你了解、在意，就有可能付諸行動，促成改變與進步。如英國生物學家珍．古德（Jane Goodall）博士所說：「唯有了解，才會關心；唯有關心，才有行動；唯有行動，全體生命才有希望。」（Only if we understand can we care.Only if we care will we help. Only if we help shall all be saved.）因此，環境紀錄與資訊傳遞是一體兩面，同等重要，我在進行每一個環境議題紀錄時，也同時思考，如何記錄？最佳表現形式為何？如何設定大眾傳播與公民溝通策略等。

環境新聞紀錄的研究方法和工作模式

第一時間從公部門、NGO 組織、學術界、民間友人等處獲得各項環境議題信息時，我會先進行大量的資料查證、田野調查與訪談工作。確認內容大綱、設定紀錄方式與表現形式之後，會進入實務製作流程，以及傳播策略的運作。

根據議題的時效性與特性，團隊會分別製作即時新聞、專題報導與紀錄片。例如，時事議題可能採取線上直播，或者快速整理一則短影音、短文及照片在社群平臺曝光；若還需要再次查證與平衡報導，會在一至三週之內，以深度專題報導形式露出。有些議題因為社會、經濟、政治面向較為複雜，或需要時間軸的變遷比對，會花上更多時間進行調查、紀錄、討論。因此，有些紀錄片的製播時程經常是一年以上，甚至十至二十年的時間尺度。

從臺灣媒體報導選題的面向來看，政治與經濟是主流，社會、娛樂、生活類次之，環保與生態議題最為冷門、弱勢，這是媒體產業競爭與廣告利益導向的結果。

公共媒體以公共服務為核心價值，尤其公共電視新聞深度報導節目《我們的島》長期關注環境、生態議題，並且累積龐大的影音資料，在許多環保議題的報導上，皆具敏銳、深厚的力道與引領角色。在媒體同業比稿壓力下，只要環境議題躍上版面，許多媒體可能會跟進；如果是聲量顯著的話題，商業媒體更樂於大篇幅炒作。

二、自然海岸與工程拔河：環境影像紀錄實踐

自然生態與環境變遷是持續性的議題，若偏向跨區域、並牽涉多面向的結構性問題，往往需要更長時間的田野研究與紀錄。因此，在工作方法與表現形式、傳播策略上，必須更多元與靈活。

・五股：消失的沼澤

「五股溼地」早期是稻田與低窪區，一九六八年間，因艾琳、艾爾西颱風造成豪雨成災，加上後續海水倒灌，導致農田積水、鹽化，農民被迫廢耕，進而逐漸形成約五平方公里的沼澤區，部分農民只好無奈地在湖沼區養魚、抓魚。我在一九八〇年代開始記錄沼澤區環境的變遷，當時為了拍攝湖區生態，還跟漁民借用了膠筏，在水域草澤之間穿梭，記錄到許多水鳥覓食行為的畫面。

到了一九九〇年代，因為臺灣各地的垃圾掩埋場陸續出現爆滿現象，許多鄉鎮市的垃圾無處可去，五股沼澤區就成為違法垃圾的「偷倒天堂」。就我當時的觀察，除了一般家庭廢棄物以外，最大宗的是營建廢棄物，當時大臺北區有許多重大公共工程在進行，加上臺灣經濟起飛，建築業正蓬勃發展，造成廢棄物量激增。

再到一九九九年間，各式廢棄物已將五股溼地填埋成一座超大型垃圾山。當時李登輝總

統從專機上往下俯瞰五股、二重疏洪道地區，驚覺五股垃圾山儼然是臺北城外的無政府毒瘤之地，並且還四處冒著垃圾露天焚燒的黑煙，因此責令行政院進行整頓。之後，被推平的垃圾山，剛好成為違章工廠的落腳處，至二〇一九年的調查，違章工廠已接近七百家。

這一片廣達一百七十公頃的垃圾山，因都市、社會發展的演進，成為大臺北新興都會區的交通要衝，它的土地開發價值逐漸被凸顯出來，解除洪水平原二級管制區的呼聲與壓力也越來越大，各方人馬紛紛覬覦這塊「都市之瘤」的大餅。二〇一九年，新北市政府因勢利導，

《我們的島》1,300 集，
臺灣最重要的環境資料庫

1980 年代後期，我以內政部《臺灣沿海地區自然環境保護計畫（1983 年 12 月）》為藍圖，按圖索驥，由北往南、再轉東岸、回到北海岸，進行環島田野調查紀錄比對。

許多海岸的環境變化相當快速，因此，我將差異較大的地點，標為「定點紀錄樣區」，大約每隔三個月至一年，在同一定點、同鏡位視角，進行記錄；再以時間軸比對這段期間的地景差異，同時梳理問題意識。這項工作持續進行了大約十年。

1994 年起，我開始寫成專欄報導，於政經媒體刊登。1998 年 9 月，這些紀錄材料成為公共電視《我們的島》第一季節目《再見海洋》的企劃基底。之後，《我們的島》廣泛、深度探討各類環境公害、生態保育、農漁業、氣象災害、能源轉型與氣候變遷，以及環境弱勢公民等議題，至今已製作了將近 1,300 集，持續累積龐大的影音資料庫。

除了臺灣以外，報導區域涵蓋全球七大洲、三大洋的環境變遷，是臺灣最重要且珍貴的環境影像資產，並先後獲得「卓越新聞獎社會公器獎」、「總統文化獎社會改革獎」，以及超過百項國內外相關環境類型影展的肯定。

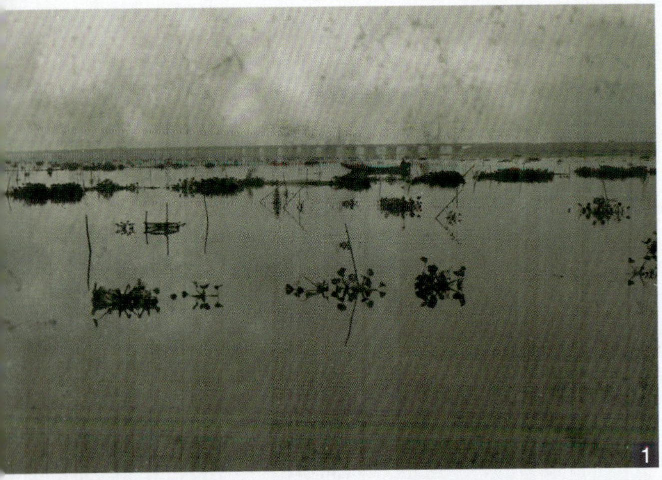
1

2

3

開始整頓環境亂象，著手輔導違章工廠合法化、納管，並收回國有地、施作綠美化景觀工程。三十多年來，歷經六任總統、市長，這片遲遲未能完成整頓、超過十層樓高的「五股垃圾山」，此時，先期預計須耗費百億元，將藏汙納垢之地變身為「黃金寶地」。

所附數張照片，是我採用定點、不定時的紀錄方法，呈現五股沼澤區近四十年間的變化。在記錄期間，我寫過平面媒體專欄，參與電視新聞專題製作，以及提供非政府組織研究、圖片輸出、展示、導覽等各種用途。

1 1980 年沼澤區

2 1994 年垃圾入侵

3 1999 年違法垃圾山

4 2017 年違章工廠

5 2025 年納管後

4

5

・好美寮：沉入海中的瞭望哨

一九九〇年代間，嘉義布袋好美寮海岸線的木麻黃防風林，逐漸受到潮浪侵蝕、沖刷而傾倒；位於防風林內的海防部隊營房，也經常在滿潮的時候，受到海水入侵，最後只好棄守。

1 2002 年 3 月瞭望哨

2 2004 年 6 月地基掏空

3 2005 年 11 月瞭望哨倒塌

4 2006 年 6 月沉沒海中

5 2024 年好美寮海岸侵蝕之後進行植林與養灘固沙工程

3

4

5

海岸侵蝕、沙源流失以及地層下陷的問題，越來越嚴重。我在沙洲防風林內，找了一座海防瞭望哨，作為環境變遷比對的紀錄標的。透過這四張照片：二〇〇二年三月瞭望哨在防風林內、二〇〇四年六月瞭望哨地基掏空、二〇〇五年十一月瞭望哨倒塌、二〇〇六年六月瞭望哨沉沒海中，可以清楚看出，短短四年間好美寮海岸嚴重侵蝕的程度。

根據同期的學術研究資料顯示，這段海岸退縮了約一百多公尺。海岸變形的幾個原因，包括南側離岸堤興建，造成海岸漂沙阻隔、沙源補給困難；加上八掌溪治理、沙源減少；以及好美寮海岸北側的「布袋商港綜合開發計畫」造成突堤效應，也對南北兩側海岸造成影響。當時這個累計近百億元的填海造陸大開發案，並沒有報編，也沒有進行環評，因此遭到監察院的糾正。

經過長期觀察紀錄，海岸工程等人工結構物已嚴重影響朴子溪至八掌溪之間的海岸穩定。目前好美寮海岸的養灘工程，逐漸讓漂沙堆積為沙丘，但是每到冬季，高灘地上不安定的海岸沙丘，受到強勁東北季風吹送，仍越過了水泥堤防，部分漂沙並造成農損，影響了魚塭區的養殖環境；因此，另一項海岸造林、定沙工程也持續多年。

好美寮海岸變遷議題，凸顯了河川與海岸治理，以及海岸地帶的開發問題如何嚴重影響海岸自然動態平衡，如今加上全球海平面上升的趨勢，未來沙子的去留及其影響，有待更長期的追蹤觀察。

・金沙灣樂園？失樂園？——往復於漁港與沙灘之間

東北角海岸是我每年夏天經常遊歷的區域，但在一九九三年，無意間看到「和美漁港」被沙子完全占滿，甚至淹蓋了碼頭與纜樁，當下對這奇異景象感到相當驚訝，也無法理解。之後著手查閱資料發現，「和美漁港」是在一九六五年間，興建了一道一百八十六公尺的防波堤，成為一座簡易船澳；到了一九八八年，再擴大船澳規模，加長北防波堤，並填築了漁港作業用地。一九九〇年漁港完工，工程經費約四千六百多萬元，卻因為北防波堤形成突堤效應，導致南岸金沙灣海灘的沙子，隨著海流產生西北繞射現象，沙子逐漸流入漁港內，並且快速淤滿港口，因此，漁港工程無法完成驗收程序。

從一九九三至二〇二三年近三十年的紀錄照片，可以簡單看出漁港與金沙灣之海沙變化的樣態。一九九三年漁港變沙港；一九九三年沙灘流失變石頭灘；二〇〇四年相關單位再耗費近千萬元，進行北防波堤截短、漁港淤沙抽除、回填沙灘的工程。但是，二〇〇五年，金沙灣的沙子再度流失，部分回淤漁港，部分則受到潮浪沿岸流影響，沉積在深水區。二〇〇八年，漁港再續建，並延長中間的碼頭，企圖改善港區水域靜穩度問題，但前後已花費將近六千萬的工程經費，目前仍然無法發揮漁港功能。

二〇二三年，金沙灣海灘黃澄澄的細緻石英砂，依然沒有回來。這是典型的錯誤建設，海港工程失敗了，海岸環境被嚴重破壞，也讓一座小而美的優質親水沙灘消失了。主管機關可能是體察民意，公告開放「和美漁港」可供民眾釣魚，成為東北角海岸千萬級的「休閒釣魚港」，最終轉換思維以立意良善坐收。

1

4

2

5

3

1 1993 年漁港變沙港
2 1993 年沙灘變石頭灘
3 2004 年抽砂回沙灘工程
4 2005 年沙灘再度流失
5 2008 年港內淤沙堆在碼頭上
6 2018 和美漁港空拍
7 2022 年和美漁港與金沙灣沙灘
8 2025 年 3 月和美漁港空拍
9 2025 年 3 月金沙灣沙灘在冬季的淤積較為明顯

6

7

9

8

‧八里海岸：臺北港與海岸線爭沙

在一千多公里的環島海岸上，隨處可見因工程因素導致海岸環境惡化，又持續耗費資源補救的例子。「八里海岸」與「臺北港」有一段恩怨情仇。

一九九〇年間，我在記錄「八里汙水處理廠」興建工程以及「十三行古蹟搶救」行動的過程中，發現鄰近的海岸線已呈現嚴重侵蝕狀態。一九八七年，曾為了拍攝黃昏色調沙丘地景，我來到淡水河口南岸的八里，當時要先穿越灌叢，走過寬廣、高聳的沙丘，才能進入彷彿沙漠風雕紋理的異世界。時隔三、四年，數座位於沙丘上的海防碉堡，地基早已被海浪掏空、傾斜，居民長年利用沙洲種植農作物的田地，也紛紛沉落海中，甚至祖先墓地也岌岌可危，必須盡快遷移。

我將八里海岸列入長期紀錄的樣區之一，大約每隔半年就以地景全紀錄的方式，為這逐漸傾頹、消逝的海岸留下遺照。每一次到八里海岸，都發現沙灘越來越短、岸際沙子也越來越少。退潮時，會看到海防部隊的阿兵哥，以人龍接力方式，將流失的石頭再撿回來，鞏固炮臺地基，呈現出人與大海對抗的無畏精神。雖令人敬佩，但也頓時無言。最令我心中難以調適的，是水利單位為了防潮固灘，先投放大量的消波塊，再以塊石、營建廢棄土覆蓋，僅存的自然沙岸完全消失了。

更令人意外的景象，約在海岸工程的兩年後出現。因為臺北港的北防波堤逐漸往外延伸，形成突堤效應，位於臺北港北岸的八里，逐漸從嚴重侵蝕，轉為旺盛堆積海岸，兩年前耗費力氣填築的工程，也被漂沙掩埋了。反觀臺北港南岸，則因補充沙源大量減少，導致西濱臺十五線與六十一線公路的路基出現危機，必須再持續加強護岸工程。臺北港造成南北海岸的進退糾葛，應該會持續加劇，補救錢坑也會不斷擴大。

以時間軸依序排列八里海岸環境變遷的照片，可以看出近三十年間的變貌。從一九八七年河口沙丘地景，到一九九三年出現嚴重侵蝕的碉堡傾頹、二〇〇三年自然沙灘水泥化的護岸工程，以及二〇一七年因突堤效應形成的海岸漂沙堆積，這幾張照片道盡了海岸被人類擾動的不安。

一九九八年河口耙文蛤，是附近居民在退潮期間辛勤勞動的影像，其背後為淡水景觀大樓的顯影。此圖呈現出隱示的社會議題，即當環境被破壞之後，弱勢族群必定受到嚴重衝擊，貧富與階級也將更難以流動！

1987 年沙丘紋理

2

3

1 1987 年沙丘紋理

2 1993 年碉堡傾頹

3 1998 年居民於河口耙文蛤

4 2003 年護岸工程

5 2017 年海岸新沙丘

4

5

三、暖化下的脆危之島

長期從事各類環境議題的探究與梳理，經常看到各種開發導致自然生態與環境惡化，每每心中相當著急，也感憤怒。

二〇〇五年世界銀行組織以颱風、地震、水災、土石流、乾旱、寒害、火山等類型災害，針對各國進行天然災害熱點風險分析。其評估報告指出，臺灣有七三%的面積與人口，同時暴露於三種以上的災害威脅，是全球風險最高的國家之一。臺灣島的地質、氣候等條件特性，造就了島嶼的脆弱性。

近來，臺灣學者專家亦針對地球暖化、極端氣候因素，建立了災害預警模型。根據《國家氣候變遷科學報告二〇二四：現象、衝擊與調適》科學報告，「在暖化的預測之下，海平面高度的上升隨著暖化情境而加劇。到二一〇〇年，海平面高度將上升〇・三八至〇・七七公尺」。氣候變遷與水文科學家汪中和老師認為，臺灣海平面上升速度比全球平均值還快，如果地球暖化問題持續惡化，到了本世紀末，臺灣西部沿海地區將首當其衝，許多地區會被海水淹沒。而以低窪地區、海平面上升、暴潮等模式推估，海拔標高五公尺以下的地區，已不適合居住。

全球氣候暖化，造成短延時或長延時強降雨的機率升高，降雨強度也增強，而全年降雨天數卻減少了。除了沿海低窪區有淹水風險，山區發生土石流的風險更難預測。中研院環境變遷研究中心主任劉紹臣院士指出，侵襲臺灣的颱風降雨強度，會較五十年前約增加一倍，未來臺灣非澇即旱；並預估本世紀末，侵臺颱風降雨強度至少會再增加二．八倍，因此，必須保守看待土石流潛勢危險區，較陡山區也不適合長期住人。

從世界銀行組織的災害風險報告，到國內專家與聯合國的評估來看，臺灣的海岸與山區，多是環境敏感脆弱的區域；但臺灣人口密度過高，常導致天然災害風險高的區域，還是有人冒險進住。

・東石網寮村：輪迴的水村命運

根據國科會防災國家型科技計畫辦公室的研究資料顯示，臺灣易淹水低窪地區面積約一一五〇平方公里。我從一九九〇年代開始記錄這些災害熱點，其中印象最深刻的是嘉義東石網寮村。一九八六年至一九九二年的六年間，整個村莊累計淹水時間長達八十二天，例如一九八六年韋恩颱風淹水三十天，一九九〇年楊希颱風淹水三十九天，一九九二年歐馬颱風雖然是擦邊球，村莊也因為豪雨淹水十三天。

網寮村早期的產業以晒鹽為主，後來因為鹽業沒落，便轉型為魚塭養殖與沿海漁撈。一九九〇年八月間，兩個颱風接續而來，導致鹽田老舊的海堤潰決，海水倒灌加上內陸雨水雙面夾擊，整個村莊泡在水裡長達三十九天；除了嚴重影響村民日常生活與生計之外，大部分人陸續出現皮膚病、溼疹等症狀。

看到網寮村的窘境，促使我必須用更多的時間、心力，為這群弱勢族群發聲。當時的媒體環境因高度競爭而扭曲，政治、經濟、口水與八卦是信息主流，偏遠地區、弱勢族群、環

境等議題，完全被邊緣化與忽視，就算民意代表或政府首長，為了表演體察民間疾苦的政治戲碼，主流媒體也是聚焦在名人視察行程上，能為受災難民喉舌的信息是寥寥短篇。

因此，只要氣象局發布西南沿海的豪雨特報，或者颱風陸上警報，我都會特別注意易淹低窪區的動態。二〇〇五年六月，我站在網寮村的鎮安宮廟埕前拍攝，同樣的地點，較之十五年前一九九〇年的淹水影像，差別不大，但當年接受我拍攝的壯年村民已經老了。一九九〇年照片中走在淹水區笑臉以對，還在讀小學、國中的少年，已成家立業、生子，他們的小孩，卻仍經歷著父、祖輩們兒時淹水的記憶。我心裡不禁想著，淹水也有世代輪迴嗎？目前，地方政府逐步加強村落周邊的抽水站與滯洪池設施，網寮村是否能避免再淹水之苦呢？

1 1990 年網寮村

2 2005 年網寮村

1

2

1

・廬山溫泉區：水不會忘記它曾走過的路

一九九四年八月，道格颱風過境之後，我立即前進南投縣仁愛鄉的廬山溫泉區進行災情紀錄，此溫泉特區的觀光業年產值約六億元。根據經濟部地質調查及礦業管理中心（原中央地質調查所）的研究，廬山溫泉區北坡的母安山已出現地滑現象，但位於塔羅灣溪兩岸接近三百棟建築中，卻只有五十幾棟符合使用分區規定。因此，受災嚴重的河岸餐廳與觀光飯店，有部分是屬於違規使用。其中一家位於河階地上的餐廳，地基已被高漲的河水掏空，建築物嚴重損壞。當時，我曾聽到一句警語，感觸良多：「河水不會忘記它曾經走過的路。」

經過災後整建、河岸治理，河階灘地上的紅色鐵皮餐廳拆除了，幾年後，另一家觀光業者接手原址經營觀光飯店。二〇〇八年九月辛樂克颱風來襲時，塔羅灣溪的洪水再度重回它的老路，掏空了飯店大樓地基，整棟飯店倒臥在溪流中。這是典型的與河爭地、過度開發，引發自然反撲而致災的案例。

1 1994 年 8 月
道格颱風

2 2008 年 9 月
辛樂克颱風

3 2017 年 6 月
治理後河階地

4 2024 年 6 月
塔羅灣溪河階高灘地再度改變

2

3

4

・治水觀念翻轉

臺灣西南沿海低窪區的淹水風險確實較高，然而，有些災情可能和水患治理的缺失有關。二〇一八年八月熱帶低壓帶來豪雨，雲嘉南的淹水總面積超過四萬兩千多公頃。行政院災後檢討中，歸納出八二三水患致災的五大原因：一、河川斷面過小；二、排水主流水位過高、支流無法順利排水；三、降雨強度超過防洪設施設計保護標準；四、逕流在坡面與平原交界處聚積而形成淹水的災害；五、沿海低窪處，或低於海平面區域，降雨期間適逢大潮或颱風期間暴潮。另一方面，官方也強調，面對極端氣候及大自然的威脅，要謙卑面對，並提高國土韌性。

實際上，這一次的豪雨災害，顯示傳統防洪治水的工程建設有其極限。我在田野觀察的紀錄中，歸納出人為疏漏的部分，包含水閘門、抽水站管理疏失；防洪設施不當；土地過度開發；以及國土規劃分區使用不當等。水可往哪裡流？誰會被水淹？被犧牲的體系必須被翻轉，治水觀念必須有共存的內涵才能治本。

・尊重自然

臺灣的地質與地形多變，山勢陡峭，河川湍急，加上位處板塊交界處以及地震、豪雨等因素，造成山區環境異常脆弱。除了南投廬山的地滑現象以外，南投紅菜坪、新北市九份、臺中市梨山等區域，都面臨地滑風險。然而，山林地區從違規超限濫墾、農業上山、觀光娛

1 2011 年人定勝天碑

2 2015 年被颱風打落海

樂休閒產業開發現象來看，似乎輕忽了颱風、水災、土石流災害的風險。

這讓我想到，在花東海岸的臺十一線公路，於六一．五公里處，有一座「人定勝天」碑，這是一九五八年為了紀念海岸公路炸岩工程竣工所豎立的。到了二〇一五年八月，蘇迪勒颱風將它摧毀了，石碑滾落了海底。這似乎是大自然對人類的告誡，面對自然界的力量，必須謙卑、謙卑、再謙卑。

四、幼苗將會茁壯：不是看到機會才努力，而是努力就有機會

土地、空氣、水、陽光、山林、海洋與人的關係是什麼？而人們生活所追求的價值與目標又是什麼？長期記錄臺灣海岸多樣豐富的環境變遷，我曾為了追尋山川美景，走遍五大山脈與主要河流的源頭區；也記錄臺灣島以外的一百六十多座島嶼樣貌，並潛入各地珊瑚礁區，直探瀛海水晶宮的奧祕；亦曾為了拍攝黑熊等珍稀野生保育類動物，翻山越嶺在山區掩蔽帳中枯等數週，仍一無所獲；甚至為了體檢生命要素的現況與未來挑戰，在空氣品質、水環境、土地以及公害領域，與公私部門征戰、周旋。回想這一切，縱然在紀錄過程中，喜、怒、悲、苦、驚、險交雜相伴，但只要想到能促進溝通、帶來改變，所有的努力都是值得的。

二〇一三年八月，在行政院內政部的一樓前庭，我看到民眾手捧著一株幼苗，象徵性地種在廣場的空地上，當我按下快門，心中卻思索著，它極可能無法順利長大。但我也很確定，只要在心中種下幼苗，就是希望的開始。

「凡曾走過必留下痕跡」。每一次的公民行動，未必都能獲得成功，但肯定會持續累積更多進步的能量。我從一九八〇年代末，開始記錄反對核四運動，三十幾年來，許多覺醒者以青春歲月、血汗抗爭，持續到二〇一四年間，臺灣公民終於贏來一個非核家園。一九九五年十月，政府協力推動第八輕油裂解廠「國光石化」，經過公民團體不斷串聯、抗爭、論述，展現強大民意，在二〇一一年四月，政府只得從善如流，決議停止開發計畫，這是臺灣環境優先普世價值的最高展現。但是，桃園觀音藻礁保護議題，因為能源轉型、科技產業需求，

1_ 2014 年澎湖南方四島
2_ 2015 年大鬼湖

1

2

只要在心中種下幼苗，就是希望的開始。

以及國家地緣政治局勢，在二〇二一年全民公投之下，選擇經濟發展的民意勝出，環境價值再度被犧牲了，猶如回到一九七〇年代的大開發時代。

身為臺灣環境記錄者，當面對各式各樣的艱難挑戰，我沒有悲觀的權利。在每一次的演講經驗分享現場，或者行文書寫感想的當下，我總是懷抱著這小小的期待！「不是看到機會才努力，而是努力了就有機會。」

參考文獻與延伸閱讀

1 柯金源（二〇一八年）。我們的島：臺灣三十年環境變遷全紀錄。臺北：衛城出版。https://www.books.com.tw/products/0010774302?srsltid=AfmBOopnKE3n2tweL9q3EWo9mjOejvKN15eZkwqyKT0BPujt6fUjqnpm
2 柯金源、葉怡君（二〇〇六年）。我們的島。臺北：玉山社出版。https://www.books.com.tw/products/0010326578?srsltid=AfmBOopfJUJYci9Ox6cPq70m42p6hDV7xh6gKU-oXh8a-W6wCM4xzV-I
3 公共電視，我們的島（一九九八－二〇〇五年）。https://www.youtube.com/@ourislandTAIWAN
4 許晃雄、李明旭（二〇二四年）。國家氣候變遷科學報告二〇二四年：現象、衝擊與調適。臺北：國家科學及技術委員會與環境部聯合出版。https://tccip.ncdr.nat.gov.tw/ScientificReport2024/
5 新北市政府（二〇二〇年九月）。新訂擴大大漢溪北都市計畫（五股地區）（部分更寮及水碓地區）主要計劃書。http://www.v523.tw/upload/fileUrl/2020-11/13/28b7a2c2-9820-49ba-91a4-74160a75645c.pdf
6 翻轉新北市五股區：垃圾山變夏綠地，打造永續循環基地（二〇二四年六月）。財訊雜誌。廣告部。https://www.wealth.com.tw/articles/8e8f7f54-3b7a-476e-88b4-cf07777f0a91
7 內政部營建署（二〇一三年十月）。臺灣沿海地區自然環境保護計畫資源調查操作手冊。https://www.nlma.gov.tw/uploads/files/78be08c0fa19dccb6cff378b863cf98b.pdf

beNature12

臺灣的紋理 1
自然篇——地質地景、生物演化、環境變遷極簡史冊

Natural texture of Taiwan
Stories of the Nature, Landscape and Biology of Taiwan

作　　者／丁宗蘇、沈淑敏、林宗儀、林俊全、柯金源、
陳文山、曾晴賢、楊守義、劉瑩三、鄧文斌、簡龍祥
召集統籌／林俊全
攝　　影／若無特別標示來源，皆為該篇作者提供

野人文化股份有限公司 第二編輯部
主　　編／王梵
封面設計／廖韡
內頁排版／吳貞儒
校　　對／林昌榮
出　　版／野人文化股份有限公司
發　　行／遠足文化事業股份有限公司（讀書共和國出版集團）
地　　址／231 新北市新店區民權路 108-2 號 9 樓
電　　話／(02)2218-1417
傳　　真／(02)8667-1065
電子信箱／service@bookrep.com.tw
網　　址／www.bookrep.com.tw
郵撥帳號／19504465 遠足文化事業股份有限公司
客服專線／0800-221-029
法律顧問／華洋法律事務所 蘇文生律師
印　　製／通南彩色印刷股份有限公司
初版一刷／2025 年 5 月
初版四刷／2025 年 11 月
定　　價／700 元
ISBN ／ 978-626-7716-38-0
EISBN(PDF) ／ 978-626-7716-40-3
EISBN(EPUB) ／ 978-626-7716-39-7

有著作權 侵害必究
特別聲明：有關本書中的言論內容，不代表本公司／出版集團之立場與意見，文責由作者自行承擔
歡迎團體訂購，另有優惠，請洽業務部 (02)2218-1417 分機 1124

國家圖書館出版品預行編目 (CIP) 資料

臺灣的紋理 . 1, 自然篇 : 地質地景、生物演化、環境變遷極簡史冊 = Natural texture of Taiwan : stories of the nature, landscape and biology of Taiwan/ 丁宗蘇, 沈淑敏, 林宗儀, 林俊全, 柯金源, 陳文山, 曾晴賢, 楊守義, 劉瑩三, 鄧文斌, 簡龍祥作 . -- 初版 . -- 新北市 : 野人文化股份有限公司出版 : 遠足文化事業股份有限公司發行 , 2025.05
面； 公分 . -- (beNature ; 12)
ISBN 978-626-7716-38-0(平裝)

1.CST: 臺灣地理 2.CST: 自然地理
733.3　　114005462